Rudolf Steiner Taschenbücher
aus dem Gesamtwerk

RUDOLF STEINER

Ausgewählte Texte

Einführung in die Anthroposophie

herausgegeben von Walter Kugler

RUDOLF STEINER VERLAG

Herausgegeben von der Rudolf Steiner Nachlassverwaltung

Sämtliche Texte Rudolf Steiners sind der Rudolf Steiner Gesamtausgabe entnommen.

Die entsprechenden bibliographischen Angaben befinden sich im Anschluß an den jeweiligen Text.

Taschenbuchausgabe

1.–10. Tsd. Dornach 1988
11.–20. Tsd. Dornach 1989
21.–30. Tsd. Dornach 1992
31.–38. Tsd. Dornach 1998
39.–45. Tsd. Dornach 2006

Umschlaggestaltung: Finken & Bumiller, Stuttgart

Textlayout: Finken & Bumiller, Stuttgart/Verlag

Satz: bb communication, Aesch

Printed in Germany by Greiserdruck, Rastatt

ISBN 3-978-7274-6560-4

www.rudolf-steiner.com

INHALT

III

MENSCH UND KOSMOS

«Erst wenn wir den Weltinhalt zu unserem Gedankeninhalt gemacht haben, erst dann finden wir den Zusammenhang wieder, aus dem wir uns selbst gelöst haben.»

IV

AUS ERKENNTNIS HANDELN

«Es kommt nicht darauf an, daß man von einer Geistigkeit weiß oder zu wissen glaubt, sondern darauf, daß dies eine Geistigkeit ist, die auch beim Erfassen der praktischen Lebenswirklichkeit zutage tritt.»

ANHANG

VORWORT DES HERAUSGEBERS

«Es gibt in der ganzen heutigen Kulturwelt keinen größeren geistigen Genuß, als diesem Manne zuzuhören, als sich von diesem unvergleichlichen Lehrer Vortrag halten zu lassen.» Die Rede ist hier von Rudolf Steiner, der seine Art, die Dinge und Nicht-Dinge zu betrachten, unter dem Begriff Anthroposophie zusammenfaßte. Der Schreiber dieser Zeilen: Kein geringerer als der Dichter der «Galgenlieder», Christian Morgenstern, der seinem Freund Friedrich Kayssler im selben Atemzug anvertraute: «Wenn uns Steiner nichts anderes verschafft hätte als das ‹Erlebnis des Lehrers›, es wäre schon genug.»

Rudolf Steiner, zunächst als Goetheforscher, Philosoph und Literaturkritiker in Fachkreisen geschätzt, später als Anthroposoph, Schulgründer, Künstler und Sozialreformer weltweit bekannt geworden, hat nicht nur Bücher geschrieben und Vorträge gehalten, sondern vor allem unermüdlich all jene unterstützt, für die es nicht nur darauf ankam, «daß man von einer Geistigkeit weiß oder zu wissen glaubt, sondern darauf, daß dies eine Geistigkeit ist, die auch beim Erfassen der praktischen Lebenswirklichkeit zutage tritt.»

All die heute weltweit arbeitenden, anthroposophisch orientierten sozialen Einrichtungen, vom Kindergarten bis zum Altersheim, vom biologisch-dynamisch bewirtschafteten Landwirtschaftsbetrieb bis hin zu Krankenhäusern, Banken und Hochschulen, wären nicht, wenn nicht Rudolf Steiners unbeugsamer Reformwille immer wieder Bestehendes auf den Kopf und Zukünftiges auf die Beine gestellt hätte.

Rudolf Steiner setzte auf die Durchlässigkeit der Gedanken und vor allem ihre Vermittlungskraft: von der Philosophie hin zur Naturwissenschaft, vom Menschen zum Kosmos, von der Kunst zum Leben, von der Religion zur sozialen Wirklichkeit.

«Der Labortisch wird zum Altar werden müssen», rief er immer wieder seinen Zuhörern zu und appellierte damit auch an das ethische Gewissen seiner und kommender Generationen. Und dem sich ausbreitenden Egoismus seiner Zeit stellte er entgegen: «Man hat in der Menschheitsentwicklung nicht das Recht, sich als Individualität zu fühlen, wenn man sich nicht zu gleicher Zeit als Angehöriger der ganzen Menschheit fühlt.»

Der Erziehung der Kinder, dem Schutz der Natur, der Frage nach dem Wesen des Geldes und der Überwindung eingefahrener Besitzverhältnisse galt seine Aufmerksamkeit ebenso wie der Schulung der Denk- und Seelenkräfte oder der Erweiterung der von mechanistischen Vorstellungen dominierten Schulmedizin oder dem vorgeburtlichen Leben, das in seinen Darstellungen gleichsam als Ausgangsstation der irdischen Biographie erfahrbar wird.

Bei Steiner gibt es eigentlich nie einen Stillstand. Die von ihm immer wieder neu und ganz gezielt komponierten Kontrastierungen in Wort und Bild, Denken und Handeln erzeugen unermudlich Bewegungen, provozieren neues Leben, denn: «Verständnis für das Leben haben» heißt, so Steiner in seiner Autobiographie, «voll mit der Seele in Gegensätzen drinnen stehen», denn: «Wo die Gegensätze als ausgeglichen erlebt werden, da herrscht das Leblose, das Tote; das Leben selbst ist die fortdauernde Überwindung, aber zugleich Neuschöpfung von Gegensätzen.»

Steiners oft außergewöhnlichen Gedanken zu folgen, ist in der Tat ein nicht stolperfreies Unternehmen. Diese Erfahrung haben auch schon viele große Geister dieses Jahrhunderts – von Kafka über Kandinsky bis hin zu Borges oder Saul Bellow – gemacht. Seine Sprache ist keine akademische, auch keine Alltags-Sprache. Vielmehr fügt er im Verlauf seiner Rede Worte und Begriffe so aneinander, bis sie sich zu Bildern verdichten, die dann vom Hörer und Leser zunächst erlebt und schließlich entschlüsselt, also wiederum in Worte und Begriffe gegliedert werden. So stellt er in einem Vortrag einmal die Frage: Warum lieben die Menschen die Rose? – Und seine Antwort lautete: «Die Menschen lieben die Rose aus dem Grunde – sie wissen es nur nicht –, weil die Rosen die allerersten Kindheitserinnerungen aufnehmen, während wir schlafen.»

Bei Steiner kommt es nicht darauf an, daß jedes Wort der (akademischen) Kritik standhält, wenngleich er immer wieder selbst zu dieser Kritik aufforderte. Wichtiger ist die Plausibilität seiner Gedanken und wichtiger ist die Frage, ob diese geeignet sind, demjenigen zur Ausformung einer sinnerfüllten Existenz zu verhelfen, der sie für sich in Anspruch nimmt. In diesem Sinne hat Michael Ende, Zeit seines Lebens Steiner lesend, seine Erfahrungen in einem «Spiegel»-Interview in aller Kürze so wiedergegeben: «Mir scheint, daß Steiners Ideen und Anregungen – gerade weil sie quer zu den gegenwärtigen Denkgewohnheiten liegen – viel zur Lösung der Kultur- und Menschheitsfragen, die immer bedrohlicher auf uns zukommen, beitragen könnten.»

*

Mehr als 300 Bände umfaßt derzeit die von der Rudolf Steiner Nachlassverwaltung herausgegebene Gesamtausgabe der Schriften, Vorträge und des künstlerischen Werkes von Rudolf Steiner. Etwa dreißig weitere Titel sind geplant bzw. befinden sich in Arbeit. Der außergewöhnliche Umfang sowie die Vielfalt der behandelten Themen bringen es mit sich, daß es insbesondere für denjenigen, der sich einen ersten, anfänglichen Überblick verschaffen oder ein bestimmtes Themengebiet erschließen will, nur sehr schwer möglich ist, ohne entsprechende Orientierungshilfen einen Einstieg zu finden. Mit der hier vorliegenden Zusammenstellung ausgewählter Texte aus den Schriften und Vorträgen Rudolf Steiners wurde einem von verschiedenen Seiten immer wieder geäußerten Wunsch nach einer in die Anthroposophie einführenden Publikation entsprochen.

Dem Anliegen der am Werk Steiners Interessierten, in einer Einführung ein ausgewogenes Bild, einen umfassenden Einblick in das Ganze vermittelt zu bekommen, stehen mit gleicher Gewichtung immer auch Fragen nach konkreten Details oder Sachzusammenhängen («Wo sagt Steiner was über die Ursache von Krankheiten, über die Trinität oder über die Evolutionsgeschichte?») gegenüber. Beiden Interessenlagen möchte die hier vorliegende ‹Einführung› dienen.

Die Auswahl der Texte ist das Ergebnis intensiver Gespräche im Kreis der zum größten Teil schon Jahrzehnte als Herausgeber des Steiner'schen Werkes tätigen Mitarbeiter des Rudolf Steiner Archivs, die im Laufe ihrer Arbeit auch zahlreiche Monographien zu einzelnen Werk- und Lebensphasen Rudolf Steiners publiziert haben.

Die jedem Text vorangestellten einführenden Überlegungen des Herausgebers sind so angelegt, daß sie dem Schwerpunkt nach mal den Zeithintergrund näher ausleuchten, mal dem jeweiligen Thema entsprechende weitere Perspektiven andeuten oder auch Bezüge zu heute aktuellen Fragestellungen herstellen. Zudem wurde jedem Text ein Hinweis auf weitere Schriften und Vorträge Rudolf Steiners hinzugefügt, anhand derer das jeweils behandelte Thema weiter verfolgt bzw. vertieft werden kann.

Walter Kugler

I
EWIGES WERDEN IM DENKEN

«Gäbe es nicht Erkenntnis,
die Welt bliebe unvollendet.»

«Im Denken», so formulierte es Steiner einmal, «halten wir das Weltgeschehen an einem Zipfel.» Was aber, wenn die äußere Entwicklung weiterhin in rasendem Tempo voranschreitet und ein Eigenleben zu entfalten beginnt, weil das Denken, das Bewußtsein nicht Schritt halten kann? Die in jüngster Zeit vermehrt auftretenden, die Existenz des Menschen und der Erde bedrohenden Folgeerscheinungen des ungebremsten Fortschrittsglaubens sprechen hier eine beredte Sprache.

Auf den neuralgischen Punkt dieses Problems hat Rudolf Steiner im Jahre 1918 hingewiesen, als er sagte, die Menschen können «nicht menschlich ihre Gedanken bewältigen». Dabei ging es ihm allerdings weniger um eine Kritik an den bestehenden Verhältnissen als darum, daß die durch die Zeitlage bedingte Herausforderung an das menschliche Denken erkannt, angenommen wird. Für ihn hatte die Herausforderung schon viel früher begonnen. Von Anfang an, also seit den achtziger Jahren des 19. Jahrhunderts, stand im Mittelpunkt seiner geisteswissenschaftlichen Forschungen, der Anthroposophie, das Bemühen um die Entwicklung einer zeitgemäßen Denkkultur. Nur eine Verlebendigung des Denkens im Sinne einer Überwindung der Grenzen zwischen sinnlicher und nicht sinnlicher Welt ist imstande, so Steiner, die Brücke zu bilden zwischen den Erscheinungen der Dinge und dem Wesen der Dinge, zwischen dem Zufälligen und Notwendigen, zwischen Ich und Welt, Mensch und Kosmos.

In dem folgenden Vortrag über die «Praktische Ausbildung des Denkens», den Steiner am 18. Januar 1909 vor Mitgliedern der Theosophischen Gesellschaft in Karlsruhe gehalten hat, geht es ihm nun weniger um eine minuziöse Beschreibung des Denkvorganges selbst – man findet diese in seinen frühen erkenntnistheoretischen Schriften – als um die Impulsierung eines lebenspraktischen Denkens anhand von Denkübungen. Der tiefere Sinn dieser Übungen ist, daß der Mensch an sich selbst erfährt, was ihm jeder einzelne Denkvorgang bedeuten kann, vor allem aber, daß er das Denken, «die Logik lieben lernt».

PRAKTISCHE AUSBILDUNG DES DENKENS

Es könnte sonderbar erscheinen, wenn gerade Anthroposophie sich berufen fühlt, über praktische Ausbildung des Denkens zu sprechen, denn von den Außenstehenden wird sehr häufig die Meinung vertreten, Anthroposophie sei etwas im eminentesten Sinne Unpraktisches, sie habe mit dem Leben nichts zu tun. Solche Anschauung kann nur bestehen, wenn man die Dinge äußerlich, oberflächlich betrachtet. In Wahrheit aber soll das in Betracht Kommende ein Leitfaden sein fürs alleralltäglichste Leben; es soll sich in jedem Augenblick umwandeln können in Empfindung und Gefühl und es uns möglich machen, dem Leben sicher gegenüberzutreten und darin fest zu stehen.

Es bilden sich die Leute, die sich praktisch nennen, ein, nach den allerpraktischsten Grundsätzen zu handeln. Geht man der Sache aber näher, so wird man finden, daß das sogenannte «praktische Denken» oft überhaupt kein Denken ist, sondern ein Fortwursteln in anerzogenen Urteilen und Denkgewohnheiten. Wenn Sie absolut objektiv das Denken der Praktiker beobachten und das, was man gewöhnlich Denkpraxis nennt, prüfen, so werden Sie finden, daß da zum Teil sehr wenig wirkliche Praxis dahintersteckt, sondern was man Praxis nennt, besteht darin, daß man gelernt hat: Wie hat der Lehrmeister gedacht, wie hat derjenige gedacht, der dieses oder jenes vorher fabriziert hat, und wie richtet man sich nach dem? – Und wer anders denkt, den hält man für einen unpraktischen Menschen; denn das Denken stimmt ja nicht überein mit dem, was einem nun einmal anerzogen ist.

Wenn aber wirklich einmal etwas Praktisches erfunden wurde, so wurde das zunächst keineswegs von einem Praktiker gemacht. Betrachten wir zum Beispiel unsere heutige Briefmarke. Es wäre doch das Allernächstliegende, zu meinen, daß diese von einem

Praktiker des Postwesens erfunden worden wäre. Dem ist aber nicht so. Anfang des letzten Jahrhunderts, da war es noch eine sehr umständliche Sache, einen Brief aufzugeben. Wollte jemand einen Brief fortschicken, so mußte er an die betreffende Stelle gehen, wo die Briefe aufgegeben werden konnten, und es mußten hier verschiedene Bücher nachgeschlagen werden, und allerlei Umständlichkeiten waren damit verknüpft. Daß man ein solches einheitliches Porto haben kann, wie man es heute gewohnt ist, das ist kaum etwas über sechzig Jahre her. Und unsere heutige Briefmarke, die das ermöglicht, ist nicht erfunden worden von einem praktischen Postmenschen, sondern von einem Menschen, der der Post ferne stand, von dem Engländer Hill.

Und als die Briefmarke erfunden war, da sagte der betreffende Minister im englischen Parlament, der für das Postwesen damals in Betracht kam: Ja, erstens kann man nicht annehmen, daß wirklich durch diese Vereinfachung der Verkehr sich so ungeheuer vermehrt, wie dies dieser unpraktische Hill sich ausmalt, und zweitens, angenommen selbst, es wäre so, dann würde das Postgebäude in London ja nicht ausreichen für diesen Verkehr. – Diesem großen Praktiker ist es aber nicht im entferntesten eingefallen, daß das Postgebäude sich nach dem Verkehr und nicht der Verkehr sich nach dem Postgebäude richten müsse. Nun hat sich in verhältnismäßig denkbar kürzester Zeit das durchgesetzt, was damals von einem «Unpraktiker» gegenüber einem «Praktiker» erkämpft werden mußte: ganz selbstverständlich ist es heute, daß der Brief mit der Briefmarke befördert wird.

Ähnlich verhält es sich bei der Eisenbahn. Als im Jahre 1835 die erste Eisenbahn in Deutschland von Nürnberg nach Fürth gebaut werden sollte, wurde von dem bayrischen Medizinalkollegium, das darüber gehört wurde, ein Sachverständigen-Gutachten dahin abgegeben, daß es nicht ratsam sei, Eisenbahnen zu bauen; sollte es aber doch beabsichtigt werden, so müsse wenigstens rechts und links der Eisenbahn eine hohe Bretterwand hergestellt werden, damit vorübergehende Menschen nicht etwa Nerven- und Gehirnerschütterungen erlitten.

Als die Bahnlinie Potsdam–Berlin gebaut werden sollte, sagte Generalpostmeister Nagler: Ich lasse täglich zwei Postwagen nach Potsdam fahren, und die sind nicht besetzt; wenn die Leute ihr Geld absolut zum Fenster hinauswerfen wollen, dann sollen sie es doch gleich unmittelbar tun. – Die realen Tatsachen des Lebens gehen eben über die «Praktiker» hinweg, über diejenigen, die da glauben, sie seien Praktiker. Man muß unterscheiden, was wahres Denken ist, von der sogenannten Denkpraxis, die nur ein Urteilen nach anerzogenen Denkgewohnheiten ist.

Eine kleine Erfahrung, die ich selbst einmal gemacht habe, will ich Ihnen erzählen und sie an die Spitze unserer heutigen Betrachtung stellen: Während meiner Studienzeit kam einmal ein junger Kollege zu mir voll Freude, wie man sie gerade bei Leuten, die eine recht pfiffige Idee gehabt haben, bemerkt, und sagte: Ich muß jetzt gerade zum Professor Radinger gehen – der damals an der Hochschule den Maschinenbau vertrat –, denn ich habe eine großartige Erfindung gemacht: Ich habe erfunden, wie man mit Aufwendung von ganz wenig Dampfkraft, die man einmal aufwendet, durch Umsetzen eine ungeheure Arbeitsmenge leisten kann mittels einer Maschine. – Mehr konnte er mir nicht sagen, er hatte es sehr eilig, zu dem Professor zu gehen. Nun traf er aber den betreffenden Professor nicht, und er kam zurück und setzte mir die ganze Sache auseinander. Die Geschichte hatte mir gleich etwas nach Perpetuum mobile gerochen – aber, nicht wahr, warum sollte auch so etwas nicht schließlich einmal möglich sein? – Doch nachdem er mir alles erklärt hatte, mußte ich ihm sagen: Ja, sieh einmal, die Sache ist zwar recht scharfsinnig ausgedacht, aber im Praktischen ist das ein Verhältnis, das sich genau vergleichen läßt damit, daß sich jemand in einen Eisenbahnwagen hineinstellt, furchtbar stark anschiebt und meint, der Wagen führe dann fort. So ist das Prinzip des Denkens bei deiner Erfindung. – Er hat es dann auch eingesehen und ist nicht wieder zu dem Professor gegangen.

So kann man sich gewissermaßen einkapseln mit seinem Denken. An ganz besonderen seltenen Fällen zeigt sich dieses Einkapseln auch deutlich; aber im Leben kapseln sich viele Menschen so ein, und es zeigt sich nicht immer so auffällig wie in unserem Beispiel. Derjenige aber, der die Sache etwas intimer beobachten kann, weiß, daß so eine große Anzahl menschlicher Denkprozesse verläuft: er sieht oft, wie sozusagen die Menschen im Wagen stehen und von innen schieben und nun meinen, daß sie es sind, die den Wagen vorwärts bringen. Vieles von dem, was im Leben vor sich geht, würde ganz anders vor sich gehen, wenn die Menschen nicht solche im Wagen stehende Schieber wären.

Wirkliche Praxis des Denkens setzt voraus, daß man die richtige Gesinnung, das richtige Gefühl zum Denken gewinnt. Wie kann man eine richtige Stellung zum Denken gewinnen? Niemand kann das richtige Gefühl zum Denken haben, der glaubt, daß das Denken etwas sei, das sich nur innerhalb des Menschen, in seinem Kopf oder in seiner Seele abspiele. Wer diesen Gedanken hat, der wird fortwährend von einem falschen Gefühl davon abgelenkt werden, eine richtige Denkpraxis zu suchen, die nötigen Anforderungen an sein Denken zu stellen. Wer das richtige Gefühl erlangen will gegenüber dem Denken, der muß sich sagen: Wenn ich mir Gedanken machen kann über die Dinge, wenn ich durch Gedanken etwas ergründen kann über die Dinge, so müssen die Gedanken erst darinnen sein in den Dingen. Die Dinge müssen nach den Gedanken aufgebaut sein, nur dann kann ich die Gedanken auch herausholen aus den Dingen.

Der Mensch muß sich vorstellen, daß es mit den Dingen draußen in der Welt so ist wie mit einer Uhr. Der Vergleich des menschlichen Organismus mit einer Uhr wird sehr häufig gebraucht; aber die Leute vergessen dabei meist das Wichtigste, daß auch ein Uhrmacher vorhanden ist. Man muß sich klar darüber sein, daß nicht von selber zusammengelaufen sind die Räder und sich zusammengefügt haben und machen, daß die Uhr geht, sondern daß es einmal einen Uhrmacher zuvor gegeben hat, der diese Uhr zusammmengefügt hat. Den Uhrmacher darf man nicht vergessen. Durch Gedanken ist die Uhr zustande gekommen, die Gedanken sind gleichsam ausgeflossen in die Uhr, in das Ding. Auch alles, was Naturwerke, Naturgeschehnisse sind, muß man sich so vorstellen. Bei dem, was Menschenwerk ist, da läßt sich das schnell veranschaulichen, bei Naturwerken dagegen, da kann das der Mensch nicht so leicht bemerken, und doch sind auch sie geistige Wirksamkeiten, und dahinter stehen spirituelle Wesenheiten. Und wenn der Mensch denkt über die Dinge, so denkt er nur über das nach, was zuerst in sie hineingelegt worden ist. Der Glaube, daß die Welt durch Denken hervorgebracht worden ist und sich noch fortwährend so hervorbringt, der erst macht die eigentliche innere Denkpraxis fruchtbar.

Es ist immer der Unglaube gegenüber dem Geistigen in der Welt, der selbst auf wissenschaftlichem Boden die schlimmste Unpraxis des Denkens hervorbringt. Zum Beispiel, wenn jemand sagt: Unser Planetensystem ist so entstanden, daß zuerst ein Urnebel da war, der fing an zu rotieren, ballte sich zusammen zu einem Zentralkörper, von ihm spalteten sich ab Ringe und Kugeln, und so entstand mechanisch das ganze Planetensystem –, so macht der, der das sagt, einen großen Denkfehler. Schön niedlich bringt man das heute den Menschen bei. In einem niedlichen Experiment zeigt man es heute in jeder Schule: In ein Glas Wasser bringt man einen Tropfen Fett, schiebt eine Nadel durch diesen Fettropfen und bringt das Ganze in Rotation. Da sondern sich dann vom großen Tropfen kleine Tröpfchen ab, und man hat da ein Planetensystem im kleinen, und dem Schüler – so meint man – anschaulich gezeigt, wie rein mechanisch sich das bilden kann. Unpraktisches Denken nur kann an diesen niedlichen Versuch solche Folgerungen anknüpfen, denn der Betreffende, der das überträgt auf das große Weltensystem, der vergißt nur meist etwas, was sonst vielleicht ganz gut ist zu vergessen, er vergißt sich selbst, er vergißt, daß er selbst ja die Sache in Rotation gebracht hat. Wäre er nicht dagewesen und hätte das Ganze gemacht, so wäre niemals die Teilung des Fettropfens in die Tröpfchen entstanden. Wenn der Mensch das auch beobachtete und auf das Planetensystem übertrüge, dann erst wäre vollständiges Denken aufgewendet. Solche Denkfehler spielen heute, besonders auch in dem, was man heute Wissenschaft nennt, eine ungeheuer große Rolle. Diese Dinge sind viel wichtiger, als man gewöhnlich denkt.

Wenn man von wirklicher Denkpraxis reden will, muß man wissen, daß Gedanken nur aus einer Welt herauszuholen sind, in der auch wirklich schon Gedanken darinnen sind. Wie man Wasser nur aus einem Glase schöpfen kann, in dem Wasser wirklich darinnen ist, so kann man Gedanken nur aus Dingen schöpfen, in denen sie darinnen sind. Die Welt ist nach Gedanken aufgebaut; nur deshalb kann man Gedanken auch herausholen aus ihr. Wenn das nicht wäre, dann könnte überhaupt keine Denkpraxis zustande kommen. Dann aber, wenn der Mensch zu Ende empfindet, was hier ausgesprochen worden ist, dann wird er über alles abstrakte Denken leicht hinwegzubringen sein. Wenn der Mensch das volle Vertrauen hat, daß hinter den Dingen Gedanken stehen, daß die realen Tatsachen des Lebens nach Gedanken verlaufen, dann, wenn er diese Empfindung hat, dann wird er leicht sich bekehren zu einer Denkpraxis, die auf Wirklichkeit, Realität gebaut ist.

Wir wollen nun etwas von jener Denkpraxis hinstellen, die insbesondere für diejenigen, die auf anthroposophischem Boden stehen, wichtig ist. Wer davon durchdrungen ist, daß die Welt der Tatsachen in Gedanken verläuft, der wird die Wichtigkeit der Ausbildung richtigen Denkens einsehen. Nehmen wir nun an, es sagt sich jemand: Ich will mein Denken so befruchten, daß es wirklich im Leben sich immer zurechtfindet –, so muß er sich an das halten, was jetzt gesagt werden soll. Und was nun angegeben wird, das ist so aufzufassen, daß es tatsächlich praktische Grundsätze sind, und daß es, wenn man immer wieder und wieder danach trachtet, sein Denken danach einzurichten, gewisse Wirkungen hat, daß das Denken dann praktisch wird, wenn es vielleicht auch anfangs nicht so ausschaut. Ja, es stellen sich für das Denken noch ganz andere Erfahrungen ein, wenn man solche Grundsätze durchführt.

Nehmen wir an, jemand versucht folgendes: Er beobachtet heute sorgfältig einen Vorgang in der Welt, der ihm zugänglich ist, den er möglichst genau beobachten kann, sagen wir zum Beispiel die Witterung. Er beobachtet die Wolkenkonfiguration am Abend, die Art, wie die Sonne untergegangen ist und so weiter, und er bildet sich nun genau das Bild ein von dem, was er beobachtet hat. Er versucht die Vorstellung, dieses Bild eine Zeitlang festzuhalten in allen Einzelheiten; er hält soviel wie möglich von dieser Vorstellung fest und sucht sie sich zu bewahren bis morgen. Morgen beobachtet er ungefähr um dieselbe Zeit, oder aber auch zu einer anderen Zeit, wiederum die Witterungsverhältnisse, und er versucht, sich wiederum ein genaues Bild von den Verhältnissen zu machen.

Wenn er auf diese Weise sich genaue Bilder von aufeinanderfolgenden Zuständen macht, so wird es für ihn außerordentlich deutlich werden, wie er sein Denken allmählich innerlich bereichert und intensiv macht, denn dasjenige, was das Denken unpraktisch macht, das ist, daß der Mensch gewöhnlich zu sehr geneigt ist, in den aufeinanderfolgenden Vorgängen in der Welt das, was die Einzelheiten sind, wegzulassen und nur ganz allgemeine, verschwommene Vorstellungen zu behalten. Das Wertvolle, das Wesentliche, was das Denken befruchtet, ist, gerade in aufeinanderfolgenden Vorgängen sich genaue Bilder zu formen und sich dann zu sagen: Gestern war die Sache so, heute ist sie so –, und dabei die beiden Bilder, die in der wirklichen Welt auseinanderliegen, sich möglichst bildlich auch vor die Seele zu rücken.

Es ist dies zunächst nichts anderes als ein spezieller Ausdruck für das Vertrauen in die Gedanken der Realität. Der Mensch soll nicht etwa sofort irgendwelche Schlüsse ziehen und aus dem, was er heute beobachtete, schließen, was nun morgen für Witterung sein wird. Das würde sein Denken korrumpieren. Er soll vielmehr das Vertrauen haben, daß draußen in der Realität die Dinge ihren Zusammenhang haben, daß das Morgige mit dem Heutigen irgendwie zusammenhängt. Er soll nicht spekulieren darüber, sondern das, was zeitlich aufeinanderfolgt, nur zuerst in möglichst genauen Vorstellungsbildern in sich selbst nachdenken und dann diese Bilder zunächst nebeneinanderstehen und sie ineinander übergehen lassen. Dies ist ein ganz bestimmter Denkgrundsatz, den man ausführen muß, wenn man wirklich sachgemäßes Denken entwickeln will. Es ist gut, diesen Grundsatz gerade an solchen Dingen durchzuführen, die man noch nicht versteht, bei denen man noch nicht eingedrungen ist in den inneren Zusammenhang. Deshalb soll man gerade bei solchen Vorgängen, von denen man noch nichts versteht, wie zum Beispiel die Witterung, das Vertrauen haben, daß sie, die draußen zusammenhängen, auch in uns Zusammenhänge bewirken; und das soll mit Enthaltung vom Denken geschehen, nur in Bildern. Man muß sich sagen: Ich weiß noch nicht den Zusammenhang, aber ich werde diese Dinge in mir leben lassen, und sie werden in mir etwas bewirken, wenn ich gerade die Enthaltung vom Spekulieren übe. – Sie werden leicht glauben können, daß, wenn der Mensch so, mit Enthaltung vom Denken, sich möglichst genaue Bildvorstellungen macht von aufeinanderfolgenden Vorgängen, daß da etwas vorgehen kann in den unsichtbaren Gliedern des Menschen.

Der Mensch hat den astralischen Leib als Träger des Vorstellungslebens. Dieser astralische Leib ist, solange der Mensch spekuliert, der Sklave des Ich. Aber er geht nicht in dieser bewußten Tätigkeit auf, er steht auch in einer gewissen Beziehung zum ganzen Kosmos.

In demselben Maße nun, in dem wir uns enthalten, unsere Denkwillkür wirken zu lassen, in dem wir ganz enthaltsam bloß Bildvorstellungen von aufeinanderfolgenden Ereignissen uns machen, in demselben Maße wirken die inneren Gedanken der Welt in uns und prägen sich unserem Astralleib ein, ohne daß wir es wissen. Wie wir uns fügen in den Gang der Welt durch Beobachtung der Vorgänge in der Welt und die Bilder möglichst ungetrübt in unsere Gedanken aufnehmen und in uns wirken lassen, in demselben Maße werden wir in den Gliedern, die unserem Bewußtsein entzogen sind, immer gescheiter. Wenn wir es dann einmal können, bei solchen Vorgängen, die in einem inneren Zusammenhang stehen, das neue Bild in das andere übergehen zu lassen, so wie sich dieser Übergang in der Natur vollzogen hat, dann werden wir nach einiger Zeit sehen, daß unser Denken so etwas bekommen hat wie eine gewisse Geschmeidigkeit.

So sollen wir vorgehen bei Dingen, die wir noch nicht verstehen; aber Dingen gegenüber, die wir verstehen, sollen wir uns etwas anders verhalten, zum Beispiel Vorgängen unseres alltäglichen Lebens gegenüber, die sich um uns abspielen. Es habe zum Beispiel irgend jemand, vielleicht der Nachbar, dieses oder jenes getan. Wir denken nach: Warum hat er das getan? – Wir denken uns, er habe es vielleicht heute getan als Vorbereitung für etwas, das er morgen tun wolle. Nun sagen wir nichts weiter, sondern wir stellen uns genau vor, was er getan hat und versuchen nun, uns ein Bild auszumalen von dem, was er morgen tun werde. Wir stellen uns vor: Das wird er morgen tun – und warten ab, was er wirklich tun werde. Es kann sein, daß wir morgen bemerken, er tut wirklich das, was wir uns ausgemalt haben. Es kann auch sein, daß er etwas anderes tut. Wir werden sehen, was geschieht, und suchen unsere Gedanken danach zu verbessern.

So suchen wir uns in der Gegenwart Ereignisse, die wir in Gedanken in die Zukunft hinein verfolgen, und warten ab, was sich ereignet. Wir können das machen mit dem, was Menschen tun, und mit anderen Dingen. Wo wir eben etwas verstehen, da versuchen wir uns ein Bild zu machen von dem, was nach unserer Meinung geschehen wird. Tritt das Erwartete ein, so war unser Denken richtig; und es ist gut. Geschieht etwas anderes als was wir erwartet haben, dann versuchen wir darüber nachzudenken, worin wir den Fehler gemacht haben, und versuchen so, unsere falschen Gedanken zu korrigieren durch ruhiges Beobachten und Prüfen, woran der Fehler lag, woraus es entspringt, daß es so gekommen ist. Haben wir das Richtige getroffen, dann wollen wir uns aber ganz besonders sorgfältig davor hüten, zu prunken mit unserer Prophetie: Ja, das habe ich gestern schon gewußt, daß das so kommt!

Das war wiederum ein Grundsatz, aus dem Vertrauen entspringend, daß eine innere Notwendigkeit in den Dingen und Ereignissen selbst liegt, daß in den Tatsachen selbst etwas liegt, das die Dinge vorwärtstreibt. Und was da drinnen arbeitet von heute auf morgen, das sind Gedankenkräfte. Vertiefen wir uns in die Dinge, dann werden wir dieser Gedankenkräfte uns bewußt. Diese Gedankenkräfte machen wir in unserem Bewußtsein gegenwärtig durch solche Übungen, und wir stimmen dann überein mit ihnen, wenn sich das erfüllt, was wir vorausgesehen haben; dann stehen wir durch unsere Denktätigkeit mit der realen Sache in einem inneren Zusammenhang. So gewöhnen wir uns daran, nicht willkürlich, sondern aus der inneren Notwendigkeit, der Natur der Dinge heraus, zu denken.

Aber auch nach anderer Richtung können wir unsere Denkpraxis schulen. Irgendein Ereignis, das heute geschieht, steht auch in Beziehung zu dem, was gestern geschehen ist, zum Beispiel irgendein Junge ist ungezogen gewesen; welches können die Ursachen sein? Wir verfolgen die Ereignisse zurück von heute auf gestern, wir konstruieren uns die Ursachen, die wir nicht wissen. Wir sagen uns: Ich glaube, weil heute dies geschieht, so hat sich das gestern oder vorgestern durch dieses oder jenes vorbereitet.

Man unterrichtet sich dann darüber, was wirklich geschehen ist, und erkennt dadurch, ob man richtig gedacht hat. Hat man die richtige Ursache gefunden, so ist es gut; hat man sich eine falsche Vorstellung gemacht, so versuche man, sich die Fehler klarzumachen und zu finden, wie der Gedankenprozeß sich entwickelt hat und wie die Sache in der Wirklichkeit abgelaufen ist.

Diese Grundsätze auszuführen, ist das Bedeutsame: daß wir wirklich Zeit finden, die Dinge so zu betrachten, als ob wir in den Dingen drin wären mit unserem Denken, daß wir uns hineinversenken in die Dinge, in die innere Gedankentätigkeit der Dinge. Wenn wir das tun, dann merken wir nach und nach, wie wir förmlich zusammenwachsen mit den Dingen, wie wir gar nicht mehr das Gefühl haben, daß die Dinge draußen sind und wir drinnen und über sie nachdenken, sondern ein Gefühl bekommen, wie wenn unser Denken sich in den Dingen drinnen bewegte. Wenn der Mensch das in hohem Grade erreicht hat, so kann ihm manches klar werden.

Ein Mensch, der in hohem Grade erreicht hatte, was so zu erreichen ist, ein solcher Denker, der immer in den Dingen drinnenstand mit seinen Gedanken, das war Goethe. Der Psychologe Heinroth hat 1822 in seinem «Lehrbuch der Anthropologie» gesagt, daß Goethes Denken ein gegenständliches Denken sei. Goethe selbst hat sich über diese Bemerkung gefreut. Sie sollte besagen, solches Denken sondere sich nicht ab von den Dingen; es bleibe in den Dingen drinnen, es bewege sich innerhalb der Notwendigkeit der Dinge. Goethes Denken war zugleich ein Anschauen, sein Anschauen zugleich ein Denken.

Goethe hat es sehr weit gebracht in solchem entwickelten Denken. So ist es mehr als einmal vorgekommen: Goethe hatte irgend etwas vor, ging zum Fenster und sagte zu dem, der gerade da war: In drei Stunden wird es regnen; und es geschah so. Er konnte aus dem kleinen Ausschnitt des Himmels, den er durchs Fenster sah, sagen, was in den nächsten Stunden vorgehen werde in den

Witterungsverhältnissen. Sein treues, in den Dingen bleibendes Denken hatte es ihm möglich gemacht zu spüren, was sich da vorbereitete aus dem vorhergehenden als das spätere Ereignis.

Wirklich viel mehr kann man erreichen durch ein praktisches Denken, als man gewöhnlich meint. – Wenn man das hat, was nun geschildert wurde, an Grundsätzen für das Denken, dann wird man bemerken, daß nun wirklich das Denken praktisch wird, daß der Blick sich erweitert und man die Dinge der Welt ganz anders ergreift als ohne dies. Der Mensch wird nach und nach sich ganz anders stellen zu den Dingen und auch zu den Menschen. Es ist ein wirklicher Prozeß, der in ihm vorgeht, der sein ganzes Verhalten verändert. Es kann von ungeheurer Wichtigkeit sein, daß der Mensch tatsächlich versucht, so mit den Dingen durch sein Denken zusammenzuwachsen; denn es ist ein im eminentesten Sinne praktischer Grundsatz für das Denken, solche Übungen zu machen.

Eine andere Sache ist eine Übung, die insbesondere diejenigen Leute machen sollten, denen gewöhnlich im rechten Moment nicht das Rechte einfällt. Dasjenige, was solche Menschen machen sollten, das besteht darin, daß sie vor allen Dingen versuchen sollen, nicht bloß so zu denken, daß sie sich in jedem Augenblick dem hingeben, was der Weltenlauf so mit sich bringt, was die Dinge so mit sich bringen. Es ist ja das Allerhäufigste, daß, wenn der Mensch einmal eine halbe Stunde sich hinlegen kann, um sich auszuruhen, daß er dann seine Gedanken spielen läßt. Dann spinnt sich das so aus ins Hundertste und Tausendste. Oder es beschäftigt ihn vielleicht diese oder jene Sorge im Leben – flugs ist sie in sein Bewußtsein geschlichen, und er ist ganz in Anspruch genommen von ihr. Macht der Mensch dieses, so wird er niemals dazu kommen, im richtigen Moment den richtigen Einfall zu haben. Will er das erreichen, so muß er sich folgendermaßen verhalten. Hat er eine halbe Stunde Zeit sich auszuruhen, so muß er sich sagen: Ich will, so oft ich Zeit habe, über etwas nachdenken, was ich mir selbst auswähle, was ich nur durch meine Willkür in mein Bewußtsein hereinbringe. Ich will jetzt zum Beispiel über irgend etwas, was ich vielleicht früher erlebt habe, vielleicht bei einem Spaziergang vor zwei Jahren, nachdenken, ich will die damaligen Erlebnisse ganz willkürlich in mein Denken hereinbringen und will darüber – sei es vielleicht nur fünf Minuten – nachdenken. Alles übrige, fort damit für diese fünf Minuten! Selbst wähle ich mir das, worüber ich nachdenken will. Die Wahl braucht nicht einmal so schwierig zu sein, wie ich gerade gesagt habe. Darauf kommt es zunächst gar nicht an, daß man durch schwierige Übungen in seinen Denkprozeß hineinwirkt, sondern daß man sich herausreißt aus dem, in was man hineingezogen wird durch das Leben. Es muß nur etwas sein, was herausfällt aus dem, wohinein man gesponnen wird durch den gewöhnlichen Tagesverlauf. Und wenn man an Einfallslosigkeit leidet, wenn einem gerade nichts anderes einfällt, so kann man sich zu Hilfe kommen, indem man ein Buch aufschlägt und über das nachdenkt, was man gerade liest auf den ersten Blick. Oder auch, man sagt sich: Ich werde heute einmal über das nachdenken, was ich sah, als ich zu bestimmter Zeit vormittags ins Geschäft gegangen bin und das ich sonst würde unberücksichtigt gelassen haben. Es muß eben etwas sein, was aus dem gewöhnlichen Tageslauf herausfällt, worüber man sonst nicht nachgedacht hätte.

Macht man solche Übungen systematisch immer und immer wieder, dann tritt das ein, daß man Einfälle kriegt zur rechten Zeit, daß einem zur richtigen Zeit das einfällt, was einem einfallen soll. Das Denken wird dadurch in Beweglichkeit kommen, und das ist ungeheuer bedeutungsvoll für den Menschen im praktischen Leben.

Eine andere Übung ist besonders geeignet, auf das Gedächtnis zu wirken. Man versucht zunächst, sich in der groben Art, wie man sich gewöhnlich an Dinge erinnert, an irgendein Ereignis, sagen wir von gestern, zu erinnern. Gewöhnlich sind die Erinnerungen der Menschen ja grau in grau; in der Regel ist man ja zufrieden, wenn einem nur der Name des Menschen einfällt, dem man gestern begegnet ist. Aber damit dürfen wir nicht zufrieden sein, wenn wir unser Gedächtnis ausbilden wollen. Das müssen wir uns klarmachen. Wir müssen systematisch folgendes treiben, wir müssen uns sagen: Ich will mich ganz genau erinnern an den Menschen, den ich gestern gesehen habe, auch an welcher Hausecke ich ihn gesehen habe; was noch um ihn herum war. Das Bild will ich mir genau ausmalen, auch seinen Rock, seine Weste will ich mir bildlich genau vorstellen. – Da werden die meisten Menschen bemerken, daß sie das gar nicht können, daß ihnen das gar nicht möglich ist. Sie werden bemerken, wie viel ihnen fehlt, um eine wirkliche bildhafte Vorstellung zu bekommen von dem, was ihnen gestern begegnet ist und was sie gestern erlebt haben.

Wir müssen nun zunächst ausgehen von den weitaus meisten Fällen, in denen der Mensch nicht in der Lage ist, sich das wieder in Erinnerung zu rufen, was er gestern erlebt hat. Die Beobachtung der Menschen ist eine wirklich im höchsten Maße ungenaue. Ein Versuch eines Universitätsprofessors mit seinen Hörern hat gezeigt, daß von dreißig Anwesenden nur zwei den Vorgang richtig, die anderen achtundzwanzig dagegen falsch beobachtet hatten. Ein gutes Gedächtnis ist nun aber das Kind einer treuen Beobachtung. Zur Entwicklung des Gedächtnisses kommt es also gerade darauf an, daß man genau beobachte. Ein gutes Gedächtnis erringt man durch treue Beobachtung, auf einem gewissen seelischen Umwege wird das treue Gedächtnis als Kind einer guten Beobachtung geboren.

Wenn man nun aber das nicht kann, zunächst sich genau erinnern an das, was man gestern erlebt hat, was tut man da? Zunächst versuche man, sich möglichst genau zu erinnern, und wo man sich nicht erinnert, da versuche man nun tatsächlich sich etwas Falsches vorzustellen, nur etwas Ganzes soll es sein. Nehmen wir an, Sie hätten ganz vergessen, ob jemand, der Ihnen begegnet ist, einen braunen oder einen schwarzen Rock angehabt hat, so stellen Sie sich vielleicht vor, er habe einen braunen Rock und braune Beinkleider angehabt; er habe solche und solche Knöpfe an der Weste gehabt, die Halsbinde war gelb, und da war jene Situation, die Wand war gelb, links ist ein großer, rechts ein kleiner Mensch vorbeigegangen und so weiter.

Das, woran man sich erinnert, das stellt man sich hinein in das Bild; nur das, woran man sich nicht erinnern kann, das ergänzt man, um nur im Geiste ein vollständiges Bild zu gewinnen. Das Bild ist ja dann zunächst falsch, aber dadurch, daß Sie sich bemühen, ein vollständiges Bild zu bekommen, dadurch werden Sie angeleitet, von jetzt ab genauer zu beobachten. Und das setzen Sie fort, solche Übungen zu machen. Und wenn Sie das fünfzig Mal gemacht haben, so werden Sie das einundfünfzigste Mal ganz genau wissen, wie derjenige, der Ihnen begegnet ist, ausgesehen hat, was er angehabt hat; Sie werden sich genau an alles erinnern, bis auf die Westenknöpfe. Sie werden dann nichts mehr übersehen, und es prägt sich Ihnen jede Einzelheit ein. Sie haben so zuerst Ihren Beobachtungssinn geschärft durch die Übungen und dann eine Aufbesserung in der Treue Ihres Gedächtnisses als das Kind des Beobachtungssinnes hinzubekommen.

Besonders gut ist, darauf zu sehen, nicht bloß Namen und einzelne Hauptzüge dessen zu behalten, an was man sich erinnern will, sondern möglichst bildhafte Vorstellungen zu erhalten suchen, die sich auf alle Einzelheiten erstrecken; und wenn man sich an etwas nicht erinnern kann, so sucht man das Bild zunächst zu ergänzen, es zu einem Ganzen zu konstruieren. Dann werden wir bald sehen – wie auf Umwegen scheint es –, daß unser Gedächtnis nach und nach treu wird.

So sehen wir, wie man tatsächlich wie Handgriffe angeben kann dasjenige, wodurch der Mensch sein Denken immer praktischer und praktischer machen kann. Besonders wichtig ist noch das Folgende: Der Mensch hat eine gewisse Sehnsucht, wenn er sich etwas überlegt, zu einem Resultat zu kommen. Er überlegt sich, wie er dieses oder jenes machen soll, und er kommt zu diesem oder jenem Resultat. Das ist ein sehr begreiflicher Trieb. Das ist aber nicht dasjenige, was einen zum praktischen Denken führt. Jedes Überhasten im Denken bringt nicht vorwärts, sondern bringt zurück. Man muß Geduld haben in diesen Dingen.

Du sollst zum Beispiel dieses oder jenes ausführen: Du kannst das nun so oder so machen, es liegen verschiedene Möglichkeiten vor. Nun habe man die Geduld und versuche sich vorzustellen, was da werden würde, wenn man es so ausführte, und versuche sich auch vorzustellen, wie es anders aussehen würde. Nun wird es ja immer Gründe geben, warum man das eine oder das andere vorziehen möchte, aber nun enthalte man sich, sofort einen Entschluß zu fassen, sondern bemühe sich, zwei Möglichkeiten auszumalen und sich dann zu sagen: So, jetzt Schluß, jetzt höre ich auf, über die Sache nachzudenken.

Es wird Menschen geben, die werden zapplig werden dabei; und es ist dann schwierig, die Zappligkeit zu überwinden, aber es ist ungeheuer nützlich, sie zu überwinden und sich zu sagen: Es geht so und es geht so, und nun denke ich eine Weile nicht daran. Wenn man kann, so hebe man die Sache, das Handeln bis zum nächsten Tage auf und halte sich dann die zwei Möglichkeiten wieder vor, und man wird finden, daß die Dinge sich mittlerweile verändert haben, daß wir am nächsten Tage anders, gründlicher wenigstens uns entscheiden, als wir am Vortage uns entschieden hätten. Die Dinge haben eine innere Notwendigkeit in sich, und wenn wir nicht ungeduldig willkürlich handeln, sondern diese innere Notwendigkeit arbeiten lassen in uns – und sie wird in uns arbeiten –, so wird sie unser Denken bereichert erscheinen lassen am nächsten Tage und uns eine richtigere Entscheidung ermöglichen. Das ist ungeheuer nützlich!

Man wird zum Beispiel um Rat gefragt über dieses oder jenes, man hat irgend etwas zu entscheiden. Da habe man die Geduld, nicht gleich hineinzuplatzen mit seinen Entscheidungen, sondern sich zunächst verschiedene Möglichkeiten vorzulegen und bei sich selbst keine Entscheidung darüber zu treffen, sondern ruhig die Möglichkeiten walten zu lassen. Man sagt ja auch im Volksmunde, man müsse eine Sache beschlafen, ehe man sie entscheide. Das Beschlafen allein tut es aber nicht. Es ist notwendig, zwei oder besser mehrere Möglichkeiten zu bedenken, die dann in einem fortarbeiten, wenn man sozusagen nicht mit seinem bewußten Ich dabei ist, und dann später wieder auf die Sache zurückzukommen. Man wird sehen, daß man auf diese Weise innere Denkkräfte rege macht und das Denken dadurch immer sachgemäßer und praktischer wird.

Und was der Mensch auch immer ist in der Welt, ob er am Schraubstock oder hinter dem Pflug steht oder ob er einer der sogenannten bevorzugten Berufsklassen angehört –, über die alleralltäglichsten Dinge wird er ein praktischer Denker werden, wenn er diese Dinge übt. So übend greift und sieht er die Dinge in der Welt ganz anders an. Und so innerlich sich diese Übungen zuerst auch ansehen, sie taugen gerade für die Außenwelt, sie tragen gerade für die Außenwelt die denkbar größte Bedeutung in sich; sie haben wichtige Folgen.

Ich will Ihnen an einem Beispiel zeigen, wie notwendig es ist, wirklich praktisch über die Dinge zu denken: Irgend jemand ist auf einer Leiter hinaufgestiegen auf einen Baum und hat da irgend etwas gemacht; er fällt herunter, schlägt auf und ist tot. Nun, nicht wahr, es ist ein naheliegender Gedanke, daß der sich da durch den Fall totgeschlagen hat. Man wird sagen, daß der Fall die Ursache, der Tod die Wirkung war. Da scheinen Ursache und Wirkung zusammenzuhängen. Darinnen können nun greuliche Verwechslungen vorliegen. Es kann den da oben ein Herzschlag getroffen haben, so daß er infolge des Herzschlages heruntergefallen ist. Es ist genau dasselbe eingetroffen, wie wenn er lebendig heruntergefallen wäre, er hat dieselben Dinge durchgemacht, die wirklich seine Todesursache hätten sein können. So kann man Ursache und Wirkung vollständig verwechseln. Hier in diesem Beispiel ist es auffällig; oft aber ist es nicht so auffällig, was man verfehlt hat. Solche Denkfehler kommen ungeheuer häufig vor, ja es muß gesagt werden, daß in der Wissenschaft heute tagtäglich solche Urteile gefällt werden, wo wirklich in einer solchen Art Ursache und Wirkung verwechselt werden. Das begreifen die Menschen nur nicht, weil sie sich nicht die Denkmöglichkeiten vorhalten.

Ein Beispiel soll noch gegeben werden, das Ihnen ganz anschaulich machen kann, wie solche Denkfehler zustande kommen, und das Ihnen zeigt, daß sie einem Menschen, der solche Übungen gemacht hat, wie sie heute angegeben wurden, nicht mehr passieren werden. Nehmen Sie folgendes an: Ein Gelehrter sagt sich, daß der Mensch, wie er heute ist, vom Affen abstammt; also: das, was ich in den Affen kennenlerne, die Kräfte im Affen, die vervollkommnen sich, und daraus wird dann der Mensch. – Nun, um jetzt die Gedankenbedeutung der Sache darzutun, wollen wir einmal folgende Voraussetzung machen: Denken wir einmal, der Mensch, der diesen Schluß anstellen soll, der wäre durch irgendeinen Umstand ganz allein auf die Erde versetzt. Außer ihm wären nur diejenigen Affen da, von denen seine Theorie sagt, daß Menschen aus ihnen entstehen können. Er studiert nun diese Affen ganz genau, er bildet sich bis in die Einzelheiten einen Begriff von dem, was da ist in den Affen. Nun soll er versuchen, aus dem Begriff des Affen den Begriff des Menschen entstehen zu lassen, wenn er noch nie einen Menschen gesehen hat. Er wird sehen, daß er das nie zustande bringt: Sein Begriff «Affe» verwandelt sich nie in den Begriff des Menschen.

Wenn er richtige Denkgewohnheiten hätte, so müßte er sich sagen: Also, mein Begriff, der wandelt sich in mir nicht so um, daß aus dem Affenbegriff der Menschenbegriff wird, also kann dasjenige, was ich sehe im Affen, nicht zum Menschen werden, denn sonst müßte mein Begriff auch übergehen. Es muß also noch etwas hinzukommen, was ich nicht sehen kann. – Dieser Mensch also müßte hinter dem sinnlichen Affen etwas Übersinnliches sehen, was er nicht wahrnehmen kann, was dann erst zum Menschen übergehen könnte.

Wir wollen auf die Unmöglichkeit der Sache nicht eingehen, sondern nur den Denkfehler zeigen, der hinter jener Theorie liegt. Wenn der Mensch richtig denken würde, so würde er darauf geführt werden, daß er nicht so denken darf, wenn er nicht etwas Übersinnliches voraussetzen will. Wenn Sie über die Sache nachdenken, so werden Sie schon sehen, daß hier von einer ganzen Reihe von Menschen ein überwältigender Denkfehler gemacht worden ist. Solche Fehler werden nicht mehr gemacht werden von dem, der in der angegebenen Weise sein Denken schult.

Ein großer Teil unserer ganzen heutigen Literatur, besonders auch der naturwissenschaftlichen, wird für den, der wirklich richtig zu denken vermag, durch solche krummen, verkehrten Gedanken eine Quelle von Wirkungen bis zu physischen Schmerzen, wenn er sich durch sie hindurchlesen muß. Es soll dadurch absolut nichts gesagt werden gegen die ungeheure Summe von Beobachtungen, die durch diese Naturwissenschaft und ihre objektiven Methoden gewonnen worden ist.

Nun kommen wir auf ein Kapitel, das zusammenhängt mit der Kurzsichtigkeit des Denkens. Es ist wirklich so, daß der Mensch gewöhnlich nicht weiß, daß sein Denken gar nicht sehr sachgemäß, sondern zum größten Teil nur eine Folge von Denkgewohnheiten ist. So werden denn auch die Urteile für den, der die Welt und das Leben durchschaut, sich ganz anders gestalten als für den, der diese nicht oder nur wenig durchschaut, zum Beispiel für einen materialistischen Denker. Durch Gründe so jemanden zu überzeugen, wenn sie auch noch so gediegen und noch so gut sind, das geht nicht leicht. Denjenigen, der das Leben wenig kennt, durch Gründe zu überzeugen suchen, ist oft vergebliche

Mühe, weil er ja gar nicht die Gründe einsieht, aus denen dieses oder jenes behauptet werden kann. Wenn er sich angewöhnt hat, in allem zum Beispiel nur Materie zu sehen, so haftet er eben an dieser Denkgewohnheit.

Es sind heute im allgemeinen nicht die Gründe, die jemanden zu Behauptungen führen, sondern hinter den Gründen sind es die Denkgewohnheiten, die er sich angeeignet hat und die sein ganzes Fühlen und Empfinden beeinflussen. Wenn er Gründe vorbringt, da stellt sich nur vor sein Fühlen und Empfinden die Maske des gewohnten Denkens. So ist oft nicht nur der Wunsch der Vater des Gedankens, sondern es sind alle Gefühle und Denkgewohnheiten die Eltern der Gedanken. Derjenige, der das Leben kennt, weiß, wie wenig durch logische Gründe jemand zu überzeugen ist im Leben. Da entscheidet viel Tieferes in der Seele als die logischen Gründe.

Wenn wir zum Beispiel unsere anthroposophische Bewegung haben, so hat es gewiß seine guten Gründe, daß wir sie haben und daß sie arbeitet in ihren Zweigen. Jeder merkt dadurch, daß er eine Zeitlang mitarbeitet an der Bewegung, daß er sich ein anderes Denken, Fühlen und Empfinden angeeignet hat. Denn durch das Arbeiten in den Zweigen beschäftigt man sich nicht bloß damit, die logischen Gründe zu finden für etwas, sondern ein umfassenderes Fühlen und Empfinden eignet man sich an.

Wie spottete unter Umständen vor ein paar Jahren ein Mensch, der zum ersten Male einen geisteswissenschaftlichen Vortrag hörte – und heute, wieviel Dinge sind ihm nun durchaus klar und durchsichtig, die er vielleicht vor einiger Zeit noch für etwas höchst Absurdes gehalten hätte! Wir wandeln, indem wir an der anthroposophischen Bewegung mitarbeiten, nicht bloß unsere Gedanken um, sondern wir lernen, unsere ganze Seele in eine weitere Perspektive hineinzubringen. Wir müssen uns klar darüber sein, daß die Färbung unserer Gedanken aus viel tieferen Untergründen herauskommt, als man gewöhnlich meint. Es sind gewisse Empfindungen, gewisse Gefühle, die dem Menschen eine Meinung aufdrängen. Die logischen Gründe sind oft nur eine Verbrämung, sind nur die Masken für Gefühle, Empfindungen und Denkgewohnheiten.

Sich dahin zu bringen, daß einem die logischen Gründe etwas bedeuten, dazu gehört, daß man die Logik selbst lieben lernt. Erst wenn man die Objektivität, das Sachgemäße lieben lernt, werden die logischen Gründe entscheidend werden. Man lernt allmählich, sozusagen unabhängig von der Vorliebe für diesen oder jenen Gedanken, objektiv denken, und dann erweitert sich der Blick, und man wird praktisch; nicht so praktisch, daß man nur in ausgefahrenen Bahnen weiter urteilen kann, sondern so, daß man aus den Dingen heraus denken lernt.

Wirkliche Praxis ist ein Kind des sachgemäßen Denkens, des aus den Dingen herausfließenden Denkens. Wir lernen erst, uns von den Dingen anregen zu lassen, wenn wir solche Übungen machen; und zwar an gesunden Dingen müssen solche Übungen gemacht werden. Das sind solche Dinge, an denen die menschliche Kultur möglichst wenig Anteil hat, die am wenigsten verkehrt sind: an Naturobjekten. Und an Naturobjekten so üben, wie wir das heute beschrieben haben, das macht uns zu praktischen Denkern. Das ist wirklich praktisch. Die alleralltäglichste Beschäftigung wird praktisch angegriffen werden, wenn wir das Grundelement schulen: das Denken. Indem wir die menschliche Seele so üben, wie das ausgeführt worden ist, bildet sich praktische Denkorientierung.

Es muß die Frucht der geisteswissenschaftlichen Bewegung sein, daß sie wirklich Praktiker ins Leben stellt. Es ist nicht so wichtig, daß der Mensch dieses oder jenes für wahr halten kann, sondern daß er es dahin bringe, die Dinge richtig zu überschauen. Viel wichtiger ist die Art und Weise, wie Anthroposophie eindringt in unsere Seele und uns anleitet zur Tätigkeit unserer Seele und unseren Blick erweitert, als daß wir bloß über die sinnlichen

Dinge hinaus- und ins Geistige hineintheoretisieren. Darin ist die Anthroposophie etwas wahrhaft Praktisches.

Das ist eine wichtige Mission der anthroposophischen Bewegung, daß durch sie des Menschen Denken in Bewegung gebracht wird, so geschult wird, daß er denkt, daß der Geist hinter den Dingen steht. Wenn die anthroposophische Bewegung diese Gesinnung entfacht, dann wird sie eine Kultur begründen, aus der nie ein solches Denken hervorgehen wird, daß die Leute von innen den Wagen anschieben wollen. Das fließt ganz von selbst in die Seele hinein. Wenn die Seele gelernt hat, über die großen Tatsachen des Lebens zu denken, dann denkt sie auch über den Suppenlöffel richtig. Und nicht nur in bezug auf das, was den Suppenlöffel betrifft, werden die Menschen praktischer werden, sie werden auch lernen, einen Nagel praktischer einzuschlagen, ein Bild praktischer aufzuhängen, als sie das sonst getan hätten. Das ist von großer Bedeutung, daß wir das seelisch-geistige Leben als ein Ganzes betrachten lernen und daß wir durch solche Anschauung alles praktischer und praktischer gestalten lernen.

Quellenangabe

Praktische Ausbildung des Denkens. Vortrag vom 18. 1. 1909, in «Die Beantwortung von Welt- und Lebensfragen durch Anthroposophie», GA 108, Leinenausgabe. – Der Vortrag «Praktische Ausbildung des Denkens» ist auch als Separatdruck (Einzelausgabe, kartoniert) erschienen.

Weitere Werke von Rudolf Steiner zu diesem Thema

Philosophie und Anthroposophie. Aufsatz 1908. Einzelausgabe, kartoniert.

Philosophie und Anthroposophie. Gesammelte Aufsätze 1904–1923. GA 35, Leinenausgabe

Die Philosophie der Freiheit. Grundzüge einer modernen Weltanschauung (1894). GA 4, Leinen- und Taschenbuchausgabe

Lucifer Nr. 1

Wie erlangt man Erkenntnisse der höheren Welten.

Von Dr. Rudolf Steiner

Es schlummern in jedem Menschen Fähigkeiten, durch die er sich Erkenntnisse über höhere Welten erwerben kann. Der Mystiker, der Gnostiker, der Theosoph sprechen von einer Seelen- und einer Geisterwelt, die für ihn ebenso vorhanden sind wie diejenige, die man mit physischen Augen sehen, mit physischen Händen betasten kann. Sein Zuhörer darf sich in jedem Augenblicke sagen: wovon dieser spricht, kann ich auch erfahren, wenn ich gewisse Kräfte in mir entwickele, die heute noch in mir schlummern. Es kann sich nur darum handeln, wie man es anzufangen hat, um solche Fähigkeiten in sich zu entwickeln. Dazu können nur diejenigen Anleitung geben, die schon in sich solche Kräfte haben. Es hat, seit es ein Menschengeschlecht giebt, auch immer Schulen gegeben, in denen solche, die höhere Fähigkeiten hatten, denen Anleitung gaben, die eben solche Fähigkeiten suchten. Man nennt solche Schulen Geheimschulen, und der Unterricht, welcher da erteilt wird, heisst geheimwissenschaftlicher, oder occulter Unterricht. Eine solche Bezeichnung erweckt naturgemäss Missverständnis. Wer sie hört, kann leicht zu dem Glauben verführt werden, dass diejenigen, die in solchen Schulen thätig sind, eine besonders bevorzugte Menschenklasse darstellen wollen, die willkürlich ihr Wissen den Mitmenschen vorenthalten. Ja, man denkt wohl auch, dass vielleicht überhaupt nichts erhebliches hinter solchem Wissen stecke. Denn, wenn es ein wahres Wissen wäre – so ist man versucht zu denken – so brauchte man daraus kein Geheimnis zu machen: man könnte es öffentlich mitteilen und die Vorteile davon allen Menschen zugänglich machen.

Diejenigen, welche in die Natur des Geheimwissens eingeweiht sind, wundern sich nicht im geringsten darüber, dass die Uneingeweihten so denken. Worin das Geheimnis der Einweihung besteht, kann nur derjenige verstehen, der selbst diese Einweihung in die höheren Geheimnisse des Daseins bis

«Das soziale und, wenn man will, das Kriegsproblem der Gegenwart, sie können nicht anders gelöst werden als durch klare, an dem modernen Denken geschulte Gedanken, die sich hinorientieren nach der neu sich offenbarenden geistigen Welt.» – Im Anschluß an diese Worte aus Rudolf Steiners Vortrag vom 20. Dezember 1918 stellt sich unmittelbar die Frage: Was hat man sich unter einem solchen Denken vorzustellen?

Daß Steiner sich selbst keinerlei Illusionen hingegeben hat, dokumentiert sein gezieltes Eintreten für eine grundlegende Umgestaltung der sozialen Verhältnisse während des Ersten Weltkrieges und in den Jahren danach. Doch ist z. B. seiner 1919 erschienenen Schrift «Die Kernpunkte der sozialen Frage» auch zu entnehmen, daß eine Neuordnung des politischen, wirtschaftlichen und kulturellen Lebens ein Torso bleiben muß, wenn es nicht zu einer grundlegenden Änderung im Denken kommt. Daher ist es auch nicht verwunderlich, daß er in dem oben erwähnten Vortrag im Anschluß an eine kritische Bestandsaufnahme der damaligen politischen Verhältnisse auf sein Buch «Wie erlangt man Erkenntnisse der höheren Welten?» verweist, das grundlegende Übungsanweisungen für eine meditative Schulung enthält. Friede, so Steiner, ist nur möglich, wenn die Menschen in ihr Inneres hereinnehmen, «was sie glauben, heute außen auskämpfen zu müssen».

Daß es ihm hierbei nicht um die Ausbildung irgendeiner nebulosen Gefühlsmystik ging, sondern um eine intensive Schulung der Denkkräfte in enger Verbindung mit alltäglichen Geschehnissen, zeigt der folgende Beitrag. Es handelt sich hier um eine von ihm selbst vorgenommene schriftliche Zusammenfassung der sogenannten sechs Nebenübungen aus dem Jahre 1906, die er wenige Wochen vorher im Rahmen seines Vortragszyklus' «Vor dem Tore der Theosophie» ausführlich dargestellt hat.

GRUNDBEDINGUNGEN FÜR EIN MEDITATIVES ÜBEN

Allgemeine Anforderungen, die ein jeder an sich selbst stellen muß, der eine okkulte Entwicklung durchmachen will

In dem Folgenden werden die Bedingungen dargestellt, die einer okkulten Entwicklung zugrunde liegen müssen. Es sollte niemand denken, daß er durch irgendwelche Maßnahmen des äußeren oder inneren Lebens vorwärtskommen könne, wenn er diese Bedingungen nicht erfüllt. Alle Meditations- und Konzentrations- und sonstigen Übungen werden wertlos, ja, in einer gewissen Beziehung sogar schädlich sein, wenn das Leben nicht im Sinne dieser Bedingungen sich regelt. Man kann dem Menschen keine Kräfte geben; man kann nur die in ihm schon liegenden zur Entwicklung bringen. Sie entwickeln sich nicht von selbst, weil es äußere und innere Hindernisse für sie gibt. Die äußeren Hindernisse werden behoben durch die folgenden Lebensregeln. Die inneren durch die besonderen Anweisungen über Meditation und Konzentration usw.

Die erste Bedingung ist die Aneignung eines vollkommen klaren Denkens. Man muß zu diesem Zwecke sich, wenn auch nur eine ganz kurze Zeit des Tages, etwa fünf Minuten (je mehr, desto besser) freimachen von dem Irrlichtelieren der Gedanken. Man muß Herr in seiner Gedankenwelt werden. Man ist nicht Herr, wenn äußere Verhältnisse, Beruf, irgendwelche Tradition, gesellschaftliche Verhältnisse, ja, selbst die Zugehörigkeit zu einem gewissen Volkstum, wenn Tageszeit, bestimmte Verrichtungen usw., usw., bestimmen, daß man einen Gedanken hat, und wie man ihn ausspinnt. Man muß sich also in obiger Zeit ganz nach freiem Willen leer machen in der Seele von dem gewöhnlichen, alltäglichen Gedankenablauf und sich aus eigener Initiative einen

Gedanken in den Mittelpunkt der Seele rücken. Man braucht nicht zu glauben, daß dies ein hervorragender oder interessanter Gedanke sein muß; was in okkulter Beziehung erreicht werden soll, wird sogar besser erreicht, wenn man anfangs sich bestrebt, einen möglichst uninteressanten und unbedeutenden Gedanken zu wählen. Dadurch wird die selbsttätige Kraft des Denkens, auf die es ankommt, mehr erregt, während bei einem Gedanken, der interessant ist, dieser selbst das Denken fortreißt. Es ist besser, wenn diese Bedingung der Gedankenkontrolle mit einer Stecknadel, als wenn sie mit Napoleon dem Großen vorgenommen wird. Man sagt sich: Ich gehe jetzt von diesem Gedanken aus und reihe an ihn durch eigenste innere Initiative alles, was sachgemäß mit ihm verbunden werden kann. Der Gedanke soll dabei am Ende des Zeitraumes noch ebenso farbenvoll und lebhaft vor der Seele stehen wie am Anfang. Man mache diese Übung Tag für Tag, mindestens einen Monat hindurch; man kann jeden Tag einen neuen Gedanken vornehmen; man kann aber auch einen Gedanken mehrere Tage festhalten. Am Ende einer solchen Übung versuche man, das innere Gefühl von Festigkeit und Sicherheit, das man bei subtiler Aufmerksamkeit auf die eigene Seele bald bemerken wird, sich voll zum Bewußtsein zu bringen, und dann beschließe man die Übungen dadurch, daß man an sein Haupt und an die Mitte des Rückens (Hirn und Rückenmark) denkt, so wie wenn man jenes Gefühl in diesen Körperteil hineingießen wollte.

Hat man sich etwa einen Monat also geübt, so lasse man eine zweite Forderung hinzutreten. Man versuche, irgendeine Handlung zu erdenken, die man nach dem gewöhnlichen Verlaufe seines bisherigen Lebens ganz gewiß nicht vorgenommen hätte. Man mache sich nun diese Handlung für jeden Tag selbst zur Pflicht. Es wird daher gut sein, wenn man eine Handlung wählen kann, die jeden Tag durch einen möglichst langen Zeitraum vollzogen werden kann. Wieder ist es besser, wenn man mit einer unbedeutenden Handlung beginnt, zu der man sich sozusagen zwingen muß, zum Beispiel man nimmt sich vor, zu einer bestimmten Stunde des Tages eine Blume, die man sich gekauft hat, zu begießen. Nach einiger Zeit soll eine zweite dergleichen Handlungen zur ersten hinzutreten, später eine dritte und so fort, soviel man bei Aufrechterhaltung seiner sämtlichen anderen Pflichten ausführen kann. Diese Übung soll wieder einen Monat lang dauern. Aber man soll, soviel man kann, auch während dieses zweiten Monats der ersten Übung obliegen, wenn man sich diese letztere auch nicht mehr so zur ausschließlichen Pflicht macht wie im ersten Monat. Doch darf sie nicht außer acht gelassen werden, sonst würde man bald bemerken, wie die Früchte des ersten Monats bald verloren sind und der alte Schlendrian der unkontrollierten Gedanken wieder beginnt. Man muß überhaupt darauf bedacht sein, daß man diese Früchte, einmal gewonnen, nie wieder verliere. Hat man eine solche durch die zweite Übung vollzogene Initiativ-Handlung hinter sich, so werde man sich des Gefühles von innerem Tätigkeitsantrieb innerhalb der Seele in subtiler Aufmerksamkeit bewußt und gieße dieses Gefühl gleichsam so in seinen Leib, daß man es vom Kopfe bis über das Herz herabströmen lasse.

Im dritten Monat soll als neue Übung in den Mittelpunkt des Lebens gerückt werden die Ausbildung eines gewissen Gleichmutes gegenüber den Schwankungen von Lust und Leid, Freude und Schmerz, das «Himmelhochjauchzend, zu Tode betrübt» soll mit Bewußtsein durch eine gleichmäßige Stimmung ersetzt werden. Man gibt auf sich acht, daß keine Freude mit einem durchgehe, kein Schmerz einen zu Boden drücke, keine Erfahrung einen zu maßlosem Zorn oder Ärger hinreiße, keine Erwartung einen mit Ängstlichkeit oder Furcht erfülle, keine Situation einen fassungslos mache usw., usw. Man befürchte nicht, daß eine solche Übung einen nüchtern und lebensarm mache: man wird vielmehr alsbald bemerken, daß an Stelle dessen, was durch diese Übung vorgeht, geläutertere Eigenschaften der Seele auftreten; vor allem wird man eines Tages eine innere Ruhe im Körper durch subtile Aufmerksamkeit spüren können; diese gieße man, ähnlich wie in den beiden oberen Fällen, in den Leib, indem man sie vom Herzen nach den Händen, den Füßen und zuletzt nach dem Kopfe strahlen läßt. Dies kann natürlich in diesem Falle nicht nach jeder einzelnen Übung vorgenommen werden, da man es im Grunde nicht mit einer einzelnen Übung zu tun hat, sondern mit einer fortwährenden Aufmerksamkeit auf sein inneres Seelenleben. Man muß sich jeden Tag wenigstens einmal diese innere Ruhe vor die Seele rufen und dann die Übung des Ausströmens vom Herzen vornehmen. Mit den Übungen des ersten und zweiten Monats verhalte man sich, wie mit der des ersten Monats im zweiten.

Im vierten Monat soll man als neue Übung die sogenannte Positivität aufnehmen. Sie besteht darin, allen Erfahrungen, Wesenheiten und Dingen gegenüber stets das in ihnen vorhandene Gute, Vortreffliche, Schöne usw. aufzusuchen. Am besten wird diese Eigenschaft der Seele charakterisiert durch eine persische Legende über den Christus Jesus. Als dieser mit seinen Jüngern einmal einen Weg machte, sahen sie am Wegrande einen schon sehr in Verwesung übergegangenen Hund liegen. Alle Jünger wandten sich von dem häßlichen Anblick ab, nur der Christus Jesus blieb stehen, betrachtete sinnig das Tier und sagte: Welch wunderschöne Zähne hat das Tier! Wo die andern nur das Häßliche, Unsympathische gesehen hatten, suchte er das Schöne. So muß der esoterische Schüler trachten, in einer jeglichen Erscheinung und in einem jeglichen Wesen das Positive zu suchen. Er wird alsbald bemerken, daß unter der Hülle eines Häßlichen ein verborgenes Schönes, daß selbst unter der Hülle eines Verbrechers ein verborgenes Gutes, daß unter der Hülle eines Wahnsinnigen die göttliche Seele irgendwie verborgen ist. Diese Übung hängt in etwas zusammen mit dem, was man die Enthaltung von Kritik nennt. Man darf diese Sache nicht so auffassen, als ob man schwarz weiß und weiß schwarz nennen sollte. Es gibt aber einen Unterschied zwischen einer Beurteilung, die von der eigenen Persönlichkeit bloß ausgeht und Sympathie und Antipathie nach dieser eigenen Persönlichkeit beurteilt. Und es gibt einen Standpunkt, der sich liebevoll in die fremde Erscheinung oder das fremde Wesen versetzt und sich überall fragt: Wie kommt dieses andere dazu, so zu sein oder so zu tun? Ein solcher Standpunkt kommt ganz von selbst dazu, sich mehr zu bestreben, dem Unvollkommenen zu helfen, als es bloß zu tadeln und zu kritisieren. Der Einwand, daß die Lebensverhältnisse von vielen Menschen verlangen, daß sie tadeln und richten, kann hier nicht gemacht werden. Denn dann sind diese Lebensverhältnisse eben solche, daß der Betreffende eine richtige okkulte Schulung nicht durchmachen kann. Es sind eben viele Lebensverhältnisse vorhanden, die eine solche okkulte Schulung in ausgiebigem Maße nicht möglich machen. Da sollte eben der Mensch nicht ungeduldig verlangen, trotz alledem Fortschritte zu machen, die eben nur unter gewissen Bedingungen gemacht werden können. Wer einen Monat hindurch sich bewußt auf das Positive in allen seinen Erfahrungen hinrichtet, der wird nach und nach bemerken, daß sich ein Gefühl in sein Inneres schleicht, wie wenn seine Haut von allen Seiten durchlässig würde und seine Seele sich weit öffnete gegenüber allerlei geheimen und subtilen Vorgängen in seiner Umgebung, die vorher seiner Aufmerksamkeit völlig entgangen waren. Gerade darum handelt es sich, die in jedem Menschen vorhandene Aufmerksamlosigkeit gegenüber solchen subtilen Dingen zu bekämpfen. Hat man einmal bemerkt, daß dies beschriebene Gefühl wie eine Art von Seligkeit sich in der Seele geltend macht, so versuche man dieses Gefühl im Gedanken nach dem Herzen hinzulenken und es von da in die Augen strömen zu lassen, von da hinaus in den Raum vor und um den Menschen herum. Man wird bemerken, daß man ein intimes Verhältnis zu diesem Raum dadurch erhält. Man wächst gleichsam über sich hinaus. Man lernt ein Stück seiner Umgebung noch wie etwas betrachten, das zu einem selber gehört. Es ist recht viel Konzentration zu dieser Übung notwendig und vor allen Dingen ein Anerkennen der Tatsache, daß alles Stürmische, Leidenschaftliche, Affektreiche völlig vernichtend auf die angedeutete Stimmung wirkt. Mit der Wiederholung der Übungen von den ersten Monaten hält man es wieder so, wie für frühere Monate schon angedeutet ist.

Im fünften Monat versuche man dann in sich das Gefühl auszubilden, völlig unbefangen einer jeden neuen Erfahrung gegenüberzutreten. Was uns entgegentritt, wenn die Menschen gegenüber einem eben Gehörten und Gesehenen sagen: «Das habe ich noch nie gehört, das habe ich noch nie gesehen, das glaube ich nicht, das ist eine Täuschung», mit dieser Gesinnung muß der esoterische Schüler vollständig brechen. Er muß bereit sein, jeden Augenblick eine völlig neue Erfahrung entgegenzunehmen. Was er bisher als gesetzmäßig erkannt hat, was ihm als möglich erschienen ist, darf keine Fessel sein für die Aufnahme einer neuen Wahrheit. Es ist zwar radikal ausgesprochen, aber durchaus richtig, daß wenn jemand zu dem esoterischen Schüler kommt und ihm sagt: «Du, der Kirchturm der X-Kirche steht seit dieser Nacht völlig schief», so soll der Esoteriker sich eine Hintertür offen lassen für den möglichen Glauben, daß seine bisherige Kenntnis der Naturgesetze doch noch eine Erweiterung erfahren könne durch eine solche scheinbar unerhörte Tatsache. Wer im fünften Monat seine Aufmerksamkeit darauf lenkt, so gesinnt zu sein, der wird bemerken, daß sich ein Gefühl in seine Seele schleicht, als ob in jenem Raum, von dem bei der Übung im vierten Monat gesprochen wurde, etwas lebendig würde, als ob sich darin etwas regte. Dieses Gefühl ist außerordentlich fein und subtil. Man muß versuchen, dieses subtile Vibrieren in der Umgebung aufmerksam zu erfassen und es gleichsam einströmen zu lassen durch alle fünf Sinne, namentlich durch Auge, Ohr und durch die Haut, insofern diese letztere den Wärmesinn enthält. Weniger Aufmerksamkeit verwende man auf dieser Stufe der esoterischen Entwicklung auf die Eindrücke jener Regungen in den niederen Sinnen, des

Geschmacks, Geruchs und des Tastens. Es ist auf dieser Stufe noch nicht gut möglich, die zahlreichen schlechten Einflüsse, die sich unter die auch vorhandenen guten dieses Gebiets einmischen, von diesen zu unterscheiden; daher überläßt der Schüler diese Sache einer späteren Stufe.

Im sechsten Monat soll man dann versuchen, systematisch in einer regelmäßigen Abwechslung alle fünf Übungen immer wieder und wieder vorzunehmen. Es bildet sich daher allmählich ein schönes Gleichgewicht der Seele heraus. Man wird namentlich bemerken, daß etwa vorhandene Unzufriedenheiten mit Erscheinung und Wesen der Welt vollständig verschwinden. Eine allen Erlebnissen versöhnliche Stimmung bemächtigt sich der Seele, die keineswegs Gleichgültigkeit ist, sondern im Gegenteil erst befähigt, tatsächlich bessernd und fortschrittlich in der Welt zu arbeiten. Ein ruhiges Verständnis von Dingen eröffnet sich, die früher der Seele völlig verschlossen waren. Selbst Gang und Gebärde des Menschen ändern sich unter dem Einfluß solcher Übungen, und kann der Mensch gar eines Tages bemerken, daß seine Handschrift einen anderen Charakter angenommen hat, dann darf er sich sagen, daß er eine erste Sprosse auf dem Pfade aufwärts eben im Begriffe zu erreichen ist. Noch einmal muß zweierlei eingeschärft werden:

Erstens, daß die besprochenen sechs Übungen den schädlichen Einfluß, den andere okkulte Übungen haben können, paralysieren, so daß nur das Günstige vorhanden bleibt. Und zweitens, daß sie den positiven Erfolg der Meditations- und Konzentrationsarbeit eigentlich allein sichern. Selbst die bloße noch so gewissenhafte Erfüllung landläufiger Moral genügt für den Esoteriker noch nicht, denn diese Moral kann sehr egoistisch sein, wenn sich der Mensch sagt: Ich will gut sein, damit ich für gut befunden werde. – Der Esoteriker tut das Gute nicht, weil er für gut befunden werden soll, sondern weil er nach und nach erkennt, daß das Gute allein die Evolution vorwärts bringt, das Böse dagegen und das

Unkluge und das Häßliche dieser Evolution Hindernisse in den Weg legen.

Quellenangabe

Grundbedingungen für ein meditatives Üben. Allgemeine Anforderungen, die ein jeder an sich selbst stellen muß, der eine okkulte Entwicklung durchmachen will. – Aufsatz 1906, in «Seelenübungen mit Wort- und Sinnbild-Meditationen». GA 267, Leinenausgabe

Weitere Werke von Rudolf Steiner zu diesem Thema

Wie erlangt man Erkenntnisse der höheren Welten? (1904/05). GA 10, Leinen- und Taschenbuchausgabe

Die Stufen der höheren Erkenntnis (1905–1908). GA 12, Leinen- und Taschenbuchausgabe

Die Geheimwissenschaft im Umriß (1910). GA 13, Leinen- und Taschenbuchausgabe

Ein Weg zur Selbsterkenntnis des Menschen. In acht Meditationen (1912). GA 16, Leinen- und Taschenbuchausgabe

Die Schwelle der geistigen Welt. Aphoristische Ausführungen (1913). GA 17, Leinen- und Taschenbuchausgabe

Vor dem Tore der Theosophie. 14 Vorträge 1906. GA 95, Leinen- und Taschenbuchausgabe

Philosophie und Anthroposophie. Gesammelte Aufsätze 1904–1923. GA 35, Leinenausgabe

Vorbemerkung.

Die folgenden Ausführungen über „Philosophie und Anthroposophie" sind im Wesentlichen die Wiedergabe eines Vortrages, den ich 1908 in Stuttgart gehalten habe. Unter Anthroposophie verstehe ich eine wissenschaftliche Erforschung der geistigen Welt, welche die Einseitigkeiten einer blossen Natur-Erkenntnis ebenso wie diejenigen der gewöhnlichen Mystik durchschaut, und die, bevor sie den Versuch macht, in die übersinnliche Welt einzudringen, in der erkennenden Seele erst die im gewöhnlichen Bewusstsein und in der gewöhnlichen Wissenschaft noch nicht thätigen Kräfte entwickelt, welche ein solches Eindringen ermöglichen. – Eine solche Geisteswissenschaft gilt der anerkannten Philosophie zumeist als eine dilettantische Betrachtungsart. Durch eine kurze Darstellung des Entwickelungsganges der Philosophie versuche ich, zu zeigen, dass dieser Vorwurf völlig unberechtigt ist, und dass er nur erhoben werden kann, weil die gegenwärtige philosophische Betrachtungsart sich in Irrwege verrant hat, die es ihr, wenn sie sie nicht verlässt, unmöglich machen, zu erkennen, dass ihre eigenen wahren Ausgangspunkte von ihr die Verfolgung des Weges fordern, der zuletzt zur Anthroposophie führt.

Rudolf Steiner

In seinem Buch «Die Geheimwissenschaft im Umriß», das zu den Standardwerken des Steinerschen Schrifttums zu zählen ist und vor allem durch die darin enthaltene Kosmologie einen besonderen Rang einnimmt, hat Rudolf Steiner auch eine ausführliche Schilderung des anthroposophischen Schulungsweges gegeben. Innerhalb des Abschnittes über die «imaginative Erkenntnisstufe» weist er darauf hin, daß es neben dem dort beschriebenen Weg zu Erkenntnissen höherer Welten noch einen anderen gibt, der «sicherer und vor allem genauer, dafür aber auch für viele Menschen schwieriger ist». Dieser, so fährt er fort, ist in seinen früheren philosophischen Werken «Grundlinien einer Erkenntnistheorie der Goetheschen Weltanschauung» und in der «Philosophie der Freiheit» ausführlich dargestellt. Sie beinhalten, so heißt es dann weiter, «was der menschliche Gedanke sich erarbeiten kann, wenn das Denken sich nicht den Eindrücken der physisch-sinnlichen Außenwelt hingibt, sondern nur sich selbst».

Der nachfolgende Text, «Das Erkennen der Welt», ist dem zuletzt genannten, 1894 erschienenen Werk entnommen, auf das Steiner in späteren Jahren immer wieder als eines seiner wichtigsten Werke hingewiesen hat. Das Denken m seiner Grundstruktur sowie der Erkenntnisakt als Verknüpfung von Wahrnehmung und Begriff wurden bereits in den vorangegangenen vier Kapiteln der «Philosophie der Freiheit» eingehend untersucht. «Wie verhält sich das Denken zur Wahrnehmung?» ist das eine große Thema, das in diesem 5. Kapitel behandelt wird. Ein zweites ist der Erörterung eines Problems gewidmet, das Steiner wie folgt einleitet: «In dem Denken haben wir das Element gegeben, das unsere besondere Individualität mit dem Kosmos zu einem Ganzen zusammenschließt.»

Aus den vorhergehenden Betrachtungen folgt die Unmöglichkeit, durch Untersuchung unseres Beobachtungsinhalts den Beweis zu erbringen, daß unsere Wahrnehmungen Vorstellungen sind. Dieser Beweis soll nämlich dadurch erbracht werden, daß man zeigt: wenn der Wahrnehmungsprozeß in der Art erfolgt, wie man ihn gemäß den naiv-realistischen Annahmen über die psychologische und physiologische Konstitution unseres Individuums sich vorstellt, dann haben wir es nicht mit Dingen an sich, sondern bloß mit unseren Vorstellungen von den Dingen zu tun. Wenn nun der naive Realismus, konsequent verfolgt, zu Resultaten führt, die das gerade Gegenteil seiner Voraussetzungen darstellen, so müssen diese Voraussetzungen als ungeeignet zur Begründung einer Weltanschauung bezeichnet und fallen gelassen werden. Jedenfalls ist es unstatthaft, die Voraussetzungen zu verwerfen und die Folgerungen gelten zu lassen, wie es der kritische Idealist tut, der seiner Behauptung: die Welt ist meine Vorstellung, den obigen Beweisgang zugrunde legt. (Eduard von Hartmann gibt in seiner Schrift «Das Grundproblem der Erkenntnistheorie» eine ausführliche Darstellung dieses Beweisganges.)

Ein anderes ist die Richtigkeit des kritischen Idealismus, ein anderes die Überzeugungskraft seiner Beweise. Wie es mit der ersteren steht, wird sich später im Zusammenhange unserer Ausführungen ergeben. Die Überzeugungskraft seines Beweises ist aber gleich Null. Wenn man ein Haus baut, und bei Herstellung des ersten Stockwerkes bricht das Erdgeschoß in sich zusammen, so stürzt das erste Stockwerk mit. Der naive Realismus und der kritische Idealismus verhalten sich wie dies Erdgeschoß zum ersten Stockwerk.

Wer der Ansicht ist, daß die ganze wahrgenommene Welt nur eine vorgestellte ist, und zwar die Wirkung der mir unbekannten Dinge auf meine Seele, für den geht die eigentliche Erkenntnisfrage natürlich nicht auf die nur in der Seele vorhandenen Vorstellungen, sondern auf die jenseits unseres Bewußtseins liegenden, von uns unabhängigen Dinge. Er fragt: Wieviel können wir von den letzteren mittelbar erkennen, da sie unserer Beobachtung unmittelbar nicht zugänglich sind? Der auf diesem Standpunkt Stehende kümmert sich nicht um den inneren Zusammenhang seiner bewußten Wahrnehmungen, sondern um deren nicht mehr bewußte Ursachen, die ein von ihm unabhängiges Dasein haben, während, nach seiner Ansicht, die Wahrnehmungen verschwinden, sobald er seine Sinne von den Dingen abwendet. Unser Bewußtsein wirkt, von diesem Gesichtspunkte aus, wie ein Spiegel, dessen Bilder von bestimmten Dingen auch in dem Augenblicke verschwinden, in dem seine spiegelnde Fläche ihnen nicht zugewandt ist. Wer aber die Dinge selbst nicht sieht, sondern nur ihre Spiegelbilder, der muß aus dem Verhalten der letzteren über die Beschaffenheit der ersteren durch Schlüsse indirekt sich unterrichten. Auf diesem Standpunkte steht die neuere Naturwissenschaft, welche die Wahrnehmungen nur als letztes Mittel benutzt, um Aufschluß über die hinter denselben stehenden und allein wahrhaft seienden Vorgänge des Stoffes zu gewinnen. Wenn der Philosoph als kritischer Idealist überhaupt ein Sein gelten läßt, dann geht sein Erkenntnisstreben mit mittelbarer Benutzung der Vorstellungen allein auf dieses Sein. Sein Interesse überspringt die subjektive Welt der Vorstellungen und geht auf das Erzeugende dieser Vorstellungen los.

Der kritische Idealist kann aber so weit gehen, daß er sagt: ich bin in meine Vorstellungswelt eingeschlossen und kann aus ihr nicht hinaus. Wenn ich ein Ding hinter meinen Vorstellungen denke, so ist dieser Gedanke doch auch weiter nichts als meine Vorstellung. Ein solcher Idealist wird dann das Ding an sich entweder ganz leugnen oder wenigstens davon erklären, daß es für uns Menschen gar keine Bedeutung habe, das ist, so gut wie nicht da sei, weil wir nichts von ihm wissen können.

Einem kritischen Idealisten dieser Art erscheint die ganze Welt als ein Traum, dem gegenüber jeder Erkenntnisdrang einfach sinnlos wäre. Für ihn kann es nur zwei Gattungen von Menschen geben: Befangene, die ihre eigenen Traumgespinste für wirkliche Dinge halten, und Weise, die die Nichtigkeit dieser Traumwelt durchschauen, und die nach und nach alle Lust verlieren müssen, sich weiter darum zu bekümmern. Für diesen Standpunkt kann auch die eigene Persönlichkeit zum bloßen Traumbilde werden. Gerade so wie unter den Bildern des Schlaftraums unser eigenes Traumbild erscheint, so tritt im wachen Bewußtsein die Vorstellung des eigenen Ich zu der Vorstellung der Außenwelt hinzu. Wir haben im Bewußtsein dann nicht unser wirkliches Ich, sondern nur unsere Ichvorstellung gegeben. Wer nun leugnet, daß es Dinge gibt, oder wenigstens, daß wir von ihnen etwas wissen können: der muß auch das Dasein beziehungsweise die Erkenntnis der eigenen Persönlichkeit leugnen. Der kritische Idealist kommt dann zu der Behauptung: «Alle Realität verwandelt sich in einen wunderbaren Traum, ohne ein Leben, von welchem geträumt wird, und ohne einen Geist, dem da träumt; in einen Traum, der in einem Traume von sich selbst zusammenhängt» (vergleiche Fichte, Die Bestimmung des Menschen).

Gleichgültig, ob derjenige, der das unmittelbare Leben als Traum zu erkennen glaubt, hinter diesem Traum nichts mehr vermutet, oder ob er seine Vorstellungen auf wirkliche Dinge bezieht: das Leben selbst muß für ihn alles wissenschaftliche Interesse verlieren. Während aber für denjenigen, der mit dem Traume das uns zugängliche All erschöpft glaubt, alle Wissenschaft ein Unding ist, wird für den andern, der sich befugt glaubt, von den Vorstellungen auf die Dinge zu schließen, die Wissenschaft in der Erforschung dieser «Dinge an sich» bestehen. Die erstere Weltansicht kann mit dem Namen absoluter Illusionismus bezeichnet werden, die zweite nennt ihr konsequentester Vertreter, Eduard von Hartmann, transzendentalen Realismus*.

Diese beiden Ansichten haben mit dem naiven Realismus das gemein, daß sie Fuß in der Welt zu fassen suchen durch eine Untersuchung der Wahrnehmungen. Sie können aber innerhalb dieses Gebietes nirgends einen festen Punkt finden.

Eine Hauptfrage für den Bekenner des transzendentalen Realismus müßte sein: wie bringt das Ich aus sich selbst die Vorstellungswelt zustande? Für eine uns gegebene Welt von Vorstellungen, die verschwindet, sobald wir unsere Sinne der Außenwelt verschließen, kann ein ernstes Erkenntnisstreben sich insofern erwärmen, als sie das Mittel ist, die Welt des an sich seienden Ich mittelbar zu erforschen. Wenn die Dinge unserer Erfahrung Vorstellungen wären, dann gliche unser alltägliches Leben einem Traume und die Erkenntnis des wahren Tatbestandes dem Erwachen. Auch unsere Traumbilder interessieren uns so lange, als wir träumen, folglich die Traumnatur nicht durchschauen. In dem Augenblicke des Erwachens fragen wir nicht mehr nach dem inneren Zusammenhange unserer Traumbilder, sondern nach den physikalischen, physiologischen und psychologischen Vorgängen, die ihnen zugrunde liegen. Ebensowenig kann sich der Philosoph, der die Welt für seine Vorstellung hält, für den inneren Zusammenhang der Einzelheiten in derselben interessieren. Falls er überhaupt ein seiendes Ich gelten läßt, dann wird er nicht

* Transzendental wird im Sinne dieser Weltanschauung eine Erkenntnis genannt, welche sich bewußt glaubt, daß über die Dinge an sich nicht direkt etwas ausgesagt werden könne, sondern welche indirekt Schlüsse von dem bekannten Subjektiven auf das Unbekannte, jenseits des Subjektiven Liegende (Transzendente) macht. Das Ding an sich ist nach dieser Ansicht jenseits des Gebietes der uns unmittelbar erkennbaren Welt, d. i. transzendent. Unsere Welt kann aber auf das Transzendente transzendental bezogen werden. Realismus heißt Hartmanns Anschauung, weil sie über das Subjektive, Ideale hinaus auf das Transzendente, Reale geht.

fragen, wie hängt eine seiner Vorstellungen mit einer anderen zusammen, sondern was geht in der von ihm unabhängigen Seele vor, während sein Bewußtsein einen bestimmten Vorstellungsablauf enthält. Wenn ich träume, daß ich Wein trinke, der mir ein Brennen im Kehlkopf verursache und dann mit Hustenreiz aufwache (vergleiche Weygandt, Entstehung der Träume, 1893), so hört im Augenblicke des Erwachens die Traumhandlung auf, für mich ein Interesse zu haben. Mein Augenmerk ist nur noch auf die physiologischen und psychologischen Prozesse gerichtet, durch die der Hustenreiz sich symbolisch in dem Traumbilde zum Ausdruck bringt. In ähnlicher Weise muß der Philosoph, sobald er von dem Vorstellungscharakter der gegebenen Welt überzeugt ist, von dieser sofort auf die dahinter steckende wirkliche Seele überspringen. Schlimmer steht die Sache allerdings, wenn der Illusionismus das Ich an sich hinter den Vorstellungen ganz leugnet, oder es wenigstens für unerkennbar hält. Zu einer solchen Ansicht kann sehr leicht die Beobachtung führen, daß es dem Träumen gegenüber zwar den Zustand des Wachens gibt, in dem wir Gelegenheit haben, die Träume zu durchschauen und auf reale Verhältnisse zu beziehen, daß wir aber keinen zu dem wachen Bewußtseinsleben in einem ähnlichen Verhältnisse stehenden Zustand haben. Wer zu dieser Ansicht sich bekennt, dem geht die Einsicht ab, daß es etwas gibt, das sich in der Tat zum bloßen Wahrnehmen verhält wie das Erfahren im wachen Zustande zum Träumen. Dieses Etwas ist das Denken.

Dem naiven Menschen kann der Mangel an Einsicht, auf den hier gedeutet wird, nicht angerechnet werden. Er gibt sich dem Leben hin und hält die Dinge so für wirklich, wie sie sich ihm in der Erfahrung darbieten. Der erste Schritt aber, der über diesen Standpunkt hinaus unternommen wird, kann nur in der Frage bestehen: wie verhält sich das Denken zur Wahrnehmung? Ganz einerlei, ob die Wahrnehmung in der mir gegebenen Gestalt vor und nach meinem Vorstellen weiterbesteht oder nicht: wenn ich irgend etwas über sie aussagen will, so kann es nur mit Hilfe des Denkens geschehen. Wenn ich sage: die Welt ist meine Vorstellung, so habe ich das Ergebnis eines Denkprozesses ausgesprochen, und wenn mein Denken auf die Welt nicht anwendbar ist, so ist dieses Ergebnis ein Irrtum. Zwischen die Wahrnehmung und jede Art von Aussage über dieselbe schiebt sich das Denken ein.

Den Grund, warum das Denken bei der Betrachtung der Dinge zumeist übersehen wird, haben wir bereits angegeben (vergleiche I. Kapitel, III, der «Philosophie der Freiheit»). Er liegt in dem Umstande, daß wir nur auf den Gegenstand, über den wir denken, nicht aber zugleich auf das Denken unsere Aufmerksamkeit richten. Das naive Bewußtsein behandelt daher das Denken wie etwas, das mit den Dingen nichts zu tun hat, sondern ganz abseits von denselben steht und seine Betrachtungen über die Welt anstellt. Das Bild, das der Denker von den Erscheinungen der Welt entwirft, gilt nicht als etwas, was zu den Dingen gehört, sondern als ein nur im Kopfe des Menschen existierendes; die Welt ist auch fertig ohne dieses Bild. Die Welt ist fix und fertig in allen ihren Substanzen und Kräften; und von dieser fertigen Welt entwirft der Mensch ein Bild. Die so denken, muß man nur fragen: mit welchem Rechte erklärt ihr die Welt für fertig, ohne das Denken? Bringt nicht mit der gleichen Notwendigkeit die Welt das Denken im Kopfe des Menschen hervor wie die Blüte an der Pflanze? Pflanzet ein Samenkorn in den Boden. Es treibt Wurzel und Stengel. Es entfaltet sich zu Blättern und Blüten. Stellet die Pflanze euch selbst gegenüber. Sie verbindet sich in eurer Seele mit einem bestimmten Begriffe. Warum gehört dieser Begriff weniger zur ganzen Pflanze als Blatt und Blüte? Ihr saget: die Blätter und Blüten sind ohne ein wahrnehmendes Subjekt da; der Begriff erscheint erst, wenn sich der Mensch der Pflanze gegenüberstellt. Ganz wohl. Aber auch Blüten und Blätter entstehen an der Pflanze nur, wenn Erde da ist, in die der Keim gelegt werden kann, wenn

(Inhaltsverzeichnis am Ende)

Grundlinien
einer
Erkenntnistheorie
der
Goethe'schen Weltanschauung
mit besonderer
Rücksicht auf Schiller.

(Eine Zugabe zu „Goethes naturwissenschaftlichen Schriften"
in Kürschners deutscher Nationallitteratur.)

von

Rudolf Steiner.

Licht und Luft da sind, in denen sich Blätter und Blüten entfalten können. Gerade so entsteht der Begriff der Pflanze, wenn ein denkendes Bewußtsein an die Pflanze herantritt.

Es ist ganz willkürlich, die Summe dessen, was wir von einem Dinge durch die bloße Wahrnehmung erfahren, für eine Totalität, für ein Ganzes zu halten, und dasjenige, was sich durch die denkende Betrachtung ergibt, als ein solches Hinzugekommenes, das mit der Sache selbst nichts zu tun habe. Wenn ich heute eine Rosenknospe erhalte, so ist das Bild, das sich meiner Wahrnehmung darbietet, nur zunächst ein abgeschlossenes. Wenn ich die Knospe in Wasser setze, so werde ich morgen ein ganz anderes Bild meines Objektes erhalten. Wenn ich mein Auge von der Rosenknospe nicht abwende, so sehe ich den heutigen Zustand in den morgigen durch unzählige Zwischenstufen kontinuierlich übergehen. Das Bild, das sich mir in einem bestimmten Augenblicke darbietet, ist nur ein zufälliger Ausschnitt aus dem in einem fortwährenden Werden begriffenen Gegenstande. Setze ich die Knospe nicht in Wasser, so bringt sie eine ganze Reihe von Zuständen nicht zur Entwicklung, die der Möglichkeit nach in ihr lagen. Ebenso kann ich morgen verhindert sein, die Blüte weiter zu beobachten und dadurch ein unvollständiges Bild haben.

Es ist eine ganz unsachliche, an Zufälligkeiten sich heftende Meinung, die von dem in einer gewissen Zeit sich darbietenden Bilde erklärte: das ist die Sache.

Ebensowenig ist es statthaft, die Summe der Wahrnehmungsmerkmale für die Sache zu erklären. Es wäre sehr wohl möglich, daß ein Geist zugleich und ungetrennt von der Wahrnehmung den Begriff mitempfangen könnte. Ein solcher Geist würde gar nicht auf den Einfall kommen, den Begriff als etwas nicht zur Sache Gehöriges zu betrachten. Er müßte ihm ein mit der Sache unzertrennlich verbundenes Dasein zuschreiben.

Ich will mich noch durch ein Beispiel deutlicher machen. Wenn ich einen Stein in horizontaler Richtung durch die Luft werfe, so sehe ich ihn nacheinander an verschiedenen Orten. Ich verbinde diese Orte zu einer Linie. In der Mathematik lerne ich verschiedene Linienformen kennen, darunter auch die Parabel. Ich kenne die Parabel als eine Linie, die entsteht, wenn sich ein Punkt in einer gewissen gesetzmäßigen Art bewegt. Wenn ich die Bedingungen untersuche, unter denen sich der geworfene Stein bewegt, so finde ich, daß die Linie seiner Bewegung mit der identisch ist, die ich als Parabel kenne. Daß sich der Stein gerade in einer Parabel bewegt, das ist eine Folge der gegebenen Bedingungen und folgt mit Notwendigkeit aus diesen. Die Form der Parabel gehört zur ganzen Erscheinung, wie alles andere, was an derselben in Betracht kommt. Dem oben beschriebenen Geist, der nicht den Umweg des Denkens nehmen müßte, wäre nicht nur eine Summe von Gesichtsempfindungen an verschiedenen Orten gegeben, sondern ungetrennt von der Erscheinung auch die parabolische Form der Wurflinie, die wir erst durch Denken zu der Erscheinung hinzufügen.

Nicht an den Gegenständen liegt es, daß sie uns zunächst ohne die entsprechenden Begriffe gegeben werden, sondern an unserer geistigen Organisation. Unsere totale Wesenheit funktioniert in der Weise, daß ihr bei jedem Dinge der Wirklichkeit von zwei Seiten her die Elemente zufließen, die für die Sache in Betracht kommen: von Seiten des Wahrnehmens und des Denkens.

Es hat mit der Natur der Dinge nichts zu tun, wie ich organisiert bin, sie zu erfassen. Der Schnitt zwischen Wahrnehmen und Denken ist erst in dem Augenblicke vorhanden, wo ich, der Betrachtende, den Dingen gegenübertrete. Welche Elemente dem Dinge angehören und welche nicht, kann aber durchaus nicht davon abhängen, auf welche Weise ich zur Kenntnis dieser Elemente gelange.

Der Mensch ist ein eingeschränktes Wesen. Zunächst ist er ein Wesen unter anderen Wesen. Sein Dasein gehört dem Raum und der Zeit an. Dadurch kann ihm auch immer nur ein beschränkter

Teil des gesamten Universums gegeben sein. Dieser beschränkte Teil schließt sich aber ringsherum sowohl zeitlich wie räumlich an anderes an. Wäre unser Dasein so mit den Dingen verknüpft, daß jedes Weltgeschehen zugleich unser Geschehen wäre, dann gäbe es den Unterschied zwischen uns und den Dingen nicht. Dann aber gäbe es für uns auch keine Einzeldinge. Da ginge alles Geschehen kontinuierlich ineinander über. Der Kosmos wäre eine Einheit und eine in sich beschlossene Ganzheit. Der Strom des Geschehens hätte nirgends eine Unterbrechung. Wegen unserer Beschränkung erscheint uns als Einzelheit, was in Wahrheit nicht Einzelheit ist. Nirgends ist zum Beispiel die Einzelqualität des Rot abgesondert für sich vorhanden. Sie ist allseitig von anderen Qualitäten umgeben, zu denen sie gehört, und ohne die sie nicht bestehen könnte. Für uns aber ist es eine Notwendigkeit, gewisse Ausschnitte aus der Welt herauszuheben, und sie für sich zu betrachten. Unser Auge kann nur einzelne Farben nacheinander aus einem vielgliedrigen Farbenganzen, unser Verstand nur einzelne Begriffe aus einem zusammenhängenden Begriffssysteme erfassen. Diese Absonderung ist ein subjektiver Akt, bedingt durch den Umstand, daß wir nicht identisch sind mit dem Weltprozeß, sondern ein Wesen unter anderen Wesen.

Es kommt nun alles darauf an, die Stellung des Wesens, das wir selbst sind, zu den anderen Wesen zu bestimmen. Diese Bestimmung muß unterschieden werden von dem bloßen Bewußtwerden unseres Selbst. Das letztere beruht auf dem Wahrnehmen wie das Bewußtwerden jedes anderen Dinges. Die Selbstwahrnehmung zeigt mir eine Summe von Eigenschaften, die ich ebenso zu dem Ganzen meiner Persönlichkeit zusammenfasse, wie ich die Eigenschaften: gelb, metallglänzend, hart usw. zu der Einheit «Gold» zusammenfasse. Die Selbstwahrnehmung führt mich nicht aus dem Bereiche dessen hinaus, was zu mir gehört. Dieses Selbstwahrnehmen ist zu unterscheiden von dem denkenden Selbstbestimmen. Wie ich eine einzelne Wahrnehmung der Außenwelt durch das Denken eingliedere in den Zusammenhang der Welt, so gliedere ich die an mir selbst gemachten Wahrnehmungen in den Weltprozeß durch das Denken ein. Mein Selbstwahrnehmen schließt mich innerhalb bestimmter Grenzen ein; mein Denken hat nichts zu tun mit diesen Grenzen. In diesem Sinne bin ich ein Doppelwesen. Ich bin eingeschlossen in das Gebiet, das ich als das meiner Persönlichkeit wahrnehme, aber ich bin Träger einer Tätigkeit, die von einer höheren Sphäre aus mein begrenztes Dasein bestimmt. Unser Denken ist nicht individuell wie unser Empfinden und Fühlen. Es ist universell. Es erhält ein individuelles Gepräge in jedem einzelnen Menschen nur dadurch, daß es auf sein individuelles Fühlen und Empfinden bezogen ist. Durch diese besonderen Färbungen des universellen Denkens unterscheiden sich die einzelnen Menschen voneinander. Ein Dreieck hat nur einen einzigen Begriff. Für den Inhalt dieses Begriffes ist es gleichgültig, ob ihn der menschliche Bewußtseinsträger A oder B faßt. Er wird aber von jedem der zwei Bewußtseinsträger in individueller Weise erfaßt werden.

Diesem Gedanken steht ein schwer zu überwindendes Vorurteil der Menschen gegenüber. Die Befangenheit kommt nicht bis zu der Einsicht, daß der Begriff des Dreieckes, den mein Kopf erfaßt, derselbe ist, wie der durch den Kopf meines Nebenmenschen ergriffene. Der naive Mensch hält sich für den Bildner seiner Begriffe. Er glaubt deshalb, jede Person habe ihre eigenen Begriffe. Es ist eine Grundforderung des philosophischen Denkens, dieses Vorurteil zu überwinden. Der eine einheitliche Begriff des Dreiecks wird nicht dadurch zu einer Vielheit, daß er von vielen gedacht wird. Denn das Denken der Vielen selbst ist eine Einheit.

In dem Denken haben wir das Element gegeben, das unsere besondere Individualität mit dem Kosmos zu einem Ganzen zusammenschließt. Indem wir empfinden und fühlen (auch wahrnehmen), sind wir einzelne, indem wir denken, sind wir das all-eine Wesen, das alles durchdringt. Dies ist der tiefere Grund unserer Doppelnatur: Wir sehen in uns eine schlechthin absolute Kraft zum Dasein kommen, eine Kraft, die universell ist, aber wir lernen sie nicht bei ihrem Ausströmen aus dem Zentrum der Welt kennen, sondern in einem Punkte der Peripherie. Wäre das erstere der Fall, dann wüßten wir in dem Augenblicke, in dem wir zum Bewußtsein kommen, das ganze Welträtsel. Da wir aber in einem Punkte der Peripherie stehen und unser eigenes Dasein in bestimmte Grenzen eingeschlossen finden, müssen wir das außerhalb unseres eigenen Wesens gelegene Gebiet mit Hilfe des aus dem allgemeinen Weltensein in uns hereinragenden Denkens kennen lernen.

Dadurch, daß das Denken in uns übergreift über unser Sondersein und auf das allgemeine Weltensein sich bezieht, entsteht in uns der Trieb der Erkenntnis. Wesen ohne Denken haben diesen Trieb nicht. Wenn sich ihnen andere Dinge gegenüberstellen, so sind dadurch keine Fragen gegeben. Diese anderen Dinge bleiben solchen Wesen äußerlich. Bei denkenden Wesen stößt dem Außendinge gegenüber der Begriff auf. Er ist dasjenige, was wir von dem Dinge nicht von außen, sondern von innen empfangen. Den Ausgleich, die Vereinigung der beiden Elemente, des inneren und des äußeren, soll die Erkenntnis liefern.

Die Wahrnehmung ist also nichts Fertiges, Abgeschlossenes, sondern die eine Seite der totalen Wirklichkeit. Die andere Seite ist der Begriff. Der Erkenntnisakt ist die Synthese von Wahrnehmung und Begriff. Wahrnehmung und Begriff eines Dinges machen aber erst das ganze Ding aus.

Die vorangehenden Ausführungen liefern den Beweis, daß es ein Unding ist, etwas anderes Gemeinsames in den Einzelwesen der Welt zu suchen, als den ideellen Inhalt, den uns das Denken darbietet. Alle Versuche müssen scheitern, die nach einer anderen Welteinheit streben als nach diesem in sich zusammenhängenden ideellen Inhalt, welchen wir uns durch denkende Betrachtung unserer Wahrnehmungen erwerben. Nicht ein menschlich-persönlicher Gott, nicht Kraft oder Stoff, noch der ideenlose Wille (Schopenhauers) können uns als eine universelle Welteinheit gelten. Diese Wesenheiten gehören sämtlich nur einem beschränkten Gebiet unserer Beobachtung an. Menschlich begrenzte Persönlichkeit nehmen wir nur an uns, Kraft und Stoff an den Außendingen wahr. Was den Willen betrifft, so kann er nur als die Tätigkeitsäußerung unserer beschränkten Persönlichkeit gelten. Schopenhauer will es vermeiden, das «abstrakte» Denken zum Träger der Welteinheit zu machen und sucht stattdessen etwas, das sich ihm unmittelbar als ein Reales darbietet. Dieser Philosoph glaubt, daß wir der Welt nimmermehr beikommen, wenn wir sie als Außenwelt ansehen. «In der Tat würde die nachgeforschte Bedeutung der mir lediglich als meine Vorstellung gegenüberstehenden Welt, oder der Übergang von ihr, als bloßer Vorstellung des erkennenden Subjekts, zu dem, was sie noch außerdem sein mag, nimmermehr zu finden sein, wenn der Forscher selbst nichts weiter als das rein erkennende Subjekt (geflügelter Engelskopf ohne Leib) wäre. Nun aber wurzelt er selbst in jener Welt, findet sich nämlich in ihr als Individuum, das heißt sein Erkennen, welches der bedingende Träger der ganzen Welt als Vorstellung ist, ist dennoch durchaus vermittelt durch einen Leib, dessen Affektionen, wie gezeigt, dem Verstande der Ausgangspunkt der Anschauung jener Welt sind. Dieser Leib ist dem rein erkennenden Subjekt als solchem eine Vorstellung wie jede andere, ein Objekt unter Objekten: die Bewegungen, die Aktionen desselben sind ihm insoweit nicht anders, als wie die Veränderungen aller anderen anschaulichen Objekte bekannt, und wären ihm ebenso fremd und unverständlich, wenn die Bedeutung derselben ihm nicht etwa auf eine ganz andere Art enträtselt wäre. ... Dem Subjekt des Erkennens, welches durch seine Identität mit dem Leibe als Individuum auftritt, ist dieser Leib auf zwei ganz verschiedene Weisen gegeben: einmal als Vorstellung in verständiger Anschauung, als Objekt unter

Objekten, und den Gesetzen dieser unterworfen; sodann aber auch zugleich auf eine ganz andere Weise, nämlich als jenes jedem unmittelbar Bekannte, welches das Wort Wille bezeichnet. Jeder wahre Akt seines Willens ist sofort und unausbleiblich auch eine Bewegung seines Leibes: er kann den Akt nicht wirklich wollen, ohne zugleich wahrzunehmen, daß er als Bewegung des Leibes erscheint. Der Willensakt und die Aktion des Leibes sind nicht zwei objektiv erkannte verschiedene Zustände, die das Band der Kausalität verknüpft, stehen nicht im Verhältnis der Ursache und Wirkung; sondern sie sind eines und dasselbe, nur auf zwei gänzlich verschiedene Weisen gegeben: einmal ganz unmittelbar und einmal in der Anschauung für den Verstand.» Durch diese Auseinandersetzungen glaubt sich Schopenhauer berechtigt, in dem Leibe des Menschen die «Objektität» des Willens zu finden. Er ist der Meinung, in den Aktionen des Leibes unmittelbar eine Realität, das Ding an sich in concreto zu fühlen. Gegen diese Ausführungen muß eingewendet werden, daß uns die Aktionen unseres Leibes nur durch Selbstwahrnehmungen zum Bewußtsein kommen und als solche nichts voraus haben vor anderen Wahrnehmungen. Wenn wir ihre Wesenheit erkennen wollen, so können wir dies nur durch denkende Betrachtung, das heißt durch Eingliederung derselben in das ideelle System unserer Begriffe und Ideen.

Am tiefsten eingewurzelt in das naive Menschheitsbewußtsein ist die Meinung: das Denken sei abstrakt, ohne allen konkreten Inhalt. Es könne höchstens ein «ideelles» Gegenbild der Welteinheit liefern, nicht etwa diese selbst. Wer so urteilt, hat sich niemals klar gemacht, was die Wahrnehmung ohne den Begriff ist. Sehen wir uns nur diese Welt der Wahrnehmung an: als ein bloßes Nebeneinander im Raum und Nacheinander in der Zeit, ein Aggregat zusammenhangloser Einzelheiten erscheint sie. Keines der Dinge, die da auftreten und abgehen auf der Wahrnehmungsbühne, hat mit dem andern unmittelbar etwas zu tun, was sich wahrnehmen läßt. Die Welt ist da eine Mannigfaltigkeit von gleichwertigen Gegenständen. Keiner spielt eine größere Rolle als der andere im Getriebe der Welt. Soll uns klar werden, daß diese oder jene Tatsache größere Bedeutung hat als die andere, so müssen wir unser Denken befragen. Ohne das funktionierende Denken erscheint uns das rudimentäre Organ des Tieres, das ohne Bedeutung für dessen Leben ist, gleichwertig mit dem wichtigsten Körpergliede. Die einzelnen Tatsachen treten in ihrer Bedeutung in sich und für die übrigen Teile der Welt erst hervor, wenn das Denken seine Fäden zieht von Wesen zu Wesen. Diese Tätigkeit des Denkens ist eine inhaltvolle. Denn nur durch einen ganz bestimmten konkreten Inhalt kann ich wissen, warum die Schnecke auf einer niedrigeren Organisationsstufe steht als der Löwe. Der bloße Anblick, die Wahrnehmung gibt mir keinen Inhalt, der mich über die Vollkommenheit der Organisation belehren könnte.

Diesen Inhalt bringt das Denken der Wahrnehmung aus der Begriffs- und Ideenwelt des Menschen entgegen. Im Gegensatz zum Wahrnehmungsinhalte, der uns von außen gegeben ist, erscheint der Gedankeninhalt im Innern. Die Form, in der er zunächst auftritt, wollen wir als Intuition bezeichnen. Sie ist für das Denken, was die Beobachtung für die Wahrnehmung ist. Intuition und Beobachtung sind die Quellen unserer Erkenntnis. Wir stehen einem beobachteten Dinge der Welt so lange fremd gegenüber, so lange wir in unserem Innern nicht die entsprechende Intuition haben, die uns das in der Wahrnehmung fehlende Stück der Wirklichkeit ergänzt. Wer nicht die Fähigkeit hat, die den Dingen entsprechenden Intuitionen zu finden, dem bleibt die volle Wirklichkeit verschlossen. Wie der Farbenblinde nur Helligkeitsunterschiede ohne Farbenqualitäten sieht, so kann der Intuitionslose nur unzusammenhängende Wahrnehmungsfragmente beobachten.

Ein Ding erklären, verständlich machen heißt nichts anderes, als es in den Zusammenhang hinein versetzen, aus dem es durch die oben geschilderte Einrichtung unserer Organisation herausgerissen ist. Ein von dem Weltganzen abgetrenntes Ding gibt es nicht. Alle Sonderung hat bloß subjektive Geltung für unsere Organisation. Für uns legt sich das Weltganze auseinander in: oben und unten, vor und nach, Ursache und Wirkung, Gegenstand und Vorstellung, Stoff und Kraft, Objekt und Subjekt usw. Was uns in der Beobachtung an Einzelheiten gegenübertritt, das verbindet sich durch die zusammenhängende, einheitliche Welt unserer Intuitionen Glied für Glied; und wir fügen durch das Denken alles wieder in eins zusammen, was wir durch das Wahrnehmen getrennt haben.

Die Rätselhaftigkeit eines Gegenstandes liegt in seinem Sonderdasein. Diese ist aber von uns hervorgerufen und kann, innerhalb der Begriffswelt, auch wieder aufgehoben werden.

Außer durch Denken und Wahrnehmen ist uns direkt nichts gegeben. Es entsteht nun die Frage: wie steht es gemäß unseren Ausführungen mit der Bedeutung der Wahrnehmung? Wir haben zwar erkannt, daß der Beweis, den der kritische Idealismus für die subjektive Natur der Wahrnehmungen vorbringt, in sich zerfällt; aber mit der Einsicht in die Unrichtigkeit des Beweises ist noch nicht ausgemacht, daß die Sache selbst auf einem Irrtume beruht. Der kritische Idealismus geht in seiner Beweisführung nicht von der absoluten Natur des Denkens aus, sondern stützt sich darauf, daß der naive Realismus, konsequent verfolgt, sich selbst aufhebe. Wie stellt sich die Sache, wenn die Absolutheit des Denkens erkannt ist?

Nehmen wir an, es trete eine bestimmte Wahrnehmung, zum Beispiel Rot, in meinem Bewußtsein auf. Die Wahrnehmung erweist sich bei fortgehender Betrachtung in Zusammenhang stehend mit anderen Wahrnehmungen, zum Beispiel einer bestimmten Figur, mit gewissen Temperatur- und Tastwahrnehmungen. Diesen Zusammenhang bezeichne ich als einen Gegenstand der Sinnenwelt. Ich kann mich nun fragen: was findet sich außer dem angeführten noch in jenem Raumausschnitte, in dem mir obige Wahrnehmungen erscheinen. Ich werde mechanische, chemische und andere Vorgänge innerhalb des Raumteiles finden. Nun gehe ich weiter und untersuche die Vorgänge, die ich auf dem Wege von dem Gegenstande zu meinem Sinnesorgane finde. Ich kann Bewegungsvorgänge in einem elastischen Mittel finden, die ihrer Wesenheit nach nicht das geringste mit den ursprünglichen Wahrnehmungen gemein haben. Das gleiche Resultat erhalte ich, wenn ich die weitere Vermittelung vom Sinnesorgane zum Gehirn untersuche. Auf jedem dieser Gebiete mache ich neue Wahrnehmungen; aber was als bindendes Mittel sich durch alle diese räumlich und zeitlich auseinanderliegenden Wahrnehmungen hindurchwebt, das ist das Denken. Die den Schall vermittelnden Schwingungen der Luft sind mir gerade so als Wahrnehmungen gegeben wie der Schall selbst. Nur das Denken gliedert alle diese Wahrnehmungen aneinander und zeigt sie in ihren gegenseitigen Beziehungen. Wir können nicht davon sprechen, daß es außer dem unmittelbar Wahrgenommenen noch anderes gibt, als dasjenige, was durch die ideellen (durch das Denken aufzudeckenden) Zusammenhänge der Wahrnehmungen erkannt wird. Die über das bloß Wahrgenommene hinausgehende Beziehung der Wahrnehmungsobjekte zum Wahrnehmungssubjekte ist also eine bloß ideelle, das heißt nur durch Begriffe ausdrückbare. Nur in dem Falle, wenn ich wahrnehmen könnte, wie das Wahrnehmungsobjekt das Wahrnehmungssubjekt affiziert, oder umgekehrt, wenn ich den Aufbau des Wahrnehmungsgebildes durch das Subjekt beobachten könnte, wäre es möglich, so zu sprechen, wie es die moderne Physiologie und der auf sie gebaute kritische Idealismus tun. Diese Ansicht verwechselt einen ideellen Bezug (des Objekts auf das Subjekt) mit einem Prozeß, von dem nur gesprochen werden könnte, wenn er wahrzunehmen wäre. Der Satz «Keine Farbe ohne farbenempfindendes Auge» kann daher nicht die Bedeutung haben, daß das Auge die Farbe hervorbringt, sondern nur die, daß ein durch das Denken erkennbarer ideeller Zusammenhang besteht zwischen der Wahrnehmung Farbe und der Wahrnehmung Auge. Die empirische Wissenschaft wird festzustellen haben, wie sich die Eigenschaften des Auges und die der Farben zueinander verhalten; durch welche Einrichtungen das Sehorgan die Wahrnehmung der Farben vermittelt usw. Ich kann verfolgen, wie eine Wahrnehmung auf die andere folgt, wie sie räumlich mit andern in Beziehung steht; und dies dann in einen begrifflichen Ausdruck bringen; aber ich kann nicht wahrnehmen, wie eine Wahrnehmung aus dem Unwahrnehmbaren hervorgeht. Alle Bemühungen, zwischen den Wahrnehmungen andere als Gedankenbezüge zu suchen, müssen notwendig scheitern.

Was ist also die Wahrnehmung? Diese Frage ist, im allgemeinen gestellt, absurd. Die Wahrnehmung tritt immer als eine ganz bestimmte, als konkreter Inhalt auf. Dieser Inhalt ist unmittelbar gegeben, und erschöpft sich in dem Gegebenen. Man kann in bezug auf dieses Gegebene nur fragen, was es außerhalb der Wahrnehmung, das ist: für das Denken ist. Die Frage nach dem «Was» einer Wahrnehmung kann also nur auf die begriffliche Intuition gehen, die ihr entspricht. Unter diesem Gesichtspunkte kann die Frage nach der Subjektivität der Wahrnehmung im Sinne des kritischen Idealismus gar nicht aufgeworfen werden. Als subjektiv darf nur bezeichnet werden, was als zum Subjekte gehörig wahrgenommen wird. Das Band zu bilden zwischen Subjektivem und Objektivem kommt keinem im naiven Sinn realen Prozeß, das heißt einem wahrnehmbaren Geschehen zu, sondern allein dem Denken. Es ist also für uns objektiv, was sich für die Wahrnehmung als außerhalb des Wahrnehmungssubjektes gelegen darstellt. Mein Wahrnehmungssubjekt bleibt für mich wahrnehmbar, wenn der Tisch, der soeben vor mir steht, aus dem Kreise meiner Beobachtung verschwunden sein wird. Die Beobachtung des Tisches hat eine, ebenfalls bleibende, Veränderung in mir hervorgerufen. Ich behalte die Fähigkeit zurück, ein Bild des Tisches später wieder zu erzeugen. Diese Fähigkeit der Hervorbringung eines Bildes bleibt mit mir verbunden. Die Psychologie bezeichnet dieses Bild als Erinnerungsvorstellung. Es ist aber dasjenige, was allein mit Recht Vorstellung des Tisches genannt werden kann. Es entspricht dies nämlich der wahrnehmbaren Veränderung meines eigenen Zustandes durch die Anwesenheit des Tisches in meinem Gesichtsfelde. Und zwar bedeutet sie nicht die Veränderung irgendeines hinter dem Wahrnehmungssubjekte stehenden «Ich an sich», sondern die Veränderung des wahrnehmbaren Subjektes selbst. Die Vorstellung ist also eine subjektive Wahrnehmung im Gegensatz zur objektiven Wahrnehmung bei Anwesenheit des Gegenstandes im Wahrnehmungshorizonte. Das Zusammenwerfen jener subjektiven mit dieser objektiven Wahrnehmung führt zu dem Mißverständnisse des Idealismus: die Welt ist meine Vorstellung.

Es wird sich nun zunächst darum handeln, den Begriff der Vorstellung näher zu bestimmen. Was wir bisher über sie vorgebracht haben, ist nicht der Begriff derselben, sondern weist nur den Weg, wo sie im Wahrnehmungsfelde zu finden ist. Der genaue Begriff der Vorstellung wird es uns dann auch möglich machen, einen befriedigenden Aufschluß über das Verhältnis von Vorstellung und Gegenstand zu gewinnen. Dies wird uns dann auch über die Grenze führen, wo das Verhältnis zwischen menschlichem Subjekt und der Welt angehörigem Objekt von dem rein begrifflichen Felde des Erkennens hinabgeführt wird in das konkrete individuelle Leben. Wissen wir erst, was wir von der Welt zu halten haben, dann wird es ein leichtes sein, auch uns danach einzurichten. Wir können erst mit voller Kraft tätig sein, wenn wir das der Welt angehörige Objekt kennen, dem wir unsere Tätigkeit widmen.

Quellenangabe

Das Erkennen der Welt. – In «Die Philosophie der Freiheit. Grundzüge einer modernen Weltanschauung. Seelische Beobachtungsresultate nach naturwissenschaftlicher Methode» (1894). GA 4, Leinen- und Taschenbuchausgabe

Weitere Werke von Rudolf Steiner zu diesem Thema

Grundlinien einer Erkenntnistheorie der Goetheschen Weltanschauung, mit besonderer Rücksicht auf Schiller (1886). GA 2, Leinen- und Taschenbuchausgabe

Wahrheit und Wissenschaft. Vorspiel einer «Philosophie der Freiheit» (1892). GA 3, Leinen- und Taschenbuchausgabe

Philosophie und Anthroposophie. Aufsatz 1908. Einzelausgabe, kartoniert

Die Rätsel der Philosophie in ihrer Geschichte als Umriß dargestellt (1914). GA 18, Leinen- und Taschenbuchausgabe

DIE

PHILOSOPHIE DER FREIHEIT.

GRUNDZÜGE

EINER

MODERNEN WELTANSCHAUUNG

VON

DR. RUDOLF STEINER.

Beobachtungs-Resultate nach naturwissenschaftlicher Methode.

BERLIN.

VERLAG VON EMIL FELBER.

1894.

Das «Credo» hat Rudolf Steiner vermutlich im Jahre 1888 verfaßt. Neben seiner Hauslehrertätigkeit und der Arbeit an der Herausgabe der naturwissenschaftlichen Schriften Goethes war Steiner in diesem Jahr auch Mitglied der Redaktion der Wiener «Deutschen Wochenschrift» und hatte in dieser Eigenschaft «jede Woche einen Artikel über die öffentlichen Vorgänge», sprich: die Debatten im Wiener Parlament zu schreiben. In einer seiner letzten Reportagen, betitelt «Papsttum und Liberalismus», formulierte er einen «Grundsatz», der die Radikalität seines Denkens jener Jahre eindrucksvoll widerspiegelt: «Nur das für wahr halten, wozu uns unser eigenes Denken zwingt, nur in solchen gesellschaftlichen und staatlichen Formen sich bewegen, die wir uns selbst geben, das ist der große Grundsatz der Zeit.»

Hier klingt nun ein Motiv an, das in seinen späteren Werken immer wieder anzutreffen ist und das auch im Zusammenhang mit der Begründung pädagogischer, medizinischer, wirtschaftlicher u. a. Einrichtungen zu Beginn der zwanziger Jahre eine entscheidende Rolle spielen sollte: die Ablehnung jeglicher Unterwerfung unter eine wie auch immer geartete äußere Autorität. Eine umfassende wissenschaftliche Begründung hierfür gab Rudolf Steiner im 12. Kapitel seiner «Philosophie der Freiheit», die in der Aussage gipfelt: «Eine Ethik als Normwissenschaft kann es ... nicht geben.» Mit seiner Formulierung eines «ethischen Individualismus» im gleichen Werk lieferte er einen wesentlichen Beitrag zur Überwindung der normativen Ethik.

Was an die Stelle einer puren Autoritätsgläubigkeit zu treten hat, ist auch das Hauptthema des «Credo». In den «vier Sphären menschlicher Tätigkeit», der Erkenntnis, der Kunst, der Religion und der Liebe, sieht er die entscheidenden Grundelemente, aus denen das Gegenbild zur Unterwerfung, der freie Geist, erwachsen kann.

CREDO
DER EINZELNE UND DAS ALL

Die Ideenwelt ist der Urquell und das Prinzip alles Seins. In ihr ist unendliche Harmonie und selige Ruhe. Das Sein, das sie mit ihrem Lichte nicht beleuchtete, wäre ein totes, wesenloses, das keinen Teil hätte an dem Leben des Weltganzen. Nur, was sein Dasein von der Idee herleitet, das bedeutet etwas am Schöpfungsbaume des Universums. Die Idee ist der in sich klare, in sich selbst und mit sich selbst sich genügende Geist. Das Einzelne muß den Geist in sich haben, sonst fällt es ab, wie ein dürres Blatt von jenem Baume, und war umsonst da.

Der Mensch aber fühlt und erkennt als Einzelnes sich, wenn er zu seinem vollen Bewußtsein erwacht. Dabei aber hat er die Sehnsucht nach der Idee eingepflanzt. Diese Sehnsucht treibt ihn an, die Einzelheit zu überwinden und den Geist in sich aufleben zu lassen, dem Geiste gemäß zu sein. Alles, was selbstisch ist, was ihn zu diesem bestimmten, einzelnen Wesen macht, das muß der Mensch in sich aufheben, bei sich abstreifen, denn dieses ist es, was das Licht des Geistes verdunkelt. Was aus der Sinnlichkeit, aus Trieb, Begierde, Leidenschaft hervorgeht, das will nur dieses egoistische Individuum. Daher muß der Mensch dieses selbstische Wollen in sich abtöten, er muß statt dessen, was er als Einzelner will, das wollen, was der Geist, die Idee in ihm will. Lasse die Einzelheit dahinfahren und folge der Stimme der Idee in Dir, denn sie nur ist das Göttliche! Was man als Einzelner will, das ist am Umfange des Weltganzen ein wertloser loser, im Strom der Zeit verschwindender Punkt; was man «im Geiste» will, das ist im Zentrum, denn es lebt in uns das Zentrallicht des Universums auf; eine solche Tat unterliegt nicht der Zeit. Handelt man als Einzelner, dann schließt man sich aus der geschlossenen Kette des Weltwirkens aus, man sondert sich ab. Handelt man «im Geiste», dann lebt man sich hinein in das allgemeine Weltwirken. Ertötung aller Selbstheit, das ist die Grundlage für das höhere Leben. Denn wer die Selbstheit abtötet, der lebt ein ewiges Sein. Wir sind in dem Maße unsterblich, in welchem Maße wir in uns die Selbstheit ersterben lassen. Das an uns Sterbliche ist die Selbstheit. Dies ist der wahre Sinn des Ausspruches: «wer nicht stirbt, bevor er stirbt, der verdirbt, wenn er stirbt». Das heißt, wer nicht die Selbstheit in sich aufhören lässt während der Zeit seines Lebens, der hat keinen Teil an dem allgemeinen Leben, das unsterblich ist, der ist nie dagewesen, hat kein wahrhaftes Sein gehabt.

Es gibt vier Sphären menschlicher Tätigkeit, in denen der Mensch sich voll hingibt an den Geist mit Ertötung alles Eigenlebens: die Erkenntnis, die Kunst, die Religion und die liebevolle Hingabe an eine Persönlichkeit im Geiste. Wer nicht wenigstens in einer dieser vier Sphären lebt, lebt überhaupt nicht. Erkenntnis ist Hingabe an das Universum in Gedanken, Kunst in der Anschauung, Religion im Gemüte, Liebe mit der Summe aller Geisteskräfte an etwas, was uns als ein für uns schätzenswertes Wesen des Weltganzen erscheint. Erkenntnis ist die geistigste, Liebe die schönste Form selbstloser Hingabe. Denn Liebe ist ein wahrhaftes Himmelslicht in dem Leben der Alltäglichkeit. Fromme, wahrhaft geistige Liebe veredelt unser Sein bis in seine innerste Faser, sie erhöht alles, was in uns lebt. Diese reine fromme Liebe verwandelt das ganze Seelenleben in ein anderes, das zum Weltgeiste Verwandtschaft hat. In diesem höchsten Sinne lieben, heißt den Hauch des Gotteslebens dahin tragen, wo zumeist nur der verabscheuungswürdigste Egoismus und die achtungslose Leidenschaft zu finden ist. Man muß etwas wissen von der Heiligkeit der Liebe, dann erst kann man von Frommsein sprechen.

Hat der Mensch sich durch eine der vier Sphären hindurch, aus der Einzelheit heraus, in das göttliche Leben der Idee eingelebt, dann hat er das erreicht, wozu der Strebenskeim in seiner Brust liegt: seine Vereinigung mit dem Geiste; und dies ist seine wahre Bestimmung. Wer aber im Geiste lebt, lebt frei. Denn er hat sich alles Untergeordneten entwunden. Nichts bezwingt ihn, als wovon er gerne den Zwang erleidet, denn er hat es als das Höchste erkannt.

Lasse die Wahrheit zum Leben werden; verliere Dich selbst, um Dich im Weltgeiste wiederzufinden!

Quellennachweis

Credo. Der Einzelne und das All (um 1888). – In «Wahrspruchworte». GA 40, Leinenausgabe. Das «Credo» ist zusammen mit dem Aufsatz «Die Natur und unsere Ideale» auch als Separatdruck (Einzelausgabe, kartoniert) erschienen.

Weitere Werke von Rudolf Steiner zum Thema

Wie erlangt man Erkenntnisse der höheren Welten? (1904/05). GA 10, Leinen- und Taschenbuchausgabe

Die Stufen der höheren Erkenntnis (1905–1908). GA 12, Leinen- und Taschenbuchausgabe

II
FREIHEIT UND SCHICKSAL

«Daß unser Schicksal, unser Karma
in Form einer unbedingten Notwendigkeit
an uns herantritt, ist kein Hindernis
unserer Freiheit ...
Nicht das Schicksal handelt,
sondern wir handeln in Gemäßheit
der Gesetze dieses Schicksals.»

Für Rudolf Steiner sind Reinkarnation und Karma entscheidende Triebkräfte und damit Grundelemente des Entwicklungsgeschehens, der Evolution der Welt, der Menschheit überhaupt. Wichtige Anregungen verdankte er in diesem Zusammenhang den Arbeiten von Ernst Haeckel, an dessen Forschungsergebnisse er mit seinem ersten Aufsatz zu Fragen der Wiederverkörperung der Seele unter dem ungewöhnlichen Titel «Reinkarnation und Karma, vom Standpunkte der modernen Naturwissenschaft notwendige Vorstellungen» (1903) unmittelbar anknüpft. Haeckels Resümee aus dem Vergleich der Entwicklung von Tier und Mensch, demzufolge der Unterschied zwischen höchststehenden Tierseelen und tiefststehenden Menschenseelen geringer ist als der Unterschied zwischen niedersten und höchsten Menschenseelen, war für Steiner Herausforderung genug, um der Frage nach den tieferen Ursachen der Herkunft und Entwicklung der menschlichen Seele nachzugehen. Seine Forschungen führten ihn zu dem Ergebnis, daß man entweder die ganze naturwissenschaftliche Entwicklungslehre fallenlassen oder zugeben müsse, daß sie auf die seelische Entwicklung ausgedehnt werden müsse, denn, so heißt es in dem oben erwähnten Aufsatz: «Entweder es ist jede Seele durch ein Wunder geschaffen, wie die tierischen Arten durch Wunder geschaffen sein müßten, wenn sie sich nicht auseinanderentwickelt haben, oder die Seele hat sich entwickelt und ist in anderer Form früher da gewesen, wie die tierische Art in anderer Form da war.»

Welche Konsequenzen er aus diesen Überlegungen zog im Hinblick auf die Frage nach dem menschlichen Schicksal und wie der Schicksalsbegriff mit dem Freiheitsbegriff in Einklang gebracht werden kann, schilderte er in seinem im gleichen Jahr erschienenen Aufsatz «Wie Karma wirkt».

WIE KARMA WIRKT

Der Schlaf ist oft der jüngere Bruder des Todes genannt worden. Mehr, als man bei oberflächlicher Betrachtung vielleicht anzunehmen geneigt ist, versinnlicht dieses Gleichnis die Wege des Menschengeistes. Denn es gibt eine Idee davon, in welchem Sinne die mannigfaltigen Verkörperungen, welche dieser Menschengeist durchmacht, zusammenhängen. In dem Aufsatz «Reinkarnation und Karma, vom Standpunkte der modernen Naturwissenschaft notwendige Vorstellungen» ist dargelegt worden, daß die gegenwärtige naturwissenschaftliche Vorstellungsart, wenn sie sich nur wirklich selbst versteht, zu der uralten Lehre von der Entwicklung des ewigen Menschengeistes durch viele Leben hindurch führt. Notwendig schließt sich an diese Erkenntnis die Frage: Wie hängen diese mannigfaltigen Leben miteinander zusammen? In welchem Sinne ist das Leben eines Menschen die Wirkung seiner früheren Verkörperungen, und wie wird es zur Ursache der späteren? Ein Bild des Zusammenhanges von Ursache und Wirkung auf diesem Felde gibt das Gleichnis vom Schlafe. Ich stehe des Morgens auf. Meine fortlaufende Tätigkeit war des Nachts unterbrochen. Ich kann diese Tätigkeit des Morgens nicht in beliebiger Weise wieder aufnehmen, wenn Regel und Zusammenhang in meinem Leben sein soll. Mit dem, was ich gestern getan habe, sind die Vorbedingungen geschaffen für das, was ich heute zu tun habe. Ich muß an das Ergebnis meines Wirkens von gestern anknüpfen. In vollem Sinne des Wortes gilt es: meine Taten von gestern sind mein Schicksal von heute. Ich habe mir selbst die Ursachen geformt, zu denen ich die Wirkungen hinzufügen muß. Und ich finde diese Ursachen vor, nachdem ich mich eine Weile von ihnen zurückgezogen habe. Sie gehören zu mir, auch wenn ich einige Zeit von ihnen getrennt war.

Noch in einem anderen Sinne gehören die Wirkungen meiner Erlebnisse von gestern zu mir. Ich bin selbst wohl durch sie verändert worden. Man nehme an, ich habe etwas unternommen, das mir nur halb gelungen ist. Ich habe nachgedacht, warum dies teilweise Mißlingen mich getroffen hat. Wenn ich etwas Ähnliches wieder zu verrichten habe, so vermeide ich die erkannten Fehler. Also ich habe mir eine neue Fähigkeit angeeignet. Dadurch sind meine Erlebnisse von gestern die Ursachen meiner Fähigkeiten von heute. Meine Vergangenheit bleibt mit mir verbunden; sie lebt in meiner Gegenwart weiter; und sie wird mir in meine Zukunft hinein weiter folgen. Ich habe mir durch meine Vergangenheit die Lage geschaffen, in der ich gegenwärtig mich befinde. Und der Sinn des Lebens verlangt, daß ich mit dieser Lage verknüpft bleibe. Sinnlos wäre es doch, wenn ich unter regelmäßigen Verhältnissen ein Haus, das ich mir habe bauen lassen, nicht beziehen würde.

Nicht erwachen müßte ich heute morgen, sondern neu, aus dem Nichts heraus, geschaffen werden, wenn die Wirkungen meiner Taten von gestern nicht mein Schicksal von heute sein sollen. Und neu geschaffen, aus dem Nichts heraus entstanden, müßte der Menschengeist sein, wenn nicht die Ergebnisse seiner früheren Leben verknüpft blieben mit seinen späteren. Ja, der Mensch kann in gar keiner anderen Lage leben als in derjenigen, die durch sein Vorleben geschaffen worden ist. Er kann es ebensowenig wie die Tiere, die nach ihrer Einwanderung in die Höhlen von Kentucky das Sehvermögen verloren haben, anderswo als in diesen Höhlen leben können. Sie haben sich durch ihre Tat, durch die Einwanderung, die Bedingungen ihres späteren Lebens geschaffen. Eine Wesenheit, die einmal tätig war, steht in der Folge eben nicht mehr isoliert da; sie hat ihr Selbst in ihre Taten gelegt. Und alles, was sie wird, ist fortan verknüpft mit dem, was aus den Taten wird. Diese Verknüpfung einer Wesenheit mit den Ergebnissen ihrer Taten ist das die ganze Welt beherrschende Gesetz vom Karma. Die Schicksal gewordene Tätigkeit ist Karma.

Und deswegen ist der Schlaf ein gutes Bild für den Tod, weil der Mensch während des Schlafes in der Tat dem Schauplatz entzogen ist, auf dem sein Schicksal ihn erwartet. Während wir schlafen, laufen die Ereignisse auf diesem Schauplatz weiter. Wir haben eine Zeitlang auf diesen Lauf keinen Einfluß. Dennoch finden wir die Wirkungen unserer Taten wieder und müssen an sie anknüpfen. Wirklich verkörpert sich unsere Persönlichkeit jeden Morgen aufs neue in unserer Tatenwelt. Was über die Nacht von uns getrennt war, ist tagsüber gleichsam um uns gelegt.

So ist es mit den Taten unserer früheren Verkörperungen. Ihre Ergebnisse sind der Welt, in der wir verkörpert waren, einverleibt. Sie gehören aber zu uns, wie das Leben in den Höhlen zu den Tieren gehört, die durch dieses Leben das Sehvermögen verloren haben. Wie diese Tiere nur leben können, wenn sie die Umgebung wiederfinden, an die sie sich angepaßt haben, so kann der Menschengeist nur leben in der Umgebung, die er durch seine Taten, als die ihm entsprechende, sich geschaffen hat.

An jedem neuen Morgen wird der menschliche Körper gleichsam von neuem durchseelt. Die Naturforschung gibt zu, daß damit etwas vorgeht, was sie nicht begreifen kann, wenn sie sich bloß der Gesetze bedient, die sie in der physischen Welt gewonnen hat. Man halte sich vor, was der Naturforscher Du Bois-Reymond darüber in seiner Rede «Die Grenzen des Naturerkennens» gesagt hat: «Ein aus irgendeinem Grunde bewußtloses, zum Beispiel ohne Traum schlafendes Gehirn enthielte, naturwissenschaftlich (Du Bois-Reymond sagt «astronomisch») durchschaut, kein Geheimnis mehr, und bei naturwissenschaftlicher Kenntnis auch des übrigen Körpers wäre so die ganze menschliche Maschine, mit ihrem Atmen, ihrem Herzschlag, ihrem Stoffwechsel, ihrer Wärme, und so fort, bis auf das Wesen von Materie und Kraft, völlig entziffert. Der traumlos Schlafende ist begreiflich, wie die Welt, ehe es Bewußtsein gab. Wie aber mit der ersten Regung von Bewußtsein die Welt doppelt unbegreiflich ward, so wird es auch der Schläfer wieder mit dem ersten ihm dämmernden Traumbild.» Das kann nicht anders sein. Denn, was der Naturforscher hier als den traumlos Schlafenden beschreibt, das ist dasjenige vom Menschen, was allein den physischen Gesetzen unterworfen ist. Es folgt aber in dem Augenblicke, in dem es wieder durchseelt erscheint, den Gesetzen des seelischen Lebens. Schlafend folgt der menschliche Körper den physischen Gesetzen: der Mensch erwacht, und das Licht des vernünftigen Handelns schlägt wie ein Funke in das rein physische Dasein ein. Man drückt sich ganz im Sinne des Naturforschers Du Bois-Reymond aus, wenn man sagt: man kann den schlafenden Körper nach allen Seiten durchsuchen; das Seelische wird man nicht in ihm finden können. Aber dieses Seelische setzt den Lauf seiner vernünftigen Taten da fort, wo es ihn vor dem Einschlafen unterbrochen hat. – So gehört der Mensch – auch für diese Betrachtung – zwei Welten an. In der einen lebt er körperlich, und dieses körperliche Leben kann man am Faden physischer Gesetze verfolgen; in der anderen lebt er geistig-vernünftig, und über dieses Leben können wir durch physische Gesetze nichts erfahren. Wollen wir das eine Leben studieren, so müssen wir uns an die physischen Gesetze der Naturwissenschaft halten; wollen wir aber das andere Leben begreifen, so müssen wir die Gesetze des vernünftigen Handelns kennenlernen, zum Beispiel Logik, Rechtslehre, Wirtschaftslehre, Ästhetik usw. Der schlafende Menschenkörper, der nur den physischen Gesetzen unterliegt, kann niemals etwas vollbringen, was im Sinne der Vernunftgesetze liegt. Aber der Menschengeist trägt diese Vernunftgesetze in die physische Welt. Und soviel er in sie hineingetragen hat, soviel wird er von ihnen wiederfinden, wenn er, nach einer Unterbrechung, den Faden seiner Tätigkeit wieder aufnimmt.

Bleiben wir noch eine Weile bei dem Bilde vom Schlaf. Die Persönlichkeit muß heute an ihre Taten von gestern anknüpfen, wenn das Leben nicht sinnlos sein soll. Sie könnte es nicht, wenn sie sich nicht mit diesen Taten verknüpft fühlte. Das Ergebnis meiner Wirksamkeit von gestern könnte ich heute nicht aufnehmen, wenn nicht in mir selbst etwas von dieser Wirksamkeit geblieben wäre. Hätte ich heute alles vergessen, was ich gestern erfahren habe, so wäre ich ein neuer Mensch und könnte an nichts anknüpfen. Es ist mein Gedächtnis, das mir die Anknüpfung an meine gestrigen Taten ermöglicht. – Dieses Gedächtnis bindet mich an die Wirkungen meines Tuns. Dasjenige, was im eigentlichen Sinne meinem vernünftigen Leben angehört, zum Beispiel die Logik, ist heute dasselbe wie gestern. Dies ist anwendbar auch auf dasjenige, was gestern durchaus nicht, was überhaupt niemals noch in meinen Gesichtskreis getreten ist. Mein Gedächtnis verbindet mein logisches Handeln von heute mit meinem logischen Handeln von gestern. Wenn es bloß auf die Logik ankäme, dann könnten wir in der Tat jeden Morgen ein neues Leben beginnen. Aber im Gedächtnisse bleibt aufbewahrt, was uns an unser Schicksal bindet.

So finde ich mich wirklich am Morgen als eine dreifache Wesenheit. Ich finde meinen Körper wieder, der während meines Schlafes seinen bloß physischen Gesetzen gehorcht hat. Ich finde mich selbst, meinen Menschengeist, wieder, der heute derselbe ist wie gestern, und der heute die Gabe vernünftigen Handelns hat, wie gestern. Und ich finde alles dasjenige bewahrt im Gedächtnisse, was der gestrige Tag – was meine ganze Vergangenheit – aus mir gemacht hat.

Und damit haben wir zugleich ein Bild der dreifachen Wesenheit des Menschen. In jeder neuen Verkörperung findet sich der Mensch in einem physischen Organismus, der den Gesetzen der äußeren Natur unterworfen ist. Und in jeder Verkörperung ist er derselbe Menschengeist. Als solcher ist er das Ewige in den mannigfaltigen Verkörperungen. Körper und Geist stehen einander gegenüber. Zwischen beiden muß etwas sein, wie das Gedächtnis zwischen meinen Taten von gestern und denen von heute ist. Und dies ist die Seele . Sie bewahrt die Wirkungen meiner Taten aus den früheren Leben. Sie bewirkt, daß der Geist in einer neuen Verkörperung als dasjenige erscheint, was vorhergehende Leben aus ihm gemacht haben. So hängen Leib, Seele und Geist zusammen. Ewig ist der Geist; Geburt und Tod walten nach den Gesetzen der physischen Welt in der Körperlichkeit; beide führt die Seele immer wieder zusammen, indem sie aus den Taten das Schicksal webt.

Auch für den Vergleich der Seele mit dem Gedächtnis ist eine Berufung auf die gegenwärtige Naturwissenschaft möglich. Im Jahre 1870 hat der Naturforscher Ewald Hering eine Abhandlung veröffentlicht, die den Titel trägt: «Über das Gedächtnis als eine allgemeine Funktion der organisierten Materie». Und Ernst Haeckel stimmt mit den Ansichten Herings überein. Er sagt in seiner Arbeit «Über die Wellenzeugung der Lebensteilchen» das Folgende: «In der Tat überzeugt uns jedes tiefere Nachdenken, daß ohne die Annahme eines unbewußten Gedächtnisses der lebenden Materie die wichtigsten Lebensfunktionen überhaupt unerklärbar sind. Das Vermögen der Vorstellung und Begriffsbildung, des Denkens und Bewußtseins, der Übung und Gewöhnung, der Ernährung und Fortpflanzung beruht auf der Funktion des unbewußten Gedächtnisses, dessen Tätigkeit unendlich viel bedeutungsvoller ist, als diejenige des bewußten Gedächtnisses. Mit Recht sagt Hering, ‹daß es das Gedächtnis ist, dem wir fast alles verdanken, was wir sind und haben›.» Und nun versucht Haeckel die Vorgänge der Vererbung innerhalb der Lebewesen auf dieses unbewußte Gedächtnis zurückzuführen. Daß das Tochterwesen dem Mutterwesen ähnlich ist, daß von dem letzteren die Eigenschaften auf das erstere vererbt werden, soll darnach auf dem unbewußten Gedächtnis des Lebendigen beruhen, das im Laufe der Fortpflanzung die Erinnerung an vorhergehende Formen bewahrt. – Es ist hier nicht zu untersuchen, was an den Darstellungen Herings und Haeckels naturwissenschaftlich haltbar ist;

für die Ziele, die hier verfolgt werden, ist lediglich wichtig, daß der Naturforscher sich gezwungen sieht, da, wo er über Geburt und Tod hinausgeht, wo er etwas voraussetzen muß, was den Tod überdauert, daß er da eine Wesenheit annimmt, die er sich dem Gedächtnis ähnlich denkt. Er greift naturgemäß zu einer übersinnlichen Kraft, da, wo die Gesetze der physischen Natur nicht hinreichen.

Man muß übrigens beachten, daß es sich hier zunächst nur um einen Vergleich, um ein Bild handelt, wenn von Gedächtnis gesprochen wird. Man darf nicht glauben, daß wir unter Seele etwas verstehen, was ohne weiteres dem bewußten Gedächtnis gleichkommt. Auch im gewöhnlichen Leben ist ja nicht immer bewußtes Gedächtnis im Spiele, wenn man sich die Erlebnisse der Vergangenheit zunutze macht. Die Früchte dieser Erlebnisse tragen wir in uns, auch wenn wir uns nicht bewußt an das Erlebte immer erinnern. Wer erinnert sich an alle Einzelheiten, durch die er lesen und schreiben gelernt hat? Ja, wem sind diese Einzelheiten überhaupt alle zum Bewußtsein gekommen? Die Gewohnheit zum Beispiel ist eine Art unbewußten Gedächtnisses. – Nur hingedeutet werden soll eben durch den Vergleich mit dem Gedächtnis auf das Seelische, das sich zwischen Körper und Geist einschiebt und den Vermittler bildet zwischen dem Ewigen und dem, was als Physisches in den Lauf von Geburt und Tod eingesponnen ist.

Der Geist, der sich wiederverkörpert, findet also innerhalb der physischen Welt die Ergebnisse seiner Taten als sein Schicksal vor; und die Seele, die an ihn gebunden ist, vermittelt seine Anknüpfung an dieses Schicksal. Man kann nun fragen: wie kann der Geist die Ergebnisse seiner Taten vorfinden, da er doch wohl bei seiner Wiederverkörperung in eine völlig andere Welt versetzt wird gegenüber derjenigen, in der er vorher war? Dieser Frage liegt eine sehr äußerliche Vorstellung von Schicksalsverkettung zugrunde. Wenn ich meinen Wohnplatz von Europa nach Amerika verlege, so befinde ich mich auch in einer völlig neuen Umgebung. Und dennoch hängt mein Leben in Amerika von meinem vorhergehenden in Europa ganz ab. Bin ich in Europa Mechaniker geworden, so gestaltet sich mein Leben in Amerika ganz anders, als wenn ich Bankbeamter geworden bin. In dem einen Falle werde ich wahrscheinlich in Amerika von Maschinen, in dem andern von Bankpapieren umgeben sein. In jedem Falle bestimmt mein Vorleben meine Umgebung, es zieht gleichsam aus der ganzen Umwelt diejenigen Dinge an sich, die ihm verwandt sind. So ist es mit meiner Geist-Seele. Sie umgibt sich notwendig mit demjenigen, mit dem sie aus dem Vorleben verwandt ist. Für niemand kann das dem Gleichnis von Schlaf und Tod widersprechen, der sich bewußt ist, daß er es eben nur mit einem Gleichnis – wenn auch mit einem der treffendsten – zu tun hat. Daß ich am Morgen die Lage vorfinde, die ich am vorhergehenden Tage selbst geschaffen, dafür sorgt der unmittelbare Gang der Ereignisse. Daß ich, wenn ich mich wieder verkörpere, eine Umwelt vorfinde, die dem Ergebnis meiner Taten in dem vorhergehenden Leben entspricht: dafür sorgt die Verwandtschaft meiner wieder geborenen Geistseele mit den Dingen dieser Umwelt.

Was führt mich in diese Umwelt hinein? Unmittelbar die Eigenschaften meiner Geistseele bei der neuen Verkörperung. Aber diese Eigenschaften habe ich doch nur, weil die Taten meiner früheren Leben sie der Geistseele eingeprägt haben. Diese Taten sind also die wirkliche Ursache, warum ich in bestimmte Verhältnisse hineingeboren werde. Und was ich heute tue, wird mit eine Ursache sein, warum ich in einem späteren Leben diese oder jene Verhältnisse antreffen werde. – So schafft sich der Mensch in der Tat sein Schicksal. Dieses erscheint nur so lange unbegreiflich, als man das einzelne Leben für sich betrachtet und es nicht als ein Glied der aufeinander folgenden Leben ansieht.

So kann man sagen, daß den Menschen im Leben nichts treffen kann, wozu er nicht selbst die Bedingungen geschaffen hat. Durch die Einsicht in das Schicksalsgesetz – in Karma – wird erst begreiflich, warum «der Gute oft leiden muß und der Böse glücklich sein kann». Diese scheinbare Disharmonie des einen Lebens verschwindet, wenn der Blick erweitert wird auf die vielen Leben. – So einfach wie einen gewöhnlichen Richter oder wie die staatliche Justizpflege darf man sich allerdings das Karmagesetz nicht vorstellen. Das wäre so, wie wenn man sich Gott als alten Mann mit weißem Bart vorstellte. Viele verfallen in diesen Fehler. Namentlich die Gegner der Karmaidee gehen von solch irrtümlichen Voraussetzungen aus. Sie kämpfen gegen die Vorstellung, die sie den Bekennern von Karma unterschieben, nicht gegen diejenige, welche die wahren Kenner haben.

In welchem Verhältnisse befindet sich der Mensch zur physischen Umwelt, wenn er in eine neue Verkörperung eintritt? Dieses Verhältnis ergibt sich einerseits daraus, daß er in der Zwischenzeit zwischen den beiden Verkörperungen keinen Anteil gehabt hat an der physischen Welt; andererseits daraus, welches seine Entwicklung in dieser Zwischenzeit war. Klar ist von vornherein, daß in diese Entwicklung nichts aus der physischen Welt einfließen kann, denn die Geistseele befindet sich ja eben außerhalb dieser physischen Welt. Sie kann daher alles, was in ihr vorgeht, nunmehr bloß aus sich selbst beziehungsweise aus der überphysischen Welt schöpfen. War sie innerhalb der Verkörperung in die physische Tatsachenwelt verstrickt, so ist nach der Entkörperung der unmittelbare Einfluß dieser Tatsachenwelt von ihr genommen. Und geblieben ist ihr lediglich aus derselben das, was wir mit dem Gedächtnisse verglichen haben. – Aus zwei Teilen besteht dieser «Gedächtnisrest». Seine Teile ergeben sich, wenn man in Erwägung zieht, was zu seiner Bildung beigetragen hat. – Der Geist hat in dem Körper gelebt und ist daher durch den Körper in Beziehung zur körperlichen Umwelt gekommen. Diese Beziehung hat ihren Ausdruck darin gefunden, daß sich vermittelst des Körpers Triebe, Begierden, Leidenschaften entwickelt haben, und daß sich, durch diese, äußere Handlungen vollzogen haben. Weil er körperlich ist, handelt der Mensch unter dem Einflusse der Triebe, Begierden und Leidenschaften. Und diese haben nach zwei Seiten hin ihre Bedeutung. Sie drücken auf der einen Seite den äußeren Handlungen, die der Mensch begeht, den Stempel auf. Und sie formen auf der anderen Seite seinen persönlichen Charakter. Die Handlung, die ich begehe, ist die Folge meiner Begierde; und ich selbst bin als Persönlichkeit das, was diese Begierde zum Ausdruck bringt. Die Handlung geht in die Außenwelt über; die Begierde bleibt in meiner Seele wie die Vorstellung in meinem Gedächtnisse. Und wie zunächst das Vorstellungsbild in meinem Gedächtnisse durch jeden neuen gleichartigen Eindruck verstärkt wird, so die Begierde durch jede neue Handlung, die ich unter ihrem Einflusse vollziehe. So lebt in meiner Seele wegen des körperlichen Daseins eine Summe von Trieben, Begierden und Leidenschaften. Man bezeichnet diese Summe als den «Körper des Verlangens» (Kama rupa). – Dieser «Körper des Verlangens» hängt innig mit dem physischen Dasein zusammen. Denn er entsteht ja unter dem Einfluß der physischen Körperlichkeit. Von dem Augenblicke an, in dem der Geist nicht mehr verkörpert ist, kann er daher seine Bildung nicht mehr fortsetzen. Der Geist muß sich von ihm befreien, insofern er durch ihn mit dem einzelnen physischen Leben zusammengehangen hat. Auf das physische Leben folgt ein anderes, in dem diese Befreiung vor sich geht. Man kann fragen: Ist denn mit dem Tode nicht auch dieser «Körper des Verlangens» zerstört? Die Antwort darauf ist: Nein, in dem Maße, in dem in jedem Augenblicke des physischen Lebens das Verlangen die Befriedigung überwiegt, in dem Maße bleibt das Verlangen bestehen, wenn die Möglichkeit der Befriedigung aufgehört hat. Nur ein Mensch, der gar nichts wünscht von der sinnlichen Welt, hat keinen Überschuß des Verlangens über die Befriedigung. Nur der wunschlose Mensch stirbt, ohne in seinem Geiste eine Summe von Verlangen zurückzubehalten. Und diese Summe muß nach dem Tode gleichsam abklingen. Der Zustand dieses Abklingens wird «Aufenthalt im Orte des Verlangens» (Kamaloka) genannt. Man sieht leicht ein, daß dieser Zustand umso länger dauern muß, je mehr der Mensch sich mit dem sinnlichen Leben verbunden gefühlt hat.

Der zweite Teil des «Gedächtnisrestes» wird auf andere Art gebildet. Wie das Verlangen den Geist nach dem vergangenen Leben zieht, so weist ihn dieser andere Teil nach der Zukunft. Der Geist hat sich durch seine Tätigkeit im Körper mit der Welt bekannt gemacht, der dieser Körper angehört. Jede neue Anstrengung, jedes neue Erlebnis erhöht diese seine Bekanntschaft. In der Regel macht der Mensch zum zweiten Mal ein jedes Ding besser als beim ersten Versuch. Die Erfahrung, das Erlebnis prägt sich dem Geiste als eine Erhöhung seiner Fähigkeiten ein. So wirkt unsere Erfahrung auf unsere Zukunft, und wenn wir nicht mehr Gelegenheit haben, Erfahrungen zu machen, dann bleibt das Ergebnis dieser Erfahrungen als «Gedächtnisrest». – Aber keine Erfahrung könnte auf uns wirken, wenn wir nicht die Fähigkeiten hätten, den Nutzen aus ihr zu ziehen. Wie wir die Erfahrung aufnehmen können, was wir aus ihr zu machen vermögen, davon hängt es ab, was sie für unsere Zukunft bedeutet. Für Goethe war ein Erlebnis etwas anderes als für seinen Kammerdiener; und es hatte durch den ersteren ganz andere Folgen als durch den letzteren. Welche Fähigkeiten wir uns durch ein Erlebnis erwerben, hängt somit von der geistigen Arbeit ab, die wir in Verbindung mit dem Erlebnisse vollbringen. – Ich habe in einem gewissen Augenblicke meines Lebens immer eine Summe von Ergebnissen meiner Erfahrung in mir. Und diese Summe bildet die Anwartschaft auf Fähigkeiten, die in der Folge zutage treten können. – Eine solche Summe von Erfahrungen besitzt der Menschengeist bei seiner Entkörperung. Sie nimmt er ins übersinnliche Leben hinüber. Verknüpft ihn nun kein körperliches Band mehr mit dem physischen Dasein, und hat er auch die Wünsche abgestreift, die ihn an dieses physische

Dasein ketten, dann ist ihm die Frucht seiner Erfahrung geblieben. Und diese Frucht ist ganz von der unmittelbaren Einwirkung des vergangenen Lebens befreit. Der Geist kann nun lediglich darauf sehen, was sich für die Zukunft daraus formen läßt. So ist der Geist, nachdem er den «Ort des Verlangens» verlassen hat, in einem Zustande, in dem sich seine Erlebnisse der früheren Leben in Keime – Anlagen, Fähigkeiten usw. – für die Zukunft umsetzen. Man bezeichnet das Leben des Geistes in diesem Zustande als den Aufenthalt in dem «Orte der Wonne» (Devachan). («Wonne» kann ja einen Zustand bezeichnen, der alle Sorge um das Vergangene vergessen macht und das Herz lediglich für die Zukunft schlagen läßt.) Es erhellt von selbst, daß dieser Zustand im allgemeinen um so länger dauern wird, eine je größere Anwartschaft beim Tode auf die Aneignung neuer Fähigkeiten vorhanden ist. – Hier kann es sich natürlich nicht darum handeln, alle Erkenntnisse zu entwickeln, die sich auf den Menschengeist beziehen. Es soll nur gezeigt werden, wie das Karmagesetz im physischen Leben wirkt. Dazu ist zunächst hinreichend zu wissen, was der Geist aus diesem physischen Leben in übersinnliche Zustände mit hinübernimmt, und was er davon zu einer neuen Verkörperung wieder mit zurückbringt. Er bringt die zu Eigenschaften seines Wesens gewordenen Ergebnisse der in früheren Leben gemachten Erlebnisse mit. – Um die Tragweite davon einzusehen, braucht man sich den Vorgang nur an einem einzelnen Beispiele klar zu machen. Kant sagt: «Zwei Dinge erfüllen das Gemüt mit immer zunehmender Bewunderung: der gestirnte Himmel über mir und das moralische Gesetz in mir.» Jeder Denkende gibt nun zu, daß der gestirnte Himmel nicht aus dem Nichts heraus entsprungen ist, sondern sich allmählich gebildet hat. Und Kant selbst ist es, der 1755 in einer grundlegenden Schrift die allmähliche Bildung eines Kosmos zu erklären suchte. Aber ebensowenig darf man die Tatsache des moralischen Gesetzes ohne eine Erklärung hinnehmen. Auch dieses moralische Gesetz ist nicht aus dem Nichts heraus entsprungen. In den anfänglichen Verkörperungen, die der Mensch durchgemacht hat, sprach in ihm das moralische Gesetz nicht so, wie es in Kant gesprochen hat. Der primitive Mensch handelt ganz so, wie es seinen Begierden entspricht. Und er nimmt die Erlebnisse, die er mit solchem Handeln gemacht hat, hinüber in die übersinnlichen Zustände. Hier werden sie zu höherer Fähigkeit. Und in einer weiteren Verkörperung wirkt in ihm nicht mehr die bloße Begierde, sondern sie wird bereits mitgelenkt durch die Wirkungen der vorher gemachten Erfahrungen. Und viele Verkörperungen sind notwendig, bis der ursprünglich ganz den Begierden hingegebene Mensch seiner Umwelt das geläuterte moralische Gesetz gegenüberstellt, das Kant als etwas bezeichnet, zu dem man mit ebensolcher Bewunderung wie zu dem Sternenhimmel aufblickt.

Die Umwelt, in die der Mensch durch eine neue Verkörperung hineingeboren wird, bringt ihm die Ergebnisse seiner Taten, als sein Schicksal, entgegen. Er selbst tritt in diese Umwelt mit den Fähigkeiten, die er in den übersinnlichen Zuständen sich aus seinen früheren Erlebnissen heraus gebildet hat. Deshalb werden auch seine Erlebnisse in der physischen Welt im allgemeinen auf einer um so höheren Stufe stehen, je öfter er sich verkörpert hat, oder je größer seine Anstrengungen innerhalb seiner früheren Verkörperungen gewesen sind. Dadurch wird die Pilgerfahrt durch die Verkörperungen hindurch eine Aufwärtsentwicklung sein. Immer reicher wird der Schatz, den seine Erfahrungen in seinem Geiste ansammeln. Und damit tritt er immer reifer seiner Umwelt, seinem Schicksal entgegen. Das macht ihn immer mehr zum Herrn des Schicksals. Denn das ist es ja gerade, was er aus seinen Erlebnissen gewinnt, daß er die Gesetze der Welt durchschauen lernt, in welcher sich diese Erlebnisse abspielen. Erst findet sich der Geist in der Umwelt nicht zurecht. Er tappt im dunkeln. Aber mit jeder neuen Verkörperung wird es heller um ihn. Er erwirbt sich das Wissen, die Kenntnis der Gesetze seiner Umwelt; mit anderen Worten: er vollbringt immer mehr mit Bewußtsein, was er vorher in Dumpfheit vollbracht hat. Immer geringer wird der Zwang der Umwelt; immer mehr vermag der Geist sich selbst zu bestimmen. Der Geist aber, der sich aus sich selbst bestimmt, das ist der freie Geist. Ein Handeln im vollen hellen Lichte des Bewusstseins ist ein freies Handeln. (Das Wesen des freien Menschengeistes habe ich in meiner «Philosophie der Freiheit», Berlin 1893, darzulegen versucht.) Die volle Freiheit des Menschengeistes ist das Ideal seiner Entwicklung. Man kann nicht fragen: ist der Mensch frei oder unfrei? Die Philosophen, welche die Frage nach der Freiheit so stellen, können niemals zu einem klaren Gedanken darüber kommen. Denn der Mensch ist im gegenwärtigen Zustande weder frei noch unfrei; sondern er befindet sich auf dem Wege zur Freiheit. Er ist teilweise frei, teilweise unfrei. Er ist in dem Maße frei, als er sich Erkenntnis, Bewußtsein des Weltzusammenhanges, erworben hat. – Daß unser Schicksal, unser Karma in Form einer unbedingten Notwendigkeit an uns herantritt, ist kein Hindernis unserer Freiheit. Denn wenn wir handeln, treten wir ja mit dem Maße unserer Selbständigkeit, die wir uns erworben haben, an dieses Schicksal heran. Nicht das Schicksal handelt, sondern wir handeln in Gemäßheit der Gesetze dieses Schicksals.

Wenn ich ein Streichholz anzünde, so entsteht das Feuer nach notwendigen Gesetzen; aber ich habe erst diese notwendigen Gesetze in Wirksamkeit versetzt. Ebenso kann ich eine Handlung nur vollziehen im Sinne der notwendigen Gesetze meines Karma; aber ich bin es, der diese notwendigen Gesetze in Wirksamkeit versetzt. Und durch die von mir ausgehende Tat wird neues Karma geschaffen, wie das Feuer nach notwendigen Naturgesetzen weiterwirkt, nachdem ich es angezündet habe.

Damit ist zugleich Licht geworfen auf einen andern Zweifel, der in bezug auf die Wirksamkeit des Karmagesetzes jemand befallen kann. Man könnte nämlich vielleicht sagen: wenn Karma ein unabänderliches Gesetz ist, dann sei es ein Unding, jemandem zu helfen. Denn was ihn trifft, sei die Folge seines Karma, und es sei schlechterdings notwendig, daß ihn dies oder jenes treffe. Gewiß, die Wirkungen des Schicksals, das sich ein Menschengeist in früheren Verkörperungen geschaffen hat, kann ich nicht aufheben. Aber es handelt sich darum, wie er sich mit diesem Schicksal zurechtfindet, und welches neue Schicksal er sich unter dem Einflusse des alten schafft. Helfe ich ihm, so kann ich bewirken, daß er durch seine Taten seinem Schicksal eine günstige Wendung gibt; unterlasse ich die Hilfe, so tritt vielleicht das Gegenteil ein. Allerdings wird es darauf ankommen, ob meine Hilfe eine weise oder unweise ist.

Eine Höherentwicklung des Menschengeistes bedeutet sein Fortschreiten durch immer neue Verkörperungen. Diese Höherentwicklung kommt dadurch zum Ausdrucke, daß die Welt, in der des Geistes Verkörperungen stattfinden, von diesem immer mehr durchschaut wird. Zu dieser Welt gehören aber die Verkörperungen selbst. Auch in bezug auf sie tritt der Geist aus dem Zustande der Unbewußtheit in den der Bewußtheit. Auf dem Wege der Entwicklung liegt der Punkt, in dem der Mensch mit voller Bewußtheit auf seine Verkörperungen zurückzuschauen vermag. – Dies ist eine Vorstellung, über die man leicht spotten kann; und es ist natürlich kinderleicht, sie abfällig zu kritisieren. Wer das aber tut, hat von der Art solcher Wahrheiten keinen Begriff. Und Spott sowohl wie Kritik legen sich wie ein Drache vor das Tor des Heiligtums, innerhalb dessen man sie erkennen kann. Denn von Wahrheiten, deren Verwirklichung für den Menschen erst in der Zukunft liegt, ist es wohl selbstverständlich, daß er sie in der Gegenwart nicht als Tatsache auffinden kann. Es gibt nur einen Weg, um sich von ihrer Wirklichkeit zu überzeugen; und der ist, sich anzustrengen, um diese Wirklichkeit zu erreichen.

Quellenangabe

Wie Karma wirkt. – Aufsatz 1903, in «Lucifer-Gnosis. Grundlegende Aufsätze zur Anthroposophie 1903–1908». GA 34, Leinenausgabe. «Wie Karma wirkt» ist zusammen mit dem Aufsatz «Reinkarnation und Karma» auch als Separatdruck erschienen: «Reinkarnation und Karma – Wie Karma wirkt», Einzelausgabe, kartoniert

Weitere Werke von Rudolf Steiner zu diesem Thema

Wiederverkörperung und Karma. Fünf Vorträge 1912. GA 135, Leinen- und Taschenbuchausgabe

Die Offenbarungen des Karma. Elf Vorträge 1910. GA 120, Leinen- und Taschenbuchausgabe

DAS KARMAGESETZ

«Alles, was ich in meinem gegenwärtigen Leben kann und tue, steht nicht abgesondert für sich da als Wunder, sondern hängt als Wirkung mit den früheren Daseinsformen meiner Seele zusammen und als Ursache mit den späteren.»

«Daß unser Schicksal, unser Karma, in Form einer unbedingten Notwendigkeit an uns herantritt, ist kein Hindernis unserer Freiheit», heißt es gegen Ende des voranstehenden Aufsatzes «Wie Karma wirkt». Mit den Begriffen Schicksal, Notwendigkeit und Freiheit sind die Eckpunkte jenes Spektrums von Motiven bezeichnet, aus denen wir unsere Handlungen bewußt oder unbewußt ableiten. Die tieferen Beweggründe, die uns zu dieser oder jener Handlung veranlassen, sind auch Gegenstand der folgenden Darstellung. Handelt der Mensch vorwiegend aufgrund bestimmter Notwendigkeiten, etwa im Sinne der von Marx popularisierten Aussage: Freiheit ist Einsicht in die Notwendigkeit? Oder ist es das Pflichtbewußtsein, das den Antrieb zur Handlung gibt? Wann kann man überhaupt von einem sittlichen Handeln sprechen? Welche Rolle spielt da der Egoismus als Grundmotiv des Handelns, welchen Stellenwert nimmt hier die Liebe ein, die Steiner ja bereits in seinem «Credo. Der Einzelne und das All» (s. o.) näher charakterisiert hat?

Der nachfolgende Text ist bereits im Jahre 1887 entstanden als Teil der Einleitung zu Goethes Abhandlung «Zur Naturwissenschaft im Allgemeinen», erschienen im Rahmen der Kürschner-Ausgabe. Dort hatte Steiner diesen Abschnitt mit dem Titel «ethische und historische Wissenschaften» versehen. Im übrigen beinhaltet diese Darstellung bereits wesentliche Grundelemente der Steinerschen Ethik, die im zweiten Teil seiner «Philosophie der Freiheit» ausführlich entwickelt wird.

NOTWENDIGKEIT, LIEBE, FREIHEIT

Die Beantwortung der Frage: «Was ist Erkennen?» hat uns über die Stellung des Menschen im Weltall aufgeklärt. Es kann nun nicht fehlen, daß die Ansicht, die wir für diese Frage entwickelt haben, auch über Wert und Bedeutung des menschlichen Handelns Licht verbreitet. Was wir in der Welt vollbringen, dem müssen wir ja eine größere oder geringere Bedeutung beilegen, je nachdem wir unsere Bestimmung höher oder minder bedeutend auffassen.

Die erste Aufgabe, der wir uns nun zu unterziehen haben, wird die Untersuchung des Charakters der menschlichen Tätigkeit sein. Wie stellt sich das, was wir als Wirkung menschlichen Tuns auffassen müssen, zu anderen Wirksamkeiten innerhalb des Weltprozesses? Betrachten wir zwei Dinge: ein Naturprodukt und ein Geschöpf menschlicher Tätigkeit, die Kristallgestalt und etwa ein Wagenrad. In beiden Fällen erscheint uns das vorliegende Objekt als Ergebnis von in Begriffen ausdrückbaren Gesetzen. Der Unterschied liegt nur darinnen, daß wir den Kristall als das unmittelbare Produkt der ihn bestimmenden Naturgesetzlichkeiten ansehen müssen, während beim Wagenrad der Mensch in die Mitte zwischen Begriff und Gegenstand tritt. Was wir im Naturprodukt als dem Wirklichen zugrunde liegend denken, das führen wir in unserem Handeln in die Wirklichkeit ein. Im Erkennen erfahren wir, welches die ideellen Bedingungen der Sinneserfahrung sind; wir bringen die Ideenwelt, die in der Wirklichkeit schon liegt, zum Vorschein; wir schließen also den Weltprozeß in der Hinsicht ab, daß wir den Produzenten, der ewig die Produkte hervorgehen läßt, aber ohne unser Denken ewig in ihnen verborgen bliebe, zur Erscheinung rufen. Im Handeln aber ergänzen wir diesen Prozeß dadurch, daß wir die Ideenwelt, insofern sie noch nicht Wirklichkeit ist, in solche umsetzen. Nun haben wir die Idee als das erkannt, was allem Wirklichen zugrunde liegt, als das Bedingende, die Intention der Natur. Unser Erkennen führt uns dahin, die Tendenz des Weltprozesses, die Intention der Schöpfung aus den in der uns umgebenden Natur enthaltenen Andeutungen zu finden. Haben wir das erreicht, dann ist unserem Handeln die Aufgabe zuerteilt, selbständig an der Verwirklichung jener Intention mitzuarbeiten. Und so erscheint uns unser Handeln direkt als eine Fortsetzung jener Art von Wirksamkeit, die auch die Natur erfüllt. Es erscheint uns als unmittelbarer Ausfluß des Weltgrundes. Aber doch welch ein Unterschied ist da gegenüber der anderen (Natur-) Tätigkeit! Das Naturprodukt hat keineswegs in sich selbst die ideelle Gesetzmäßigkeit, von der es beherrscht erscheint. Es bedarf bei ihm des Gegenübertretens eines höheren, des menschlichen Denkens; dann erscheint diesem das, wovon jenes beherrscht wird. Beim menschlichen Tun ist das anders. Da wohnt dem tätigen Objekte unmittelbar die Idee inne; und träte ihm ein höheres Wesen gegenüber, so könnte es in seiner Tätigkeit nichts anderes finden, als was dieses selbst in sein Tun gelegt hat. Denn ein vollkommenes menschliches Handeln ist das Ergebnis unserer Absichten und nur dieses. Blicken wir ein Naturprodukt an, das auf ein anderes wirkt, so stellt sich die Sache so: Wir sehen eine Wirkung; diese Wirkung ist bedingt durch in Begriffe zu fassende Gesetze. Wollen wir aber die Wirkung begreifen, da genügt es nicht, daß wir sie mit irgendwelchen Gesetzen zusammenhalten, wir müssen ein zweites wahrzunehmendes – allerdings wieder ganz in Begriffe aufzulösendes – Ding haben. Wenn wir einen Eindruck in dem Boden sehen, so suchen wir nach dem Gegenstande, der ihn gemacht hat. Das führt zu dem Begriffe einer solchen Wirkung, wo die Ursache einer Erscheinung wieder in Form einer äußeren Wahrnehmung erscheint, d. i. aber zum Begriffe der Kraft. Die Kraft kann uns nur da entgegentreten, wo die Idee zuerst an einem Wahrnehmungsobjekte erscheint und erst unter dieser Form auf ein anderes Objekt wirkt. Der Gegensatz hierzu ist, wenn diese Vermittlung wegfällt, wenn die Idee unmittelbar an die Sinnenwelt herantritt. Da erscheint die Idee selbst verursachend. Und hier ist es, wo wir vom Willen sprechen. Wille ist also die Idee selbst als Kraft aufgefaßt. Von einem selbständigen Willen zu sprechen ist völlig unstatthaft. Wenn der Mensch irgend etwas vollbringt, so kann man nicht sagen, es komme zu der Vorstellung noch der Wille hinzu. Spricht man so, so hat man die Begriffe nicht klar erfaßt, denn, was ist die menschliche Persönlichkeit, wenn man von der sie erfüllenden Ideenwelt absieht? Doch ein tätiges Dasein. Wer sie anders faßte: als totes, untätiges Naturprodukt, setzte sie ja dem Steine auf der Straße gleich. Dieses tätige Dasein ist aber ein Abstraktum, es ist nichts Wirkliches. Man kann es nicht fassen, es ist ohne Inhalt. Will man es fassen, will man einen Inhalt, dann erhält man eben die im Tun begriffene Ideenwelt. E. v. Hartmann macht dieses Abstraktum zu einem zweiten weltkonstituierenden Prinzip neben der Idee. Es ist aber nichts anderes als die Idee selbst, nur in einer Form des Auftretens. Wille ohne Idee wäre nichts. Das gleiche kann man nicht von der Idee sagen, denn die Tätigkeit ist ein Element von ihr, während sie die sich selbst tragende Wesenheit ist.

Dies zur Charakteristik des menschlichen Tuns. Wir schreiten zu einem weiteren wesentlichen Kennzeichen desselben, das aus dem bisher Gesagten sich mit Notwendigkeit ergibt. Das Erklären eines Vorganges in der Natur ist ein Zurückgehen auf die Bedingungen desselben: ein Aufsuchen des Produzenten zu dem gegebenen Produkte. Wenn ich eine Wirkung wahrnehme und dazu die Ursache suche, so genügen diese zwei Wahrnehmungen keineswegs meinem Erklärungsbedürfnisse. Ich muß zu den Gesetzen zurückgehen, nach denen diese Ursache diese Wirkung hervorbringt. Beim menschlichen Handeln ist das anders. Da tritt die eine Erscheinung bedingende Gesetzlichkeit selbst in Aktion; was ein Produkt konstituiert, tritt selbst auf den Schauplatz des Wirkens. Wir haben es mit einem erscheinenden Dasein zu tun, bei dem wir stehenbleiben können, bei dem wir nicht nach den tieferliegenden Bedingungen zu fragen brauchen. Ein Kunstwerk haben wir begriffen, wenn wir die Idee kennen, die in demselben verkörpert ist; wir brauchen nach keinem weiteren gesetzmäßigen Zusammenhang zwischen Idee (Ursache) und Werk (Wirkung) zu fragen. Das Handeln eines Staatsmannes begreifen wir, wenn wir seine Intentionen (Ideen) kennen; wir brauchen nicht weiter über das, was in die Erscheinung tritt, hinauszugehen. Dadurch also unterscheiden sich Prozesse der Natur von Handlungen des Menschen, daß bei jenen das Gesetz als der bedingende Hintergrund des erscheinenden Daseins zu betrachten ist, während bei diesen das Dasein selbst Gesetz ist und von nichts als von sich selbst bedingt erscheint. Dadurch legt sich jeder Naturprozeß in ein Bedingendes und ein Bedingtes auseinander, und das letztere folgt mit Notwendigkeit aus dem ersten, während das menschliche Handeln nur sich selbst bedingt. Das aber ist das Wirken mit Freiheit. Indem die Intentionen der Natur, die hinter den Erscheinungen stehen und sie bedingen, in den Menschen einziehen, werden sie selbst zur Erscheinung; aber sie sind jetzt gleichsam rückenfrei. Wenn alle Naturprozesse nur Manifestationen der Idee sind, so ist das menschliche Tun die agierende Idee selbst.

Indem unsere Erkenntnistheorie zu dem Schlusse gekommen ist, daß der Inhalt unseres Bewußtseins nicht bloß ein Mittel sei, sich von dem Weltengrunde ein Abbild zu machen, sondern daß dieser Weltengrund selbst in seiner ureigensten Gestalt in unserem Denken zutage tritt, so können wir nicht anders, als im menschlichen Handeln auch unmittelbar das unbedingte Handeln jenes Urgrundes selbst erkennen. Einen Weltlenker, der außerhalb unserer selbst unseren Handlungen Ziel und Richtung setzte, kennen wir nicht. Der Weltlenker hat sich seiner Macht begeben, hat alles an den Menschen abgegeben, mit Vernichtung seines Sonderdaseins, und dem Menschen die Aufgabe zuerteilt: wirke weiter. Der Mensch findet sich in der Welt, erblickt die Natur, in derselben die Andeutung eines Tieferen, Bedingen-

den, einer Intention. Sein Denken befähigt ihn, diese Intention zu erkennen. Sie wird sein geistiger Besitz. Er hat die Welt durchdrungen; er tritt handelnd auf, jene Intentionen fortzusetzen. Damit ist die hier vorgetragene Philosophie die wahre Freiheitsphilosophie. Sie läßt für die menschlichen Handlungen weder die Naturnotwendigkeit gelten, noch den Einfluß eines außerweltlichen Schöpfers oder Weltlenkers. Der Mensch wäre in dem einen wie in dem andern Fall unfrei. Wirkte in ihm die Naturnotwendigkeit wie in den anderen Wesen, dann vollführte er seine Taten aus Zwang, dann wäre auch bei ihm ein Zurückgehen auf Bedingungen notwendig, die dem erscheinenden Dasein zugrunde liegen und von Freiheit keine Rede. Es ist natürlich nicht ausgeschlossen, daß es unzählige menschliche Verrichtungen gibt, die nur unter diesen Gesichtspunkt fallen; allein diese kommen hier nicht in Betracht. Der Mensch, insofern er ein Naturwesen ist, ist auch nach den für das Naturwirken geltenden Gesetzen zu begreifen. Allein weder als erkennendes noch als wahrhaft ethisches Wesen ist sein Auftreten aus bloßen Naturgesetzen einzusehen. Da tritt er eben aus der Sphäre der Naturwirklichkeiten heraus. Und für diese höchste Potenz seines Daseins, die mehr Ideal als Wirklichkeit ist, gilt das hier Festgestellte. Des Menschen Lebensweg besteht darinnen, daß er sich vom Naturwesen zu einem solchen entwickelt, wie wir es hier kennengelernt haben; er soll sich frei machen von allen Naturgesetzen und sein eigener Gesetzgeber werden.

Aber auch den Einfluß eines außerweltlichen Lenkers der Menschengeschicke müssen wir ablehnen. Auch da, wo ein solcher angenommen wird, kann von wahrer Freiheit nicht die Rede sein. Da bestimmt er die Richtung des menschlichen Handelns und der Mensch hat auszuführen, was ihm jener zu tun vorgesetzt. Er empfindet den Antrieb zu seinen Handlungen nicht als Ideal, das er sich selbst vorsetzt, sondern als Gebot jenes Lenkers; wieder ist sein Handeln nicht unbedingt, sondern bedingt. Der Mensch fühlte sich dann eben nicht rückenfrei, sondern abhängig, nur Mittel für die Intentionen einer höheren Macht.

Wir haben gesehen, daß der Dogmatismus darinnen besteht, daß der Grund, warum irgend etwas wahr ist, in einem unserem Bewußtsein Jenseitigen, Unzugänglichen (Transsubjektiven) gesucht wird, im Gegensatz zu unserer Ansicht, die ein Urteil nur deshalb wahr sein läßt, weil der Grund dazu in den im Bewußtsein liegenden, in das Urteil einfließenden Begriffen liegt. Wer sich einen Weltengrund außer unserer Ideenwelt denkt, der denkt sich, daß der ideale Grund, warum von uns etwas als wahr erkannt wird, ein anderer ist, als warum es objektiv wahr ist. So ist die Wahrheit als Dogma aufgefaßt. Und auf dem Gebiete der Ethik ist das Gebot das, was in der Wissenschaft das Dogma ist. Der Mensch handelt, wenn er die Antriebe zu seinem Handeln in Geboten sucht, nach Gesetzen, deren Begründung nicht von ihm abhängt; er denkt sich eine Norm, die von außen seinem Handeln vorgeschrieben ist. Er handelt aus Pflicht. Von Pflicht zu reden, hat nur bei dieser Auffassung Sinn. Wir müssen den Antrieb von außen empfinden und die Notwendigkeit anerkennen, ihm zu folgen, dann handeln wir aus Pflicht. Unsere Erkenntnistheorie kann ein solches Handeln, da wo der Mensch in seiner sittlichen Vollendung auftritt, nicht gelten lassen. Wir wissen, daß die Ideenwelt die unendliche Vollkommenheit selbst ist; wir wissen, daß mit ihr die Antriebe unseres Handelns in uns liegen; und wir müssen demzufolge nur ein solches Handeln als ethisch gelten lassen, bei dem die Tat nur aus der in uns liegenden Idee derselben fließt. Der Mensch vollbringt von diesem Gesichtspunkte aus nur deshalb eine Handlung, weil deren Wirklichkeit für ihn Bedürfnis ist. Er handelt, weil ein innerer (eigener) Drang, nicht eine äußere Macht, ihn treibt. Das Objekt seines Handelns, sobald er sich einen Begriff davon macht, erfüllt ihn so, daß er es zu verwirklichen strebt. In dem Bedürfnis nach Verwirklichung einer Idee, in dem Drange nach der Ausgestaltung einer Absicht soll auch der einzige

Antrieb unseres Handelns sein. In der Idee soll sich alles ausleben, was uns zum Tun drängt. Wir handeln dann nicht aus Pflicht, wir handeln nicht einem Triebe folgend, wir handeln aus Liebe zu dem Objekt, auf das unsere Handlung sich erstrecken soll. Das Objekt, indem wir es vorstellen, ruft in uns den Drang nach einer ihm angemessenen Handlung hervor. Ein solches Handeln ist allein ein freies. Denn müßte zu dem Interesse, das wir an dem Objekt nehmen, noch ein zweiter anderweitiger Anlaß kommen, dann wollten wir nicht dieses Objekt um seiner selbst willen, wir wollten ein anderes und vollbrächten dieses, was wir nicht wollen; wir vollführten eine Handlung gegen unseren Willen. Das wäre etwa beim Handeln aus Egoismus der Fall. Da nehmen wir an der Handlung selbst kein Interesse; sie ist uns nicht Bedürfnis, wohl aber der Nutzen, den sie uns bringt. Dann aber empfinden wir es auch zugleich als Zwang, daß wir jene Handlung, nur dieses Zweckes willen, vollbringen müssen. Sie selbst ist uns nicht Bedürfnis; denn wir unterließen sie, wenn sie den Nutzen nicht im Gefolge hätte. Eine Handlung aber, die wir nicht um ihrer selbst willen vollbringen, ist eine unfreie. Der Egoismus handelt unfrei. Unfrei handelt überhaupt jeder Mensch, der eine Handlung aus einem Anlaß vollbringt, der nicht aus dem objektiven Inhalt der Handlung selbst folgt. Eine Handlung um ihrer selbst willen ausführen, heißt aus Liebe handeln. Nur derjenige, den die Liebe zum Tun, die Hingabe an die Objektivität leitet, handelt wahrhaft frei. Wer dieser selbstlosen Hingabe nicht fähig ist, wird seine Tätigkeit nie als eine freie ansehen können.

Soll das Handeln des Menschen nichts anderes sein als die Verwirklichung seines eigenen Ideengehaltes, dann ist es natürlich, daß solcher Gehalt in ihm liegen muß. Sein Geist muß produktiv wirken. Denn was sollte ihn mit dem Drange erfüllen, etwas zu vollbringen, wenn nicht eine sich in seinem Geiste heraufarbeitende Idee? Diese Idee wird sich um so fruchtbarer erweisen, in je bestimmteren Umrissen, mit je deutlicherem

Inhalte sie im Geiste auftritt. Denn nur das kann uns ja mit aller Gewalt zur Verwirklichung drängen, das seinem ganzen «Was» nach vollbestimmt ist. Das nur dunkel vorgestellte, das unbestimmt gelassene Ideal ist als Antrieb des Handelns ungeeignet. Was soll uns an ihm eineifern, da sein Inhalt nicht offen und klar am Tage liegt. Die Antriebe für unser Handeln müssen daher immer in Form individueller Intentionen auftreten. Alles, was der Mensch Fruchtbringendes vollführt, verdankt solchen individuellen Impulsen seine Entstehung. Völlig wertlos erweisen sich allgemeine Sittengesetze, ethische Normen usw., die für alle Menschen Gültigkeit haben sollen. Wenn Kant nur dasjenige als sittlich gelten läßt, was sich für alle Menschen als Gesetz eignet, so ist demgegenüber zu sagen, daß alles positive Handeln aufhören müßte, alles Große aus der Welt verschwinden müßte, wenn jeder nur das tun sollte, was sich für alle eignet. Nein, nicht solche vage, allgemeine ethische Normen, sondern die individuellsten Ideale sollen unser Handeln leiten. Nicht alles ist für alle gleich würdig zu vollbringen, sondern dies für den, für jenen das, je nachdem einer den Beruf zu einer Sache fühlt. J. Kreyenbühl hat hierüber treffliche Worte in seinem Aufsatze «Die ethische Freiheit bei Kant» (Philosophische Monatshefte, Bd. XVIII, 3. H. [Berlin etc. 1882, S. 129 ff.]) gesagt: «Soll ja die Freiheit meine Freiheit, die sittliche Tat meine Tat, soll das Gute und Rechte durch mich, durch die Handlung dieser besonderen individuellen Persönlichkeit verwirklicht werden, so kann mir unmöglich ein allgemeines Gesetz genügen, das von aller Individualität und Besonderheit der beim Handeln konkurrierenden Umstände absieht und mir befiehlt vor jeder Handlung zu prüfen, ob das ihr zugrunde liegende Motiv der abstrakten Norm der allgemeinen Menschennatur entspreche, ob es so, wie es in mir lebt und wirkt, allgemein gültige Maxime werden könne.» ... «Eine derartige Anpassung an das allgemein Übliche und Gebräuchliche würde jede individuelle Freiheit, jeden Fortschritt über das

Ordinäre und Hausbackene, jede bedeutende, hervorragende und bahnbrechende ethische Leistung unmöglich machen.»

Diese Ausführungen verbreiten Licht über jene Fragen, die eine allgemeine Ethik zu beantworten hat. Man behandelt die letztere ja vielfach so, als ob sie eine Summe von Normen sei, nach denen das menschliche Handeln sich zu richten habe. Man stellt von diesem Gesichtspunkte aus die Ethik der Naturwissenschaft und überhaupt der Wissenschaft vom Seienden gegenüber. Während nämlich die letztere uns die Gesetze von dem, was besteht, was ist, vermitteln soll, hätte uns die Ethik jene vom Seinsollenden zu lehren. Die Ethik soll ein Kodex von allen Idealen des Menschen sein, eine ausführliche Antwort auf die Frage: Was ist gut? Eine solche Wissenschaft ist aber unmöglich. Es kann keine allgemeine Antwort auf diese Frage geben. Das ethische Handeln ist ja ein Produkt dessen, was sich im Individuum geltend macht; es ist immer im einzelnen Fall gegeben, nie im allgemeinen. Es gibt keine allgemeinen Gesetze darüber, was man tun soll und was nicht. Man sehe nur ja nicht die einzelnen Rechtssatzungen verschiedener Völker als solche an. Sie sind auch nichts weiter als der Ausfluß individueller Intentionen. Was diese oder jene Persönlichkeit als sittliches Motiv empfunden hat, hat sich einem ganzen Volke mitgeteilt, ist zum «Recht dieses Volkes» geworden. Ein allgemeines Naturrecht, das für alle Menschen und alle Zeiten gelte, ist ein Unding. Rechtsanschauungen und Sittlichkeitsbegriffe kommen und gehen mit den Völkern, ja sogar mit den Individuen. Immer ist die Individualität maßgebend. Im obigen Sinne von einer Ethik zu sprechen, ist also unstatthaft. Aber es gibt andere Fragen, die in dieser Wissenschaft zu beantworten sind, Fragen, die z. T. in diesen Erörterungen kurz beleuchtet worden sind. Ich erwähne nur: die Feststellung des Unterschiedes von menschlichem Handeln und Naturwirken, die Frage nach dem Wesen des Willens und der Freiheit usw. Alle diese Einzelaufgaben lassen sich unter die eine subsumieren: Inwiefern ist der Mensch ein ethisches

Wesen? Das bezweckt aber nichts anderes als die Erkenntnis der sittlichen Natur des Menschen. Es wird nicht gefragt: Was soll der Mensch tun?, sondern: Was ist das, was er tut, seinem inneren Wesen nach? Und damit fällt jene Scheidewand, welche alle Wissenschaft in zwei Sphären trennt: in eine Lehre vom Seienden und eine vom Seinsollenden. Die Ethik ist ebenso wie alle anderen Wissenschaften eine Lehre vom Seienden. In dieser Hinsicht geht der einheitliche Zug durch alle Wissenschaften, daß sie von einem Gegebenen ausgehen und zu dessen Bedingungen fortschreiten. Vom menschlichen Handeln selbst aber kann es keine Wissenschaft geben; denn das ist unbedingt, produktiv, schöpferisch. Die Jurisprudenz ist keine Wissenschaft, sondern nur eine Notizensammlung jener Rechtsgewohnheiten, die einer Volksindividualität eigen sind.

Der Mensch gehört nun nicht allein sich selbst; er gehört als Glied zwei höheren Totalitäten an. Erstens ist er ein Glied seines Volkes, mit dem ihn gemeinschaftliche Sitten, ein gemeinschaftliches Kulturleben, eine Sprache und gemeinsame Anschauung vereinigen. Dann aber ist er auch ein Bürger der Geschichte, das einzelne Glied in dem großen historischen Prozesse der Menschheitsentwicklung. Durch diese doppelte Zugehörigkeit zu einem Ganzen scheint sein freies Handeln beeinträchtigt. Was er tut, scheint nicht allein ein Ausfluß seines eigenen individuellen Ichs zu sein; er erscheint bedingt durch die Gemeinsamkeiten, die er mit seinem Volke hat, seine Individualität scheint durch den Volkscharakter vernichtet. Bin ich denn dann noch frei, wenn man meine Handlungen nicht allein aus meiner, sondern wesentlich auch aus der Natur meines Volkes erklärlich findet? Handle ich da nicht deshalb so, weil mich die Natur gerade zum Gliede dieser Volksgenossenschaft gemacht hat? Und mit der zweiten Zugehörigkeit ist es nicht anders. Die Geschichte weist mir den Platz meines Wirkens an. Ich bin von der Kulturepoche abhängig, in der ich geboren bin; ich bin ein Kind meiner Zeit. Wenn man aber den Menschen zugleich als erkennendes und handelndes Wesen auffaßt, dann löst sich dieser Widerspruch. Durch sein Erkenntnisvermögen dringt der Mensch in den Charakter seiner Volksindividualität ein; es wird ihm klar, wohin seine Mitbürger steuern. Wovon er so bedingt erscheint, das überwindet er und nimmt es als voll erkannte Vorstellung in sich auf; es wird in ihm individuell und erhält ganz den persönlichen Charakter, den das Wirken aus Freiheit hat. Ebenso stellt sich die Sache mit der historischen Entwicklung, innerhalb welcher der Mensch auftritt. Er erhebt sich zur Erkenntnis der leitenden Ideen, der sittlichen Kräfte, die da walten; und dann wirken sie nicht mehr als ihn bedingende, sondern sie werden in ihm zu individuellen Triebkräften. Der Mensch muß sich eben hinaufarbeiten, damit er nicht geleitet werde, sondern sich selbst leite. Er muß sich nicht blindlings von seinem Volkscharakter führen lassen, sondern sich zur Erkenntnis desselben erheben, damit er bewußt im Sinne seines Volkes handle. Er darf sich nicht von dem Kulturfortschritte tragen lassen, sondern er muß die Ideen seiner Zeit zu seinen eigenen machen. Dazu ist vor allem notwendig, daß der Mensch seine Zeit verstehe. Dann wird er mit Freiheit ihre Aufgabe erfüllen, dann wird er mit seiner eigenen Arbeit an der rechten Stelle ansetzen. Hier haben die Geisteswissenschaften (Geschichte, Kultur- und Literaturgeschichte usw.) vermittelnd einzutreten. In den Geisteswissenschaften hat es der Mensch mit seinen eigenen Leistungen zu tun, mit den Schöpfungen der Kultur, der Literatur, mit der Kunst usw. Geistiges wird durch den Geist erfaßt. Und der Zweck der Geisteswissenschaften soll kein anderer sein, als daß der Mensch erkenne, wohin er von dem Zufalle gestellt ist; er soll erkennen, was schon geleistet ist, was ihm zu tun obliegt. Er muß durch die Geisteswissenschaften den rechten Punkt finden, um mit seiner Persönlichkeit an dem Getriebe der Welt teilzunehmen. Der Mensch muß die Geisteswelt kennen und nach dieser Erkenntnis seinen Anteil an ihr bestimmen.

Gustav Freytag sagt in der Vorrede zum ersten Bande seiner «Bilder aus der deutschen Vergangenheit» [Leipzig 1859]: «Alle großen Schöpfungen der Volkskraft, angestammte Religion, Sitte, Recht, Staatsbildung sind für uns nicht mehr die Resultate einzelner Männer, sie sind organische Schöpfungen eines hohen Lebens, welches zu jeder Zeit nur durch das Individuum zur Erscheinung kommt, und zu jeder Zeit den geistigen Gehalt der Individuen in sich zu einem mächtigen Ganzen zusammenfaßt. ... So darf man wohl, ohne etwas Mystisches zu sagen, von einer Volksseele sprechen ... Aber nicht mehr bewußt, wie die Willenskraft eines Mannes, arbeitet das Leben eines Volkes. Das Freie, Verständige in der Geschichte vertritt der Mann, die Volkskraft wirkt unablässig mit dem dunklen Zwang einer Urgewalt.» Hätte Freytag dieses Leben des Volkes untersucht, so hätte er wohl gefunden, daß es sich in das Wirken einer Summe von Einzelindividuen auflöst, die jenen dunklen Zwang überwinden, das Unbewußte in ihr Bewußtsein heraufheben, und er hätte gesehen, wie das aus den individuellen Willensimpulsen, aus dem freien Handeln des Menschen hervorgeht, was er als Volksseele, als dunklen Zwang anspricht.

Aber noch etwas kommt in bezug auf das Wirken des Menschen innerhalb seines Volkes in Betracht. Jede Persönlichkeit repräsentiert eine geistige Potenz, eine Summe von Kräften, die nach der Möglichkeit zu wirken suchen. Jedermann muß deshalb den Platz finden, wo sich sein Wirken in der zweckmäßigsten Weise in seinen Volksorganismus eingliedern kann. Es darf nicht dem Zufalle überlassen bleiben, ob er diesen Platz findet. Die Staatsverfassung hat keinen anderen Zweck, als dafür zu sorgen, daß jeder einen angemessenen Wirkungskreis finde. Der Staat ist die Form, in der sich der Organismus eines Volkes darlebt.

Die Volkskunde und Staatswissenschaft hat die Weise zu erforschen, inwiefern die einzelne Persönlichkeit innerhalb des Staates zu einer ihr entsprechenden Geltung kommen kann. Die Verfassung muß aus dem innersten Wesen eines Volkes hervorgehen. Der Volkscharakter in einzelnen Sätzen ausgedrückt, das ist die beste Staatsverfassung. Der Staatsmann kann dem Volke keine Verfassung aufdrängen. Der Staatslenker hat die tiefen Eigentümlichkeiten seines Volkes zu erforschen und den Tendenzen, die in diesem schlummern, durch die Verfassung die ihnen entsprechende Richtung zu geben. Es kann vorkommen, daß die Mehrheit des Volkes in Bahnen einlenken will, die gegen seine eigene Natur gehen. Goethe meint, in diesem Falle habe sich der Staatsmann von der letzteren und nicht von den zufälligen Forderungen der Mehrheit leiten zu lassen; er habe die Volkheit gegen das Volk in diesem Falle zu vertreten («Sprüche in Prosa», Natw. Schr., 4. Bd., 2. Abt., S. 480 f.).

Hieran müssen wir noch ein Wort über die Methode der Geschichte anschließen. Die Geschichte muß stets im Auge haben, daß die Ursachen zu den historischen Ereignissen in den individuellen Absichten, Plänen usw. der Menschen zu suchen sind. Alles Ableiten der historischen Tatsachen aus Plänen, die der Geschichte zugrunde liegen, ist ein Irrtum. Es handelt sich immer nur darum, welche Ziele sich diese oder jene Persönlichkeit vorgesetzt, welche Wege sie eingeschlagen usf. Die Geschichte ist durchaus auf die Menschennatur zu gründen. Ihr Wollen, ihre Tendenzen sind zu ergründen.

Wir können nun wieder das hier über die ethische Wissenschaft Gesagte durch Aussprüche Goethes belegen. Wenn er sagt: «Die vernünftige Welt ist als ein großes unsterbliches Individuum zu betrachten, das unaufhaltsam das Notwendige bewirkt und dadurch sich sogar über das Zufällige zum Herrn macht» [«Sprüche in Prosa», ebenda S. 482], so ist das nur aus dem Verhältnisse, in dem wir den Menschen mit der Geschichtsentwicklung erblikken, zu erklären. – Der Hinweis auf ein positives individuelles Substrat des Wirkens liegt in den Worten: «Unbedingte Tätigkeit, von welcher Art sie sei, macht zuletzt bankerott» (ebenda S. 463). Dasselbe in: «Der geringste Mensch kann komplett sein, wenn er sich innerhalb der Grenzen seiner Fähigkeiten und Fertigkeiten bewegt.» (ebenda S. 443) – Die Notwendigkeit, daß der Mensch sich zu den leitenden Ideen seines Volkes und seiner Zeit erhebe, ist ausgesprochen in (ebenda S. 487): «Frage sich doch jeder, mit welchem Organ er allenfalls in seine Zeit einwirken kann und wird», und (ebenda S. 455): «Man muß wissen, wo man steht und wohin die andern wollen.» Unsere Ansicht von der Pflicht ist wiederzuerkennen in (ebenda S. 460): «Pflicht, wo man liebt, was man sich selbst befiehlt.»

Wir haben den Menschen als erkennendes und handelndes Wesen durchaus auf sich selbst gestellt. Wir haben seine Ideenwelt als mit dem Weltengrunde zusammenfallend bezeichnet und haben erkannt, daß alles, was er tut, nur als der Ausfluß seiner eigenen Individualität anzusehen ist. Wir suchen den Kern des Daseins in dem Menschen selbst. Ihm offenbart niemand eine dogmatische Wahrheit, ihn treibt niemand beim Handeln. Er ist sich selbst genug. Er muß alles durch sich selbst, nichts durch ein anderes Wesen sein. Er muß alles aus sich selbst schöpfen. Also auch den Quell für seine Glückseligkeit. Wir haben ja erkannt, daß von einer Macht, die den Menschen lenkte, die sein Dasein nach Richtung und Inhalt bestimmte, ihn zur Unfreiheit verdammte, nicht die Rede sein kann. Soll dem Menschen daher Glückseligkeit werden, so kann das nur durch ihn selbst geschehen. So wenig eine äußere Macht uns die Normen unseres Handelns vorschreibt, so wenig wird eine solche den Dingen die Fähigkeit erteilen, daß sie in uns das Gefühl der Befriedigung erwecken, wenn wir es nicht selbst tun. Lust und Unlust sind für den Menschen nur da, wenn er selbst zuerst den Gegenständen das Vermögen beilegt, diese Gefühle in ihm wachzurufen. Ein Schöpfer, der von außen bestimmte, was uns Lust, was Unlust machen soll, führte uns am Gängelbande.

Damit ist jeder Optimismus und Pessimismus widerlegt. Der Optimismus nimmt an, daß die Welt vollkommen sei, daß sie für den Menschen der Quell höchster Zufriedenheit sein müsse.

Sollte das aber der Fall sein, so müßte der Mensch erst in sich jene Bedürfnisse entwickeln, wodurch ihm diese Zufriedenheit wird. Er müßte den Gegenständen das abgewinnen, wonach er verlangt. Der Pessimismus glaubt, die Einrichtung der Welt sei eine solche, daß sie den Menschen ewig unbefriedigt lasse, daß er nie glücklich sein könne. Welch ein erbarmungswürdiges Geschöpf wäre der Mensch, wenn ihm die Natur von außen Befriedigung böte! Alles Wehklagen über ein Dasein, das uns nicht befriedigt, über diese harte Welt muß schwinden gegenüber dem Gedanken, daß uns keine Macht der Welt befriedigen könnte, wenn wir ihr nicht zuerst selbst jene Zauberkraft verliehen, durch die sie uns erhebt, erfreut. Befriedigung muß uns aus dem werden, wozu wir die Dinge machen, aus unseren eigenen Schöpfungen. Nur das ist freier Wesen würdig.

Quellenangabe

Notwendigkeit, Liebe, Freiheit. – Originaltitel «Ethische und historische Wissenschaften», in «Einleitungen zu Goethes Naturwissenschaftlichen Schriften, Kap. X.5 (1884–1897). GA 1, Leinen- und Taschenbuchausgabe

Weitere Werke von Rudolf Steiner zu diesem Thema

Die Philosophie der Freiheit. Grundzüge einer modernen Weltanschauung (1894). GA 4, Leinen- und Taschenbuchausgabe

Zufall, Notwendigkeit und Vorsehung. Acht Vorträge 1915. GA 163, Leinenausgabe

Die Liebe und ihre Bedeutung in der Welt. Vortrag vom 17. Dezember 1912. Einzelausgabe, kartoniert

Vier Vorträge des Herrn

Dr. Rudolf Steiner

über Anthroposophie und akademische Wissenschaften.

••••••••

1. Anthroposophie und Seelenwissenschaft.
Geisteswissenschaftliche Ergebnisse über die menschlichen Seelenfragen.
Montag, den 5. November, abends 8 Uhr (pünktlich).

2. Anthroposophie und Geschichtswissenschaft.
Geisteswissenschaftliche Ergebnisse über die Entwicklung der Menschheit und ihrer Kulturformen.
Mittwoch, den 7. November, abends 8 Uhr (pünktlich)

3. Anthroposophie und Naturwissenschaft.
Geisteswissenschaftliche Ergebnisse über die Natur und den Menschen als Naturwesen.
Montag, den 12. November, abends 8 Uhr (pünktlich).

4. Anthroposophie und Sozialwissenschaft.
Geisteswissenschaftliche Ergebnisse über Recht, Moral und soziale Lebensformen.
Mittwoch, den 14. November, abends 8 Uhr (pünktlich).

Lokal: Die Aula des **Hirschengrabenschulhauses.**

Eintritt: Zykluskarten zu Fr. 6.— und 3.—; Einzelkarten zu Fr. 2.— und 1.—.

Zürcher Zweig der anthroposophischen Gesellschaft.

H. ROTH, VORM. J. LEEMANN, ZÜRICH

Betrachtet man die Entwicklung des Menschen und der Menschheit unter dem Gesichtspunkt wiederholter Erdenleben, so ergibt sich auch eine neue Sichtweise für ein Verstehen all dessen, was mit dem Ereignis des Todes im Zusammenhang steht. Die Begrenzung des irdischen Lebens – hier Geburt, dort Tod – erfährt unmittelbar eine Öffnung, eine Ausdehnung nach beiden Richtungen: Dem Tod folgt ein nachtodliches Leben, der Geburt geht eine vorgeburtliche Existenz voraus. Der Tod ist Ende und Anfang zugleich. Die menschliche Biographie erscheint in einer neuen Raum-Zeit-Gestalt. Künstlerisch hat Rudolf Steiner diesen komplizierten Vorgängen Ausdruck verliehen in seinen in den Jahren 1910–1913 entstandenen – und seitdem immer wieder aufgeführten – «Vier Mysteriendramen». Der Zuschauer begegnet hier verschiedenen Menschenschicksalen, die durch mehrere Erdenleben miteinander verbunden sind.

In den Vorträgen Rudolf Steiners über Fragen des Todes und des nachtodlichen Lebens kehrt ein Grundmotiv immer wieder: Das Reich der Toten ist vom Leben auf der Erde nicht wirklich getrennt. – Wie sich das Verhältnis zwischen diesen beiden Daseinsebenen im einzelnen gestaltet, ist Gegenstand des nachfolgenden Beitrages. Hierbei handelt es sich um einen Vortrag, den er am 10. Oktober 1913 in Bergen/Norwegen vor Mitgliedern der Anthroposophischen Gesellschaft gehalten hat. Obgleich er gewisse Grundkenntnisse der Anthroposophie voraussetzen konnte, ist seiner Darstellung eine gewisse Zurückhaltung anzumerken. Einerseits mußte er selbst immer wieder um eine rein geistigen Inhalten entsprechende sprachliche Ausdrucksform ringen, andererseits hatte er sich damals auch gegen gewisse Vorurteile und Vorbehalte, wie sie im allgemeinen damals bestanden, zu behaupten. Aus diesen Gründen hat er wohl auch in seinen Begrüßungsworten, die hier nicht mit aufgenommen wurden, betont, daß seine Ausführungen «eine Art aphoristischen Charakter» haben.

DIE LEBENDIGE WECHSELWIRKUNG ZWISCHEN LEBENDEN UND TOTEN

Damit wir uns recht verstehen, möchte ich zuerst auf einiges in der Wechselwirkung zwischen Lebenden und Toten aufmerksam machen. Ich möchte von einer ganz einfachen Erscheinung ausgehen und möchte geistesforscherisch an diese Erscheinung anknüpfen. Seelen, welche manchmal ein wenig mit sich zu Rate gehen, werden folgendes bei sich beobachten können – ich glaube, daß es viele Seelen gibt, die das bei sich beobachtet haben: Nehmen wir einmal an, irgend jemand habe im Leben eine andere Person gehaßt oder vielleicht nur sich sagen müssen, daß ihr diese andere Person antipathisch war oder ist. Wenn diese Person, die gehaßt wurde oder der gegenüber jemand Antipathie empfunden hat, dann stirbt – ich glaube, daß viele Seelen das von sich aus wissen –, dann fühlt derjenige, der gehaßt hat oder der Antipathie empfunden hat im Leben, wenn er von dem Tode erfährt, daß er nicht mehr in derselben Weise diese Persönlichkeit hassen kann oder nicht mehr die Antipathie aufrechterhalten kann. Und wenn der Haß fortdauert über das Grab hinaus, dann fühlen zartere Seelen Schamgefühl über einen solchen Haß, über eine solche Antipathie, die über das Grab hinaus dauert. Diese Empfindung, die sich bei vielen Seelen findet, kann nun hellsichtig verfolgt werden. Man kann während der Forschung sich die Frage stellen: Warum tritt denn dieses Schamgefühl der Seele ein gegenüber einem Haß oder einer Antipathie, warum tritt es ein, wenn man auch gar nicht einmal im Leben irgendeiner zweiten Person angedeutet hat, daß man diesen Haß hat?

Wenn der Hellseher den Menschen, der durch die Pforte des Todes gegangen ist, in die geistigen Welten hinauf verfolgt und da einen Blick tut auf die Seele, die hier auf Erden zurückgeblieben ist, so stellt sich heraus, daß im allgemeinen die verstorbene Seele eine sehr deutliche Wahrnehmung, eine sehr deutliche Empfindung von dem Haß in der lebenden Seele hat; gleichsam, wenn ich mich eines Bildes bedienen darf: der Tote sieht den Haß. Das kann der Hellseher ganz genau konstatieren, daß der Tote einen solchen Haß sieht. Aber wir können auch verfolgen, was ein solcher Haß für den Toten bedeutet. Ein solcher Haß bedeutet nämlich für den Toten ein Hindernis für die guten Absichten in seiner geistigen Entwicklung, ein Hindernis, das etwa verglichen werden kann mit Hindernissen, die wir für die Erreichung eines äußeren Zieles auf Erden haben finden können. Dies ist der Tatbestand in der geistigen Welt, daß der Tote den Haß als Hindernis seiner guten und besten Absichten vorfindet. Und jetzt begreifen wir, warum in der Seele, die ein wenig mit sich selbst zu Rate geht, sogar der im Leben berechtigte Haß erstirbt: weil sie Scham empfindet, wenn der gehaßte Mensch gestorben ist. Wenn der Mensch kein Hellseher ist, so weiß er zwar nicht, was da vorliegt, aber das ist wie durch ein natürliches Gefühl in die Seele gepflanzt, daß er sich beobachtet fühlt; er fühlt: der Tote schaut meinen Haß, ja, dieser Haß ist für ihn sogar ein Hindernis in seinen guten Absichten. – Viele tiefe Gefühle sind in der Menschenseele, die sich erklären, wenn man in die Geisteswelten hinaufsteigt und die geistigen Tatsachen ins Auge faßt, welche diesen Gefühlen zugrunde liegen. Wie man für manche Dinge auf der Erde äußerlich physisch nicht beobachtet sein will, beziehungsweise wie man diese Dinge nicht tut, wenn man sich beobachtet weiß, so haßt man nicht über den Tod hinaus, wenn man die Empfindung hat: man wird von dem Toten beobachtet. Die Liebe aber oder auch nur die Sympathie, die wir dem Toten entgegenbringen, die ist dem Toten tatsächlich eine Erleichterung auf seinem Wege, die schafft ihm Hindernisse hinweg. Das was ich jetzt sage, daß Haß Hindernisse schafft im Jenseits und Liebe sie beseitigt, das ist nicht eine Durchbrechung des Karma, wie ja auch hier auf der Erde viele Dinge geschehen, die wir nicht unmittelbar einzurechnen haben in das Karma. Wenn wir unseren Fuß an einen Stein stoßen, so müssen wir das nicht immer in das Karma einrechnen, wenigstens nicht in das moralische Karma. Ebenso widerspricht es nicht dem Karma, wenn der Tote sich erleichtert fühlt durch die Liebe, die ihm zuströmt von der Erde, und wenn er Hindernisse findet für seine guten Absichten.

Etwas anderes, was, man möchte sagen, schon energischer zu den Seelen sprechen wird in bezug auf den Verkehr zwischen Toten und Lebenden, das ist, daß die toten Seelen auch in einer gewissen Weise Nahrung brauchen, allerdings nicht Nahrung, wie sie die Menschen brauchen auf der Erde, sondern geistig-seelische Nahrung. Wie es einer Tatsache entspricht, daß wir Menschen auf der Erde – ich darf diesen Vergleich gebrauchen – unsere Saatfelder haben müssen, auf denen die Früchte gedeihen, von denen wir auf Erden physisch leben, so müssen die Seelen der Toten Saatfelder haben, auf denen sie gewisse Früchte ernten können, die sie brauchen in der Zeit zwischen dem Tode und einer neuen Geburt. Wenn der hellsichtige Blick die toten Seelen verfolgt, so sieht er, wie die schlafenden Menschenseelen das Saatfeld sind für die Toten, für die Dahingegangenen. Es ist gewiß nicht nur überraschend, sondern für den, der das zum ersten Male sieht in der geistigen Welt, sogar im höchsten Grade erschütternd, zu sehen, wie die Menschenseelen, die zwischen dem Tode und einer neuen Geburt leben, gleichsam hineilen zu den schlafenden Menschenseelen und nach den Gedanken und Ideen suchen, welche in den schlafenden Menschenseelen sind: denn von diesen nähren sie sich, und sie brauchen diese Nahrung. Wenn wir nämlich des Abends einschlafen, können wir schon sagen: da beginnen die Ideen, die Gedanken, die während unseres Wachzustandes durch unser Bewußtsein gegangen sind, zu leben, werden gleichsam lebendige Wesen. Und die toten Seelen kommen herbei und nehmen Anteil an diesen Ideen. In dem Anblick dieser Ideen fühlen sie sich genährt. Oh, es hat etwas Erschütterndes, wenn man den hellsichtigen Blick richtet auf hingestorbene Menschen, die allnächtlich zu den schlafenden Zurückgebliebenen kommen – wir müssen da sowohl die Freunde als auch besonders die Blutsverwandten in Betracht ziehen – und wollen sich gleichsam laben, nähren an den Gedanken und Ideen, die diese mit in den Schlaf genommen haben – und finden nichts, was für sie nahrhaft ist. Denn es ist ein großer Unterschied zwischen Ideen und Ideen in bezug auf unsern Schlafzustand. Wenn wir den ganzen Tag über uns nur beschäftigen mit den materiellen Ideen des Lebens, wenn wir die Blicke nur richten auf dasjenige, was in der physischen Welt vor sich geht und dort verrichtet werden kann, und wenn wir nicht einmal vor dem Einschlafen einen Gedanken haben an die geistigen Welten, sondern im Gegenteil in vieler Beziehung anders als durch Gedanken uns in die geistigen Welten hinüberbringen, so bieten wir keine Nahrung für die Toten. – Ich kenne Gegenden in Europa, wo die jungen Leute an den Hochschulen so erzogen werden, daß sie sich in Schlaf bringen, indem sie sich die sogenannte Bettschwere mit dem nötigen Quantum Bier antrinken. Das ist ein Hinüberbringen von Ideen, die nicht leben können drüben. Und wenn dann die toten Seelen herankommen, dann finden sie ein leeres Feld, dann geht es diesen toten Seelen so, wie es uns geht für unsern physischen Leib, wenn durch Unfruchtbarkeit auf unsern Feldern Hungersnot ausbricht. Namentlich in unserer Zeit kann viel Seelenhungersnot beobachtet werden in den geistigen Welten, denn das materialistische Fühlen und Empfinden hat viel Verbreitung schon gefunden. Und es gibt ja heute schon zahlreiche Menschen, die es als kindisch empfinden, sich mit Gedanken an die geistige Welt zu befassen. Sie entziehen dadurch Menschen, die von ihnen Nahrung bekommen sollen nach dem Tode, diese Nahrung, diese Seelennahrung.

Damit man dieses Faktum richtig versteht, muß erwähnt werden, daß man sich nach dem Tode nähren kann von den Ideen und Gedanken nur derjenigen Seelen, mit denen man irgendwie im Leben im Zusammenhang war. Von denjenigen, mit denen man gar keinen Zusammenhang hatte, kann man sich nach dem Tode nicht nähren. Wenn wir in unserer heutigen Zeit, um wiederum spirituell Lebendiges in den Seelen zu haben, von dem sich die Toten nähren können, Geisteswissenschaft verbreiten, dann arbeiten wir wirklich nicht bloß für die Lebenden, nicht bloß darum, daß die Lebenden eine theoretische Befriedigung haben, sondern wir versuchen unsere Herzen und Seelen anzufüllen mit Gedanken der geistigen Welt, weil wir wissen, daß die Toten, die mit uns auf der Erde verbunden waren, nach dem Tode von diesen Ideen und diesen Empfindungen für das spirituelle Leben sich nähren müssen. Wir fühlen uns heute nicht nur als Arbeiter für die sogenannten lebenden Menschen, sondern zugleich auch als Arbeiter so, daß die geisteswissenschaftliche Arbeit, die Verbreitung des anthroposophischen Lebens auch den geistigen Welten dient. Wir schaffen, indem wir zu den Lebenden sprechen für deren Tagesleben, durch die spirituelle Seelenbefriedigung für das Nachtleben solche Ideen, die fruchtbare Nahrung für die Seelen sind, die früher hinzusterben als wir das Karma haben. Und deshalb ist der Drang vorhanden, nicht nur auf dem gewöhnlichen Wege äußerer Mitteilung die Geisteswissenschaft oder Anthroposophie zu verbreiten, sondern das liegt, man möchte sagen, insgeheim auf dem Grunde unserer Sehnsucht, diese Geisteswissenschaft oder Anthroposophie in Gesellschaften, in Zweigen zu verbreiten, weil es einen Wert hat, daß persönlich physisch in Gemeinsamkeit, in Gesellschaft diejenigen Menschen zusammen sind, die Geisteswissenschaft treiben. Denn ich habe ja gesagt, daß man als Toter nur Nahrung schöpfen kann von den Seelen, mit denen man zusammen war im Leben. Wir suchen die Seelen zusammenzubringen, um das Saatfeld für die Toten immer größer und größer zu machen. Gar mancher Mensch, der heute, wenn er dahingestorben ist, kein Saatfeld findet, weil seine Familie nur aus Materialisten besteht, findet es bei jenen Seelen der Anthroposophen, weil er mit Geisteswissenschaft zusammengebracht worden ist. Das ist der tiefere Grund, warum wir gesellschaftsmäßig arbeiten, warum wir eine gewisse Sorge haben, daß derjenige, der dahinstirbt, bevor er hinstirbt, kennenlernen kann Menschen, die sich noch auf Erden mit spirituellen Dingen beschäftigen; denn daraus kann er Nahrung schöpfen, wenn diese Menschen im schlafenden Zustand sind.

In alten Zeiten der Menschheitsentwicklung, wo noch ein gewisses religiöses, spirituelles Leben die Seelen durchzog, waren es die religiösen Gemeinschaften und besonders die Blutsverwandten, bei denen die Zuflucht nach dem Tode gesucht worden ist. Aber die Kraft der Blutsverwandtschaft hat abgenommen, und ersetzt werden muß diese immer mehr und mehr durch die Pflege des spirituellen Lebens, wie wir es versuchen. So sehen wir, daß uns die Anthroposophie versprechen kann, daß ein neues Band, eine neue Brücke geschaffen werde zwischen den Lebenden und den Toten, daß wir gewissermaßen für die Toten durch die Anthroposophie etwas sein können. Und wenn wir heute schon mit dem hellsichtigen Blick zuweilen Menschen finden in dem Leben zwischen Tod und einer neuen Geburt, die das Unglück erleben, daß diejenigen, die sie gekannt haben, auch die Nächststehenden, nur materialistische Gedanken haben, dann erkennen wir die Notwendigkeit des Durchsetzens der Erdenkultur mit geistigen, spirituellen Gedanken. Wenn man so kennenlernt zum Beispiel einen Menschen, der vor einiger Zeit gestorben ist, wenn man ihn findet in der geistigen Welt, und man hat ihn gekannt, als er hier auf Erden lebte, und er hat gewisse Glieder seiner Familie zurückgelassen, die man auch kannte, seine Frau, Kinder – im äußern Sinne gute Menschen, die einander wirklich liebten –, und dann findet man jetzt mit dem hellsichtigen Blick den Vater, der dahingestorben ist, dem die Gattin vielleicht wie eine Art Lebenssonne war, wenn er im Leben nach Hause kam von der schweren Arbeit, dann findet man, daß er, weil diese Gattin keine spirituellen Gedanken im Kopf und im Herzen haben kann, nicht in die

Seele dieser Gattin hineinschauen kann, und daß er frägt, wenn er dazu in der Lage ist: Ja, wo ist denn meine Gattin? – Er sieht nur zurück in die Zeit, in der er auf Erden mit ihr vereint war. Da wo er sie aber am meisten sucht, weiß er sie nicht zu finden. Das kann auch passieren. Es gibt ja heute schon viele Menschen, welche gewissermaßen glauben, daß der Tote eben in eine Art von Nichts eingegangen sei, die nur mit ganz materialistischem Denken, nicht mit einem fruchtbaren Gedanken an den Toten denken können. Bei diesem Hinschauen auf die Gebiete des Lebens zwischen dem Tode und einer neuen Geburt, auf jemanden, von dem man weiß: er ist noch unten auf der Erde, er hat einen lieb gehabt, aber er verbindet damit nicht den Glauben an die Fortdauer der Seele nach dem Tode, da kann allerdings, gerade in dem Augenblicke nach dem Tode, wo man die meiste Aufmerksamkeit darauf richtet – durch dieses Hinschauen-Wollen auf den Lebenden, den man geliebt hat –, aller Blick ersterben. Und man kann nicht finden den noch Lebenden, kann mit ihm in keinen Zusammenhang kommen, von dem man aber weiß, daß er dasein könnte, wenn in der Seele des Lebenden da unten spirituelle Gedanken wären. Das ist ein häufiges, schmerzliches Erlebnis für die Toten. Und so kann es vorkommen – von dem hellsichtigen Blick kann das beobachtet werden, wie mancher dahinstirbt und Hindernisse findet in den besten Absichten durch die Haßgedanken, die ihn verfolgen, und keinen Trost findet in den Liebegedanken derjenigen, die ihn auf Erden geliebt haben, da er sie nicht wahrnehmen kann wegen ihres Materialismus.

Diese Gesetze der geistigen Welt, die man auf diese Weise mit dem hellsichtigen Blick beobachtet, sind tatsächlich unbedingt gültig. Sie sind so unbedingt gültig, wie ein Fall lehrt, der öfters zu beobachten gelungen ist. Es war lehrreich, zu beobachten, wie Haßgedanken oder wenigstens Antipathiegedanken wirken, selbst da, wo sie nicht mit vollem Bewußtsein gehegt werden! Schullehrer kann man beobachten, die gewöhnlich streng genannt werden, die sich nicht die Liebe ihrer noch jungen Schüler zuziehen konnten – da sind es gleichsam unschuldige Antipathie- und Haßgedanken. Wenn ein solcher Lehrer stirbt, so sieht man, wie er auch in diesen Gedanken, die ja bleiben, Hindernisse hat für seine guten Absichten in der geistigen Welt. Das Kind, der junge Mensch, gibt sich oftmals nicht die Rechenschaft, wenn der Lehrer gestorben ist, daß er nicht mehr hassen soll, sondern er behält das auf naturgemäße Weise bei in dem bleibenden Gefühl, wie der Lehrer ihn gequält hat. Durch solche Einblicke erfährt man viel über die Wechselbeziehung zwischen Lebenden und Toten.

Und nichts anderes versuchte ich eigentlich auseinanderzusetzen, um etwas erwähnen zu dürfen vor Ihnen, was wirklich wie ein gutes Ergebnis geisteswissenschaftlichen Strebens sich entwickeln kann. Ich meine das sogenannte Vorlesen den Toten. Man kann nämlich in der Tat, wie es sich gezeigt hat gerade innerhalb unserer anthroposophischen Bewegung, außerordentliche Dienste leisten den vor uns hingestorbenen Menschenseelen, wenn wir ihnen von spirituellen Dingen vorlesen. Das kann so gemacht werden, daß man die Gedanken an den Verstorbenen richtet und, um eine Erleichterung zu haben, versucht, ihn zu denken, wie man sich seiner erinnert: vor einem stehend oder sitzend. Man kann das mit mehreren zugleich machen. Man liest dann nicht laut vor, sondern verfolgt mit Aufmerksamkeit die Gedanken, immer mit dem Gedanken an den Toten: der Tote steht vor mir. Das ist Vorlesen den Toten. Man braucht kein Buch zu haben, aber man darf nicht in abstrakter Weise denken, sondern muß tatsächlich jeden Gedanken durchdenken: so liest man vor den Toten. Man kann es sogar so weit bringen, obzwar das schwieriger ist, daß, wenn man innerhalb einer gemeinsamen Weltanschauung, oder über irgendein Gebiet des Lebens überhaupt, einen gemeinsamen Gedanken mit dem Toten gehabt hat und eine persönliche Beziehung zu ihm hatte, man auch einem Fernerstehenden vorlesen kann. Das geschieht so, daß er durch den warmen Gedanken, den man an ihn richtet, nach und nach auf einen aufmerksam wird. So kann es sogar nützlich werden, wenn man Fernerstehenden nach ihrem Tode vorliest. Dieses Vorlesen kann zu jeder Zeit geschehen. Ich bin schon gefragt worden, zu welcher Stunde man das am besten tut. Das ist ganz unabhängig von der Stunde. Man muß nur die Gedanken wirklich durchdenken. Oberfläche genügt nicht. Wort für Wort muß man die Sachen durchgehen, wie wenn man es innerlich aufsagen würde. Dann lesen die Toten mit. Und es ist auch nicht richtig, wenn man glaubt, daß solches Vorlesen nur denjenigen nützlich sein kann, welche der Geisteswissenschaft im Leben nahegetreten sind. Das braucht durchaus nicht der Fall zu sein.

Einer unserer Freunde wurde vor einiger Zeit, vielleicht nicht einmal vor einem Jahre, zugleich mit seiner Frau, jede Nacht beunruhigt. Sie fühlten eine Beunruhigung. Und da vor kurzer Zeit der Vater des Betreffenden gestorben war, so hatte unser Freund sogleich die Meinung, daß der Vater etwas wolle, sich als Seele bei ihm melde. Und als unser Freund mit mir zu Rate gegangen war, da stellte es sich heraus, daß der Vater, der im Leben von Geisteswissenschaft nichts wissen wollte, nach dem Tode das lebendigste Bedürfnis hatte, von Geisteswissenschaft etwas zu erfahren. Und als dann der Sohn mit seiner Frau zusammen den Zyklus über das Johannes-Evangelium, den ich einmal in Kassel gehalten habe, dem Vater vorlas, war diese Seele in hohem Grade befriedigt, fühlte sich über manche Disharmonien, die sie vorher kurz nach dem Tode empfunden hatte, herausgehoben. Das ist in diesem Falle deshalb bemerkenswert, weil die betreffende Seele diejenige eines Predigers war, der seinen religiösen Standpunkt immer und immer vor den Menschen vertreten hat, nach dem Tode aber nur befriedigt sein konnte durch das Mitlesenkönnen einer geisteswissenschaftlichen Auseinandersetzung über das Johannes-Evangelium. So sehen wir, daß durchaus nicht notwendigerweise derjenige, dem wir helfen wollen, dem wir dienen wollen nach dem Tode, im Leben Anthroposoph gewesen zu sein braucht, obwohl wir natürlich diesem ganz besonders dienen werden, wenn wir ihm vorlesen.

Aber wir lernen auch, wenn wir eine solche Tatsache betrachten, über die Seele des Menschen überhaupt etwas anders denken, als man das gewöhnlich tut. Die Menschenseelen sind nämlich viel komplizierter, als man gewöhnlich denkt. Was sich bewußt abspielt, das ist wirklich eigentlich nur ein kleiner Teil des menschlichen Seelenlebens. Vieles spielt sich ab in den unterbewußten Tiefen der Seele, von dem der Mensch höchstens etwas ahnt, aber in dem heilen Tagesbewußtsein kaum etwas weiß. Und das Entgegengesetzte kann sich oftmals abspielen im unterbewußten Leben, das Entgegengesetzte von dem, was der Mensch glaubt oder denkt im Oberbewußtsein. Ein sehr häufiger Fall ist der, daß ein Mitglied einer Familie zur Geisteswissenschaft herankommt. Ein Bruder oder ein Mann oder eine Frau, mit dem die Betreffenden verbunden sind, die werden immer antipathischer und antipathischer gesinnt gegen die Geisteswissenschaft, oftmals zornig und immer zorniger, wütig und immer wütiger, weil der Gatte oder der Bruder oder die Gattin zur Geisteswissenschaft gekommen sind. Es entwickelt sich dann oft viel Antipathie gegen die Geisteswissenschaft in einer solchen Familie, so daß es manche Menschen aus diesem Grunde schwierig haben, weil gute Freunde oder Verwandte oftmals sehr zornig und wütig werden. Wenn man solche Seelen untersucht, so hat man oftmals die Erkenntnis, daß in den unterbewußten Tiefen einer solchen Seele die tiefste Sehnsucht nach der Geisteswissenschaft sich entwickelt. Manchmal ist solch eine Seele sehnsüchtiger nach der Geisteswissenschaft als derjenige, der mit seinem Oberbewußtsein ein eifriger Besucher der geisteswissenschaftlichen Versammlungen ist. Aber der Tod hebt ja die Decke von dem Unterbewußtsein weg, der Tod gleicht solche Dinge in merkwürdiger Weise aus. Im Leben kommt es häufig vor, daß sich jemand betäubt gegen dasjenige, was im Unterbewußtsein ist, und die Menschen sind wirklich da, die eigentlich Sehnsucht, tiefste Sehnsucht hätten nach der Geisteswissenschaft, aber sie betäuben sich. Indem sie gegen die Geisteswissenschaft toben, betäuben sie ihre Sehnsucht und täuschen sich über sie hinweg. Da tritt aber nach dem Tode die Sehnsucht um so gewaltiger hervor. Und gerade oftmals bei solchen, die im Leben gegen die Geisteswissenschaft gewütet haben, stellt sich nach dem Tode die heftigste Sehnsucht nach ihr ein. Daher versäumen Sie es nicht, gerade gegenüber solchen Toten, die im Leben die Geisteswissenschaft bekämpft haben, das Vorlesen vorzunehmen! Sie werden ihnen damit vielleicht dann oftmals gerade den allergrößten Dienst tun.

Eine Frage, die im Zusammenhang mit alledem sehr häufig sich ergibt, ist diese: Ja, wie kann man wissen, ob der Tote wirklich zuhören kann? Nun, ohne den hellsichtigen Blick ist es schwierig, das zu wissen, obwohl man sich allmählich, wenn man sich mit dem Andenken an die Toten beschäftigt, von einem Gefühl wird überrascht finden: der Tote hört zu. Man wird dieses Gefühl nur dann nicht haben, wenn man unaufmerksam ist und auf jene eigentümliche Wärme nicht achtet, die sich oft beim Vorlesen verbreitet. Man kann sich wirklich ein solches Gefühl aneignen. Kann man das aber nicht tun, meine lieben Freunde, so muß gesagt werden, daß in dem Verhalten zur geistigen Welt ja auch in diesem Falle eine Regel zur Anwendung kommen muß, die oftmals berücksichtigt werden muß. Das ist die Regel: Ja, wenn wir vorlesen dem Toten, so nützen wir ihm unter allen Umständen, wenn er uns hört! Hört er uns nicht, so erfüllen wir erstens unsere Pflicht, bringen es vielleicht dazu, daß er uns doch hört, sonst aber gewinnen wir wenigstens etwas, erfüllen uns mit Gedanken und Ideen, die ja ganz gewiß Nahrung sein werden für die Toten in der zuerst angedeuteten Weise. Also verloren ist unter allen Umständen nichts. Aber die Praxis hat gezeigt, daß tatsächlich dieses Vernehmen dessen, was vorgelesen wird, von seiten der Toten etwas außerordentlich Verbreitetes ist, daß ein ungeheurer Dienst geleistet werden kann denjenigen, denen wir in dieser

Weise das, was heute an geistiger Weisheit herangezogen werden kann, vorlesen.

So dürfen wir hoffen, daß die Scheidewand zwischen Lebenden und Toten immer geringer und geringer wird, indem sich die Geisteswissenschaft über die Welt hin verbreitet. Und wahrhaftig, es wird ein schöner, ein herrlicher Erfolg der Geisteswissenschaft sein, so paradox das klingen mag, wenn in der Zukunft die Menschen wissen werden – aber praktisch wissen werden, nicht nur theoretisch: es ist eigentlich nur eine Verwandlung des Erlebens, wenn man durch den sogenannten Tod gegangen ist, und man ist beisammen auch mit den Toten; man kann sie sogar teilnehmen lassen an demjenigen, woran man selber teilnimmt im physischen Leben. Man macht sich eine falsche Vorstellung von dem Leben zwischen Tod und einer neuen Geburt, wenn man etwa die Frage stellen würde: Ja, wozu braucht man den Toten vorzulesen? Wissen sie das denn nicht aus eigener Anschauung, was der Mensch hier auf der Erde vorlesen kann, wissen sie das nicht viel besser? Dieses frägt allerdings nur derjenige, der da nicht in der Lage ist zu beurteilen, was man eben in der geistigen Welt erfahren kann. Sehen Sie, man kann ja auch in der physischen Welt sein, ohne das Wissen der physischen Welt zu erfahren. Wenn man nicht in der Lage ist, dies oder jenes zu beurteilen, so erfährt man eben das Wissen von der physischen Welt nicht. Die Tiere leben ja mit uns auch zusammen in der physischen Welt und wissen doch nicht das von ihr, was wir Menschen wissen. Daß ein Toter in der geistigen Welt lebt, das macht noch nicht, daß er auch von dieser geistigen Welt etwas weiß, obzwar er sie anschauen kann. Dasjenige, was in der Geisteswissenschaft erworben wird, das wird nur auf der Erde als Wissen erworben, es kann nur auf der Erde erworben werden, es kann nicht in der geistigen Welt erworben werden. Es muß daher, wenn es eben von Wesen in der geistigen Welt gewußt werden soll, durch diejenigen Wesen erfahren werden, die es selbst auf der Erde erfahren. Das ist ein bedeutsames Geheimnis der geistigen

Welten, daß man in diesen sein kann, sie anschauen kann, daß aber dasjenige, was als Wissen über die geistigen Welten notwendig ist, auf der Erde erworben werden muß.

Ja, meine lieben Freunde, etwas muß ich Ihnen da sagen in bezug auf die geistigen Welten, was in mancher Beziehung weiterklingen wird und ausgeführt werden wird in unserer morgigen Betrachtung, von dem man sich gewöhnlich nicht eine rechte Vorstellung macht. Wenn der Mensch in der Zeit zwischen Tod und einer neuen Geburt in der geistigen Welt lebt, so richtet er auf unsere physische Welt sein Sehnen ungefähr so hin, wie hier in einer gewissen Weise der physische Mensch sein Sehnen richtet nach der geistigen Welt. Und was der Mensch zwischen Tod und einer neuen Geburt von den Menschen auf der Erde erwarten muß, das ist, daß diese Menschen ihm von der Erde aus zeigen und auferglänzen lassen dasjenige, was nur auf der Erde erworben werden kann. Die Erde ist wahrhaftig im spirituellen Weltendasein nicht umsonst gegründet worden. Sie ist in das Leben gerufen worden, damit dasjenige entstehen kann, was nur auf der Erde möglich ist. Wissen von der geistigen Welt, das über das Anschauen, das Anstarren der geistigen Welten hinausgeht, ist nur auf der Erde möglich. Und wenn ich früher gesagt habe, daß die geistigen Wesenheiten der geistigen Welten unsere Bücher nicht lesen können, so muß ich jetzt sagen: Dasjenige, was in uns als Geisterkenntnis lebt, das ist für die geistigen Wesenheiten und auch für unsere eigenen Seelen nach dem Tode, was für den physischen Menschen die Bücher hier auf unserer Erde sind, was für den physischen Menschen dasjenige ist, wodurch er etwas über die Welt erfährt. Nur sind diese Bücher, die wir selber sind für die Toten, eben lebendig. Fühlen Sie dieses gewichtige Wort, daß wir den Toten gewissermaßen die Lektüre geben müssen! Unsere Bücher sind ja in einer Beziehung geduldiger, unsere Bücher bringen es nicht zustande, daß sie zum Beispiel ihre Buchstaben verschlucken in das Papier hinein, während wir sie lesen. Wir

Menschen entziehen den Toten dadurch oftmals die Lektüre, daß wir uns nur mit dem, was wirklich unsichtbar ist in den geistigen Welten, daß wir uns nur mit materiellen Gedanken anfüllen. Das muß ich sagen, weil die Frage oftmals auftaucht, ob denn die Toten nicht selber wissen könnten, was wir ihnen geben können. Das können sie nicht, weil Geisteswissenschaft nur auf der Erde gegründet werden kann und von dort aus hinaufgetragen werden muß in die geistigen Welten.

Und wenn wir nun die geistigen Welten selber betreten und ein wenig dieses Leben in den geistigen Welten erfahren, dann treten uns da ganz andere Verhältnisse entgegen als hier im physischen Leben der Erde. Deshalb ist es auch so außerordentlich schwierig, in Menschenworten und Menschengedanken hereinzuholen diese Verhältnisse der geistigen Welten. Und es klingt manchmal so paradox, wenn man versucht, sich konkret auszusprechen über die Verhältnisse in den geistigen Welten. Sehen Sie, da wüßte ich Ihnen von einem Wesen zu erzählen, um nur eines herauszugreifen, von einer gestorbenen Menschenseele, mit der zusammen es mir gelungen ist, einiges zu erforschen in der geistigen Welt, weil sie besondere Kunde von ihm hatte, über den Maler Leonardo da Vinci, namentlich über dasjenige, wie das berühmte Bild in Mailand ausgesehen hat. Wenn man mit einer solchen Seele gemeinschaftlich eine geistige Tatsache durchsucht, da kann einen eine solche Seele auf manches hinweisen, was man sonst vielleicht durch den bloßen hellsichtigen Blick nicht finden würde in der Akasha-Chronik. Die Menschenseele aber, die in der geistigen Welt ist, kann darauf hinweisen. Sie wird einen aber nur dann hinweisen können, wenn man Verständnis hat für dasjenige, worauf sie einen hinweisen will. Da stellt sich etwas Eigentümliches heraus. Nehmen wir an, man erforscht mit einer solchen Seele die Art, wie geschaffen hat Leonardo da Vinci sein berühmtes Abendmahl in Mailand. Von dem, was heute dieses Bild ist, bekommt man kaum viel mehr zu sehen als einige Farbenflecken. Aber man kann den malenden Lionardo in der Akasha-Chronik beobachten, kann beobachten, wie dieses Bild war, obwohl das nicht leicht ist. Wenn man es so macht, daß man mit einer Seele, die nicht verkörpert ist, aber einen Zusammenhang hat mit Leonardo da Vinci und seiner Malerei, forscht, so sieht man, daß diese Seele einem dies oder jenes zeigt. Sie konnte zum Beispiel verständlich machen, wie eigentlich das Christusgesicht und das Judasgesicht waren auf diesem Bilde. Aber man merkt, die Seele könnte einem das nicht zeigen, wenn nicht in dem Augenblicke, wo sie es zeigt, Verständnis einziehen würde in die Seele des lebenden Forschers. Dieses Verständnis braucht die Seele. Und die tote Seele lernt selber erst verstehen, was sie sonst nur anschaut, in dem Augenblick, wo die lebende Menschenseele sich belehren läßt. Daher sagt einem, der Ausdruck ist ja symbolisch, eine solche Seele, nachdem man etwas mit ihr zusammen erfahren hat, was man nur so erfahren kann: Du hast mich hierher gebracht zu dem Bilde – das sagt die Seele zum Lebenden dadurch, daß der Lebende das Bedürfnis hatte, das Bild zu erforschen – und nun fühle ich den Drang, mit dir zusammen das Bild zu erschauen. – So sagt die tote Seele, und dann wird mancherlei durchgemacht. Aber es kommt ein Moment, wo die tote Seele entweder plötzlich nicht mehr da ist oder sagt, jetzt müsse sie fort. In diesem Falle, den ich eben erzähle, sagte die tote Seele zum Beispiel: Während Leonardo da Vincis Seele bis jetzt wohlgefällig hierher gesehen hat, will sie jetzt nicht mehr, daß weitergeforscht werde.

Ich will damit etwas sehr Wichtiges aus dem geistigen Leben schildern. Wie man nämlich im physischen Leben immer weiß, was man ansieht, wie man immer weiß: man sieht das oder jenes, man sieht die Rose, man sieht den Tisch – so weiß man im geistigen Leben immer: dies oder jenes Wesen sieht einen an. Man geht durch die geistigen Welten und hat immer das Gefühl: jetzt schauen dich diese Wesen an. Während man in der physischen Welt das Bewußtsein hat, man geht durch die Welt wahrnehmend, hat man in der geistigen Welt das Erlebnis: du wirst jetzt von diesem, dann von jenem gesehen. Man fühlt sich fortwährend Blicken ausgesetzt, die einen zugleich aber zum Entschluß bringen, irgend etwas zu tun. Indem man weiß: man wird jetzt wohlgefällig angesehen oder nicht, damit man etwas tun solle oder nicht, so tut man es oder tut es nicht. Wie man nach einer Blume greift, die einem gefällt, weil man sie gesehen hat, so tut man in der geistigen Welt etwas, weil es irgendein Wesen gerne sieht, wohlgefällig sieht, oder man unterläßt es, weil man nicht aushalten kann den Blick, der hingewendet wird auf diese Tat. Das ist etwas, was man sich durchaus aneignen muß. Man hat dort das Gefühl, daß man selber gesehen wird, wie man hier das Gefühl hat, daß man sieht. Es ist in einer gewissen Weise dort passiv, was hier aktiv ist, wie dort wiederum aktiv ist, was hier passiv ist. – Daraus sehen Sie, daß man sich gewissermaßen ganz andere Begriffe aneignen muß, wenn man in der richtigen Weise Schilderungen aus der geistigen Welt auffassen will. Und Sie werden daher begreifen, wie schwierig es ist, in gewöhnliche Menschenworte zu prägen dasjenige, was man so gerne als Schilderungen der geistigen Welten geben möchte. So werden Sie begreifen, wie notwendig es ist, daß für viele Dinge erst das nötige vorbereitende Verständnis geschaffen werde.

Ich möchte nur noch auf eines aufmerksam machen. Es könnte die Frage entstehen: Ja, warum schildert die geisteswissenschaftliche Literatur so im allgemeinen das, was so unmittelbar nach dem Tode in der geistigen Welt geschieht, was im Kamaloka, was im Geisterlande geschieht, und warum wird so wenig von einzelnen hellsichtigen Einblicken geschildert? Denn es könnte ja jemand leicht glauben, daß man einen einzelnen, bestimmten Toten nach dem Tode leichter beobachten könnte als dasjenige, was im allgemeinen geschildert wird. So ist es nicht. Und um anzudeuten, wie es ist, möchte ich einen Vergleich gebrauchen. Es ist dem richtig entwickelten Hellsehen leichter, die großen Verhältnisse zu überschauen – wie den Durchgang der Menschenseele durch den

Tod, wie sie durch Kamaloka in das Devachan hinaufkommt –, als irgendein einzelnes Erlebnis einer einzelnen Seele zu überschauen. Geradeso, wie es leichter ist, in der physischen Welt dasjenige zu erkennen, was etwa sozusagen unter dem Einflusse der großen Himmelsbewegungen steht, und schwieriger dasjenige, was in einer gewissen Weise unregelmäßig zu den großen Himmelsbewegungen steht. Nun wird jeder von Ihnen für den morgigen Tag leicht voraussagen können, daß die Sonne morgens aufgehen wird und abends wieder untergehen wird. Das wird jeder ungefähr wissen. Was morgen aber für Wetter sein wird, das wird schon weniger genau gewußt werden. So ist es mit dem Hellsehen auch. Die Verhältnisse, die wir gewöhnlich in den Schilderungen über die geistigen Welten geben, sind zu vergleichen mit dem Wissen über den allgemeinen Gang der Himmelskörper; die weiß man zuerst im hellseherischen Bewußtsein. Und man kann immer rechnen darauf, daß die Ereignisse sich im allgemeinen so vollziehen. Die einzelnen Ereignisse aber in dem Leben zwischen Tod und einer neuen Geburt sind wie die Wetterverhältnisse hier auf der Erde, die selbstverständlich auch gesetzmäßig sind, aber eben schwieriger zu erkennen auch auf der Erde selber; denn man kann ja nicht von jedem Orte wissen, was für ein Wetter an einem anderen Orte ist. So ist es eben nun einmal. Es ist schwierig, hier zu wissen, wie das Wetter in Berlin ist, nicht aber, wie dort die Sonne oder der Mond stehen. Es gehört eine besondere Ausbildung der hellsichtigen Gabe dazu, da es schwieriger ist, das einzelne Leben nach dem Tode zu verfolgen als den allgemeinen Gang der Menschenseele. Und auf dem richtigen Wege erwirbt man sich das Wissen von den allgemeinen Verhältnissen zuerst, und zuallerletzt erwirbt man sich, wenn es durch Schulung errungen wird, dasjenige, was ja am leichtesten scheint. Man kann lange schon sehr richtig sehen in bezug auf Kamaloka und Devachan und es doch außerordentlich schwierig haben zu sehen, wieviel es auf der eigenen Uhr ist, die man in der Tasche hat. Die Dinge in der physischen Welt sind für die hellseherische Schulung die allerschwierigsten. Gerade das Umgekehrte ist im Erkennenlernen der höheren Welten der Fall. Irrtümern gibt man sich auf diesem Gebiete aus dem Grunde hin, weil ja auch noch ein natürliches Hellsehen vorhanden ist, und dieses zwar unsicher ist, mannigfachen Irrtümern unterworfen ist, aber es kann lange vorhanden sein, ohne daß man den hellsichtigen Blick für die allgemeinen Verhältnisse hat, die in der Geisteswissenschaft geschildert werden, die dem geschulten Hellseher leichter sind.

Das sind die Dinge, die ich Ihnen heute in bezug auf die geistigen Welten schildern wollte. Morgen wollen wir diese Betrachtungen fortsetzen und etwas vertiefen.

Quellenangabe

Die lebendige Wechselwirkung zwischen Lebenden und Toten. – Auszug aus dem Vortrag vom 10. Okt. 1913, in «Okkulte Untersuchungen über das Leben zwischen Tod und neuer Geburt». Zwanzig Vorträge 1912/13. GA 140, Leinenausgabe

Weitere Werke von Rudolf Steiner zu diesem Thema

Vier Mysteriendramen. Die Pforte der Einweihung. Die Prüfung der Seele. Der Hüter der Schwelle. Der Seelen Erwachen (1910–13). GA 14, Leinen- und Taschenbuchausgabe

Inneres Wesen des Menschen und Leben zwischen Tod und neuer Geburt. Acht Vorträge und eine Ansprache 1914. GA 153, Leinen- und Taschenbuchausgabe

Wiederverkörperung und Karma. Fünf Vorträge, zwei Aufsätze und eine Fragenbeantwortung 1903/1912. GA 135, Leinen- und Taschenbuchausgabe

Die Verbindung zwischen Lebenden und Toten. Acht Vorträge 1916. GA 168, Leinen- und Taschenbuchausgabe

Der Tod als Lebenswandlung. Sieben Vorträge 1917/18. GA 182, Leinen- und Taschenbuchausgabe

III
MENSCH UND KOSMOS

«Erst wenn wir den Weltinhalt
zu unserem Gedankeninhalt gemacht haben,
erst dann finden wir den Zusammenhang wieder,
aus dem wir uns selbst gelöst haben.»

Rudolf Steiners Darstellung «Das Wesen des Menschen», mit der seine 1904 erschienene und seither vielfach neu aufgelegte Schrift «Theosophie. Einführung in übersinnliche Menschenerkenntnis und Menschenbestimmung» beginnt, nimmt innerhalb seines Werkes eine Schlüsselstellung ein. Die hier wiedergegebenen ersten drei Abschnitte bilden den Auftakt zu vielen weiteren Arbeiten, in denen das hier Gesagte aufgegriffen, erweitert und vertieft wird. In seinen Schriften und Vorträgen, etwa zu Fragen der Evolutionsgeschichte der Welt und des Menschen, findet man ebenso ausführliche Erörterungen der einzelnen Wesensglieder des Menschen – hier besonders im Hinblick darauf, wie sich das Leibliche, das Seelische und Geistige durch die Jahrtausende hindurch entwickelt haben – wie in seinen Ausführungen über psychologische, pädagogische, aber auch völkerkundliche und soziale Fragen. So wird z. B. alles das, was Steiner mit der Begründung der Freien Waldorfschule in Stuttgart 1919 angestrebt hat, erst auf dem Hintergrund seiner menschenkundlichen Betrachtungen nachvollziehbar.

Methodisch knüpft Steiner immer wieder an die damals relevanten Forschungsergebnisse an: «Ich versuche», so schreibt er im 33. Kapitel seiner Autobiographie, «die Anthropologie so zu vertiefen, daß der menschliche Organismus in seiner Differenziertheit erscheint.» Diese Vertiefung bestand vor allem darin, die geistig-seelischen Urgründe, die Ursachen des Lebendigen selbst zu erforschen. Zu welchem Resultat er u. a. kam, schildert er im Anschluß an die oben angeführte Äußerung so: «Man kann ihm (dem menschlichen Organismus, d. Hg.) dann ansehen, wie er in seinen unterschiedenen Organisationsweisen auch in unterschiedener Art mit den ihn durchdringenden geistig-seelischen Wesenhaftigkeiten verbunden ist.» Anthropologie erweitert sich hier zur Anthroposophie, wird Kosmosophie.

DAS WESEN DES MENSCHEN
LEIB, SEELE UND GEIST

Die folgenden Worte Goethes bezeichnen in schöner Art den Ausgangspunkt eines der Wege, auf denen das Wesen des Menschen erkannt werden kann: «Sobald der Mensch die Gegenstände um sich her gewahr wird, betrachtet er sie in bezug auf sich selbst; und mit Recht, denn es hängt sein ganzes Schicksal davon ab, ob sie ihm gefallen oder mißfallen, ob sie ihn anziehen oder abstoßen, ob sie ihm nützen oder schaden. Diese ganz natürliche Art, die Dinge anzusehen und zu beurteilen, scheint so leicht zu sein, als sie notwendig ist, und doch ist der Mensch dabei tausend Irrtümern ausgesetzt, die ihn oft beschämen und ihm das Leben verbittern. – Ein weit schwereres Tagewerk übernehmen diejenigen, deren lebhafter Trieb nach Kenntnis die Gegenstände der Natur an sich selbst und in ihren Verhältnissen untereinander zu beobachten strebt: denn sie vermissen bald den Maßstab, der ihnen zu Hilfe kam, wenn sie als Menschen die Dinge in bezug auf sich betrachten. Es fehlt ihnen der Maßstab des Gefallens und Mißfallens, des Anziehens und Abstoßens, des Nutzens und Schadens. Diesem sollen sie ganz entsagen, sie sollen als gleichgültige und gleichsam göttliche Wesen suchen und untersuchen, was ist, und nicht, was behagt. So soll den echten Botaniker weder die Schönheit noch die Nutzbarkeit der Pflanzen rühren, er soll ihre Bildung, ihr Verhältnis zu dem übrigen Pflanzenreiche untersuchen; und wie sie alle von der Sonne hervorgelockt und beschienen werden, so soll er mit einem gleichen ruhigen Blicke sie alle ansehen und übersehen und den Maßstab zu dieser Erkenntnis, die Data der Beurteilung nicht aus sich, sondern aus dem Kreise der Dinge nehmen, die er beobachtet.»

Auf dreierlei lenkt dieser von Goethe ausgesprochene Gedanke die Aufmerksamkeit des Menschen. Das erste sind die Gegenstände, von denen ihm durch die Tore seiner Sinne fortwährend

Kunde zufließt, die er tastet, riecht, schmeckt, hört und sieht. Das zweite sind die Eindrücke, die sie auf ihn machen und die sich als sein Gefallen und Mißfallen, sein Begehren oder Verabscheuen dadurch kennzeichnen, daß er das eine sympathisch, das andere antipathisch, das eine nützlich, das andere schädlich findet. Und das dritte sind die Erkenntnisse, die er sich als «gleichsam göttliches Wesen» über die Gegenstände erwirbt; es sind die Geheimnisse des Wirkens und Daseins dieser Gegenstände, die sich ihm enthüllen.

Deutlich scheiden sich diese drei Gebiete im menschlichen Leben. Und der Mensch wird daher gewahr, daß er in einer dreifachen Art mit der Welt verwoben ist. – Die erste Art ist etwas, was er vorfindet, was er als eine gegebene Tatsache hinnimmt. Durch die zweite Art macht er die Welt zu seiner eigenen Angelegenheit, zu etwas, das eine Bedeutung für ihn hat. Die dritte Art betrachtet er als ein Ziel, zu dem er unaufhörlich hinstreben soll.

Warum erscheint dem Menschen die Welt in dieser dreifachen Art? Eine einfache Betrachtung kann das lehren: Ich gehe über eine mit Blumen bewachsene Wiese. Die Blumen künden mir ihre Farben durch mein Auge. Das ist die Tatsache, die ich als gegeben hinnehme. – Ich freue mich über die Farbenpracht. Dadurch mache ich die Tatsache zu meiner eigenen Angelegenheit. Ich verbinde durch meine Gefühle die Blumen mit meinem eigenen Dasein. Nach einem Jahre gehe ich wieder über dieselbe Wiese. Andere Blumen sind da. Neue Freude erwächst mir aus ihnen. Meine Freude vom Vorjahre wird als Erinnerung auftauchen. Sie ist in mir; der Gegenstand, der sie angefacht hat, ist vergangen. Aber die Blumen, die ich jetzt sehe, sind von derselben Art wie die vorjährigen; sie sind nach denselben Gesetzen gewachsen wie jene. Habe ich mich über diese Art, über diese Gesetze aufgeklärt, so finde ich sie in den diesjährigen Blumen so wieder, wie ich sie in den vorjährigen erkannt habe. Und ich werde vielleicht also nachsinnen: Die Blumen des Vorjahres sind vergangen; meine Freude an ihnen ist nur in meiner Erinnerung geblieben. Sie ist nur mit meinem Dasein verknüpft. Das aber, was ich im vorigen Jahre an den Blumen erkannt habe und dies Jahr wieder erkenne, das wird bleiben, so lange solche Blumen wachsen. Das ist etwas, was sich mir geoffenbart hat, was aber von meinem Dasein nicht in gleicher Art abhängig ist wie meine Freude. Meine Gefühle der Freude bleiben in mir; die Gesetze, das Wesen der Blumen bleiben außerhalb meiner in der Welt.

So verbindet sich der Mensch immerwährend in dieser dreifachen Art mit den Dingen der Welt. Man lege zunächst nichts in diese Tatsache hinein, sondern fasse sie auf, wie sie sich darbietet. Es ergibt sich aus ihr, daß der Mensch drei Seiten in seinem Wesen hat. Dies und nichts anderes soll hier vorläufig mit den drei Worten Leib, Seele und Geist angedeutet werden. Wer irgendwelche vorgefaßten Meinungen oder gar Hypothesen mit diesen drei Worten verbindet, wird die folgenden Auseinandersetzungen notwendig mißverstehen müssen. Mit Leib ist hier dasjenige gemeint, wodurch sich dem Menschen die Dinge seiner Umwelt offenbaren, wie in obigem Beispiele die Blumen der Wiese. Mit dem Worte Seele soll auf das gedeutet werden, wodurch er die Dinge mit seinem eigenen Dasein verbindet, wodurch er Gefallen und Mißfallen, Lust und Unlust, Freude und Schmerz an ihnen empfindet. Als Geist ist das gemeint, was in ihm offenbar wird, wenn er, nach Goethes Ausdruck, die Dinge als «gleichsam göttliches Wesen» ansieht. – In diesem Sinne besteht der Mensch aus Leib, Seele und Geist.

Durch seinen Leib vermag sich der Mensch für den Augenblick mit den Dingen in Verbindung zu setzen. Durch seine Seele bewahrt er in sich die Eindrücke, die sie auf ihn machen; und durch seinen Geist offenbart sich ihm das, was sich die Dinge selbst bewahren. Nur wenn man den Menschen nach diesen drei Seiten betrachtet, kann man hoffen, Aufschluß über seine Wesenheit zu erhalten. Denn diese drei Seiten zeigen ihn in dreifach verschiedener Art mit der übrigen Welt verwandt.

Durch seinen Leib ist er mit den Dingen verwandt, die sich seinen Sinnen von außen darbieten. Die Stoffe der Außenwelt setzen diesen seinen Leib zusammen; die Kräfte der Außenwelt wirken auch in ihm. Und wie er die Dinge der Außenwelt mit seinen Sinnen betrachtet, so kann er auch sein eigenes leibliches Dasein beobachten. Aber unmöglich ist es, in derselben Art das seelische Dasein zu betrachten. Alles, was an mir leibliche Vorgänge sind, kann auch mit den leiblichen Sinnen wahrgenommen werden. Mein Gefallen und Mißfallen, meine Freude und meinen Schmerz kann weder ich noch ein anderer mit leiblichen Sinnen wahrnehmen. Das Seelische ist ein Gebiet, das der leiblichen Anschauung unzugänglich ist. Das leibliche Dasein des Menschen ist vor aller Augen offenbar; das seelische trägt er als seine Welt in sich. Durch den Geist aber wird ihm die Außenwelt in einer höheren Art offenbar. In seinem Innern enthüllen sich zwar die Geheimnisse der Außenwelt; aber er tritt im Geiste aus sich heraus und läßt die Dinge über sich selbst sprechen, über dasjenige, was nicht für ihn, sondern für sie Bedeutung hat. Der Mensch blickt zum gestirnten Himmel auf: das Entzücken, das seine Seele erlebt, gehört ihm an; die ewigen Gesetze der Sterne, die er im Gedanken, im Geiste erfaßt, gehören nicht ihm, sondern den Sternen selbst an.

So ist der Mensch Bürger dreier Welten. Durch seinen Leib gehört er der Welt an, die er auch mit seinem Leibe wahrnimmt; durch seine Seele baut er sich seine eigene Welt auf; durch seinen Geist offenbart sich ihm eine Welt, die über die beiden anderen erhaben ist.

Es scheint einleuchtend, daß man, wegen der wesentlichen Verschiedenheit dieser drei Welten, auch nur durch drei verschiedene Betrachtungsarten Klarheit über sie und den Anteil des Menschen an ihnen wird gewinnen können.

I. Die leibliche Wesenheit des Menschen

Durch leibliche Sinne lernt man den Leib des Menschen kennen. Und die Betrachtungsart kann dabei keine andere sein als diejenige, durch welche man andere sinnlich wahrnehmbare Dinge kennenlernt. Wie man die Mineralien, die Pflanzen, die Tiere betrachtet, so kann man auch den Menschen betrachten. Er ist mit diesen drei Formen des Daseins verwandt. Gleich den Mineralien baut er seinen Leib aus den Stoffen der Natur auf; gleich den Pflanzen wächst er und pflanzt sich fort; gleich den Tieren nimmt er die Gegenstände um sich herum wahr und bildet aufgrund ihrer Eindrücke in sich innere Erlebnisse. Ein mineralisches, ein pflanzliches und ein tierisches Dasein darf man daher dem Menschen zusprechen.

Die Verschiedenheit im Bau der Mineralien, Pflanzen und Tiere entspricht den drei Formen ihres Daseins. Und dieser Bau – die Gestalt – ist es, was man mit den Sinnen wahrnimmt und was man allein Leib nennen kann. Nun ist aber der menschliche Leib von dem tierischen verschieden. Diese Verschiedenheit muß jedermann anerkennen, wie er auch über die Verwandtschaft des Menschen mit den Tieren sonst denken mag. Selbst der radikalste Materialist, der alles Seelische leugnet, wird nicht umhin können, den folgenden Satz zu unterschreiben, den Carus in seinem «Organon der Erkenntnis der Natur und des Geistes» ausspricht: «Noch immer bleibt zwar der feinere innerlichste Bau des Nervensystems und namentlich des Hirns dem Physiologen und Anatomen ein unaufgelöstes Rätsel; aber daß jene Konzentration der Gebilde mehr und mehr in der Tierreihe steigt und im Menschen einen Grad erreicht, wie durchaus in keinem anderen Wesen, dies ist eine vollkommen festgestellte Tatsache; es ist für die Geistesentwicklung des Menschen von höchster Bedeutung, ja wir dürfen es geradezu aussprechen, eigentlich schon die hinreichende Erklärung. Wo der Bau des Hirns daher nicht gehörig sich entwickelt hat, wo Kleinheit und Dürftigkeit desselben, wie beim Mikrozephalen und Idioten, sich verraten, da versteht es sich von selbst, daß vom Hervortreten eigentümlicher Ideen und vom Erkennen gerade so wenig die Rede sein kann wie in Menschen mit völlig verbildeten Generationsorganen von Fortbildung der Gattung. Ein kräftig und schön entwickelter Bau des ganzen Menschen dagegen und des Gehirns insbesondere wird zwar noch nicht allein den Genius setzen, aber doch jedenfalls die erste unerläßlichste Bedingung für höhere Erkenntnis gewähren.»

Wie man dem menschlichen Leib die drei Formen des Daseins, die mineralische, die pflanzliche und die tierische, zuspricht, so muß man ihm noch eine vierte, die besondere menschliche, zusprechen. Durch seine mineralische Daseinsform ist der Mensch verwandt mit allem Sichtbaren, durch seine pflanzliche mit allen Wesen, die wachsen und sich fortpflanzen; durch seine tierische mit allen, die ihre Umgebung wahrnehmen und aufgrund äußerer Eindrücke innere Erlebnisse haben; durch seine menschliche bildet er schon in leiblicher Beziehung ein Reich für sich.

II. Die seelische Wesenheit des Menschen

Als eigene Innenwelt ist die seelische Wesenheit des Menschen von seiner Leiblichkeit verschieden. Das Eigene tritt sofort entgegen, wenn man die Aufmerksamkeit auf die einfachste Sinnesempfindung lenkt. Niemand kann zunächst wissen, ob ein anderer eine solche einfache Sinnesempfindung in genau der gleichen Art erlebt wie er selbst. Bekannt ist, daß es Menschen gibt, die farbenblind sind. Solche sehen die Dinge nur in verschiedenen Schattierungen von Grau. Andere sind teilweise farbenblind. Sie können daher gewisse Farbennuancen nicht wahrnehmen. Das Weltbild, das ihnen ihr Auge gibt, ist ein anderes als dasjenige sogenannter normaler Menschen. Und ein Gleiches gilt mehr oder weniger für die andern Sinne. Ohne weiteres geht daraus hervor, daß schon die einfache Sinnesempfindung zur Innenwelt gehört. Mit meinen leiblichen Sinnen kann ich den roten Tisch wahrnehmen, den auch der andere wahrnimmt; aber ich kann nicht des andern Empfindung des Roten wahrnehmen. – Man muß demnach die Sinnesempfindung als Seelisches bezeichnen. Wenn man sich diese Tatsache nur ganz klarmacht, dann wird man bald aufhören, die Innenerlebnisse als bloße Gehirnvorgänge oder ähnliches anzusehen. – An die Sinnesempfindung schließt sich zunächst das Gefühl. Die eine Empfindung macht dem Menschen Lust, die andere Unlust. Das sind Regungen seines inneren, seines seelischen Lebens. In seinen Gefühlen schafft sich der Mensch eine zweite Welt zu derjenigen hinzu, die von außen auf ihn einwirkt. Und ein Drittes kommt hinzu: der Wille. Durch ihn wirkt der Mensch wieder auf die Außenwelt zurück. Und dadurch prägt er sein inneres Wesen der Außenwelt auf. Die Seele des Menschen fließt in seinen Willenshandlungen gleichsam nach außen. Dadurch unterscheiden sich die Taten des Menschen von den Ereignissen der äußeren Natur, daß die ersteren den Stempel seines Innenlebens tragen. So stellt sich die Seele als das Eigene des Menschen der Außenwelt gegenüber. Er erhält von der Außenwelt die Anregungen; aber er bildet in Gemäßheit dieser Anregungen eine eigene Welt aus. Die Leiblichkeit wird zum Untergrunde des Seelischen.

III. Die geistige Wesenheit des Menschen

Das Seelische des Menschen wird nicht allein durch den Leib bestimmt. Der Mensch schweift nicht richtungs- und ziellos von einem Sinneseindruck zum andern; er handelt auch nicht unter dem Eindrucke jedes beliebigen Reizes, der von außen oder durch die Vorgänge seines Leibes auf ihn ausgeübt wird. Er denkt über seine Wahrnehmungen und über seine Handlungen nach. Durch das Nachdenken über die Wahrnehmungen erwirbt er sich Erkenntnisse über die Dinge; durch das Nachdenken über seine

Handlungen bringt er einen vernunftgemäßen Zusammenhang in sein Leben. Und er weiß, daß er seine Aufgabe als Mensch nur dann würdig erfüllt, wenn er sich durch richtige Gedanken sowohl im Erkennen wie im Handeln leiten läßt. Das Seelische steht also einer zweifachen Notwendigkeit gegenüber. Von den Gesetzen des Leibes wird es durch Naturnotwendigkeit bestimmt; von den Gesetzen, die es zum richtigen Denken führen, läßt es sich bestimmen, weil es deren Notwendigkeit frei anerkennt. Den Gesetzen des Stoffwechsels ist der Mensch durch die Natur unterworfen; den Denkgesetzen unterwirft er sich selbst. – Dadurch macht sich der Mensch zum Angehörigen einer höheren Ordnung, als diejenige ist, der er durch seinen Leib angehört. Und diese Ordnung ist die geistige. So verschieden das Leibliche vom Seelischen, so verschieden ist dieses wieder vom Geistigen. Solange man bloß von den Kohlenstoff-, Wasserstoff-, Stickstoff-, Sauerstoffteilchen spricht, die sich im Leibe bewegen, hat man nicht die Seele im Auge. Das seelische Leben beginnt erst da, wo innerhalb solcher Bewegung die Empfindung auftritt: ich schmecke süß oder ich fühle Lust. Ebensowenig hat man den Geist im Auge, solange man bloß die seelischen Erlebnisse ansieht, die durch den Menschen ziehen, wenn er sich ganz der Außenwelt und seinem Leibesleben überläßt. Dieses Seelische ist vielmehr erst die Grundlage für das Geistige, wie das Leibliche die Grundlage für das Seelische ist. – Der Naturforscher hat es mit dem Leibe, der Seelenforscher (Psychologe) mit der Seele und der Geistesforscher mit dem Geiste zu tun. Durch Besinnung auf das eigene Selbst sich den Unterschied von Leib, Seele und Geist klarzumachen, ist eine Anforderung, die an denjenigen gestellt werden muß, der sich denkend über das Wesen des Menschen aufklären will.

Quellenangabe

Das Wesen des Menschen. – In «Theosophie. Einführung in übersinnliche Welterkenntnis und Menschenbestimmung» (1904). GA 9, Leinen- und Taschenbuchausgabe

Weitere Werke von Rudolf Steiner zu diesem Thema

Die Erziehung des Kindes. Aufsatz 1907, eingeleitet von Cornelius Bohlen, Einzelausgabe, kartoniert

Von Seelenrätseln (1917). GA 21, Leinen- und Taschenbuchausgabe

Metamorphosen des Seelenlebens – Pfade der Seelenerlebnisse. 18 Vorträge 1909/10. GA 58 und 59, 2 Bde. Leinen- und Taschenbuchausgabe

Die gesunde Entwicklung des Menschenwesens. Sechzehn Vorträge und Fragenbeantwortungen 1921/22. GA 303, Leinen- und Taschenbuchausgabe

Der auf der rechten Seite im Faksimile wiedergegebene Spruch hat die drei Grundprobleme allen Seins: Raum, Zeit und Ewigkeit zum Gegenstand. Er gehört zu den wenigen Sprüchen, die Rudolf Steiner mehrfach neu gefaßt hat, ein Hinweis vielleicht auf die besondere Bedeutung, die er ihm beigemessen hat.

Es sprechen zu den Menschensinnen
Die Dinge in den Raumesweiten
Sie wandeln sich im Zeitenlauf
Erkennend lebt die Menschenseele
Von Raumesweiten unbegrenzt
Und unbeirrt vom Zeitenlauf
Im Reich der Geistes-Ewigkeit

26. Februar 1911 Dr Rudolf Steiner

Wie entsteht aus unbelebter Materie Lebendiges? Was ist der Ursprung all dessen, was im Kosmos und auf der Erde ständig neue Strukturen bildet, Energien überträgt, umwandelt, verbraucht, vermehrt? Trotz vielfältigster Forschungsergebnisse zu Teilgebieten des Evolutionsgeschehens gelten diese und ähnliche Fragen auch heute noch als nicht beantwortbar.

In vielem von den gängigen Lehrmeinungen – etwa der Urknalltheorie – abweichend ist das, was Rudolf Steiner insbesondere in seiner «Geheimwissenschaft im Umriß», aber auch in vielen Vorträgen zur Erhellung grundlegender Probleme des Evolutionsvorganges beigetragen hat. Das Ungewöhnliche seiner Darstellungen über die Entwicklung des Kosmos, der Erde und des Menschen hat seine Ursache vor allem darin, daß er sich nicht ausschließlich naturwissenschaftlichen Erkenntnissen und Methoden verpflichtet fühlte, sondern auch vom geisteswissenschaftlichen Standpunkt an die Problemstellungen herantrat. Im 30. Kapitel seiner Autobiographie hat Steiner einige Ergebnisse komprimiert wiedergegeben. Danach war bereits in Urzeiten ganz anderes Wesenhaftes vorhanden als das, was im allgemeinen mit den einfachsten Organismen bezeichnet wird. Auch ist der Mensch als Geist-Wesen älter als alle anderen Lebewesen. Und damit der Mensch seine heutige physische Gestalt annehmen konnte, mußte er sich «aus einem Weltenwesen herausgliedern, das ihn und die anderen Organismen enthielt. Diese sind somit Abfälle der menschlichen Entwicklung; nicht etwas, aus dem er hervorgegangen ist, sondern etwas, das er zurückgelassen, von sich abgesondert hat, um seine physische Gestaltung als Bild seines Geistigen anzunehmen.»

Der folgende Beitrag «Von der Herkunft der Erde» ist dem Band «Aus der Akasha-Chronik» entnommen. Ursprünglich war er als Folge der gleichnamigen Aufsatzreihe im Juni 1905 in der von Steiner herausgegebenen Zeitschrift «Lucifer-Gnosis» erschienen.

VON DER HERKUNFT DER ERDE

Wie der einzelne Mensch von seiner Geburt an verschiedene Stufen durchzumachen hat, wie er aufzusteigen hat vom Säuglingsalter, durch die Kindheit und so weiter bis zum Lebensalter des reifen Mannes oder der reifen Frau, so ist es auch mit der Menschheit im Großen. Sie hat sich durch andere Stufen hindurch zu ihrem gegenwärtigen Zustande entwickelt. Mit den Mitteln des Hellsehers kann man drei Hauptstufen dieser Menschheitsentwicklung verfolgen, welche durchlaufen worden sind, bevor die Bildung der Erde erfolgt ist und dieser Weltkörper der Schauplatz jener Entwicklung geworden ist. Man hat es also gegenwärtig mit der vierten Stufe im großen Weltenleben des Menschen zu tun. Hier sollen vorläufig die in Betracht kommenden Tatsachen erzählt werden. Die innere Begründung wird sich im Laufe der Darstellung ergeben, soweit eine solche in den Worten der gewöhnlichen Sprache – ohne zu der Ausdrucksform der Geheimwissenschaft zu greifen – möglich ist.

Der Mensch war vorhanden, bevor es eine Erde gegeben hat. Doch darf man sich nicht vorstellen – wie das andeutungsweise schon zum Ausdrucke gekommen ist –, daß er etwa vorher auf anderen Planeten gelebt habe und in einem gewissen Zeitpunkte auf die Erde gewandert sei. Diese Erde selbst hat sich vielmehr mit dem Menschen entwickelt. Sie hat ebenso wie er drei Hauptstufen der Entwicklung durchgemacht, bevor sie zu dem geworden ist, was man jetzt «Erde» nennt. Man muß sich vorläufig – wie ja auch bereits angedeutet worden ist – ganz freimachen von der Bedeutung, welche die gegenwärtige Wissenschaft mit den Namen «Saturn», «Sonne» und «Mond» verbindet, wenn man die Darlegungen des Geheimwissenschafters auf diesem Gebiete im rechten Lichte sehen will. Man verbinde bis auf weiteres mit diesen Namen keine andere Bedeutung als diejenige, welche ihnen in den folgenden Mitteilungen unmittelbar gegeben wird.

Ehe der Weltkörper, auf dem sich des Menschen Leben abspielt, «Erde» geworden ist, hat er drei andere Formen gehabt, welche man als Saturn, Sonne und Mond bezeichnet. Man kann also von vier Planeten sprechen, auf denen sich die vier Hauptstufen der Menschenentwicklung vollziehen. Die Sache ist so, daß die Erde, bevor sie eben «Erde» geworden ist, Mond war, noch früher Sonne und noch vorher Saturn. Man ist berechtigt, wie sich aus den folgenden Mitteilungen ergeben wird, drei weitere Hauptstufen anzunehmen, welche die Erde, oder besser gesagt, der Weltkörper, welcher sich zur jetzigen Erde entwickelt hat, noch ferner durchlaufen wird. Diesen hat man in der Geheimwissenschaft die Namen: Jupiter, Venus und Vulkan gegeben. Demgemäß hat also in der Vergangenheit der Weltkörper, mit dem das Menschenschicksal zusammenhängt, drei Stufen durchgemacht, befindet sich jetzt auf seiner vierten und wird weiterhin noch drei zu durchlaufen haben, bis die Anlagen alle entwickelt sein werden, die der Mensch in sich hat, bis er an einem Gipfel seiner Vollkommenheit angelangt sein wird.

Nun hat man sich vorzustellen, daß die Entwicklung des Menschen und seines Weltkörpers nicht so allmählich verläuft wie etwa der Durchgang des einzelnen Menschen durch das Säuglings-, Kindheitsalter und so weiter, wo ein Zustand in den andern mehr oder weniger unvermerkt übergeht. Es sind vielmehr gewisse Unterbrechungen vorhanden. Nicht unmittelbar geht der Saturnzustand in die Sonnenstufe über. Zwischen Saturn- und Sonnenentwicklung und ebenso zwischen den folgenden Formen des menschlichen Weltkörpers sind Zwischenzustände, die man vergleichen könnte mit der Nacht zwischen zwei Tagen oder mit dem schlafähnlichen Zustand, in dem sich ein Pflanzenkeim befindet, ehe er sich wieder zur vollen Pflanze entwickelt. – In Anlehnung an morgenländische Darstellungen des Sachverhalts

Aus der Akasha-Chronik.

Durch die gewöhnliche Geschichte kann sich der Mensch nur über einen geringen Theil dessen belehren, was die Menschheit in der Vorzeit erlebt hat. Nur auf wenige Jahrtausende werfen die geschichtlichen Zeugnisse Licht. Und auch, was uns die Altertumskunde, die Paläontologie, die Geologie lehren können, ist nur etwas sehr Begrenztes. Und zu dieser Begrenztheit kommt noch die Unzuverlässigkeit alles dessen, was auf äußere Zeugnisse aufgebaut ist. Man bedenke nur, wie sich das Bild dieser, oder jener gar nicht so lange hinter uns liegenden Begebenheit, oder eines Volkes geändert hat, wenn neue geschichtliche Zeugnisse aufgefunden worden sind. Man vergleiche nur einmal die Schilderungen, die von verschiedenen Geschichtschreibern über eine und dieselbe Sache gegeben werden; und man wird sich bald überzeugen, auf welch unsicherem Boden da steht. Alles, was der äußeren Sinnenwelt angehört, unterliegt der Zeit. Und die Zeit zerstört auch, was in der Zeit entstanden ist. Die äußerliche Geschichte ist aber auf das angewiesen, was in der Zeit erhalten geblieben ist. Niemand kann sagen, ob das, was erhalten geblieben ist, auch das Wesentliche ist, wenn er bei den äußeren Zeugnissen stehen bleibt. – Aber alles, was in der Zeit entsteht, hat seinen Ursprung im Ewigen. Nur ist das Ewige der sinnlichen Wahrnehmung nicht zugänglich. Aber dem Menschen sind die Wege offen zur Wahrnehmung des Ewigen. Er kann die in ihm schlummernden Kräfte so ausbilden, dass er dieses Ewige zu erkennen vermag. In den Aufsätzen über die Frage: „Wie erlangt man Erkenntnisse der höheren Welten", die in dieser Zeitschrift erscheinen wird auf diese Ausbildung hingewiesen. In ihrem Verlaufe werden diese Aufsätze auch zeigen, dass der Mensch auf einer gewissen hohen Stufe seiner Erkenntnisfähigkeit auch zu den ewigen Ursprüngen der zeitlich vergänglichen Dinge dringen kann. (Der Leser möge nur Geduld haben. Die Dinge können nur nach und nach besprochen werden). Erweitert der Mensch auf nennt die heutige Theosophie einen Entwicklungszustand, in dem das Leben äußerlich entfaltet ist, Manvantara, den dazwischenliegenden Ruhezustand Pralaya. Im Sinne der europäischen Geheimwissenschaft kann man für den ersteren Zustand das Wort «offener Kreislauf», für den zweiten dagegen «verborgener oder geschlossener Kreislauf» gebrauchen. Doch sind auch andere Bezeichnungen üblich. Saturn, Sonne, Mond, Erde und so weiter sind «offene Kreisläufe», die zwischen ihnen liegenden Ruhepausen «geschlossene».

Es wäre ganz unrichtig, wenn man denken wollte, daß in den Ruhepausen alles Leben erstorben sei, obwohl diese Vorstellung in vielen theosophischen Kreisen heute angetroffen wird. So wenig der Mensch während seines Schlafes aufhört zu leben, ebensowenig erstirbt sein und seines Weltkörpers Leben während eines «geschlossenen Kreislaufes» (Pralaya). Nur sind die Lebenszustände in den Ruhepausen mit den Sinnen, die sich während der «offenen Kreisläufe» ausbilden, nicht wahrzunehmen, wie auch der Mensch während des Schlafes nicht wahrnimmt, was um ihn herum sich abspielt. Warum man den Ausdruck «Kreislauf» für die Entwicklungszustände gebraucht, wird aus den folgenden Ausführungen zur Genüge hervorgehen. Über die gewaltigen Zeiträume, die zu diesen «Kreisläufen» erforderlich sind, kann erst später gesprochen werden.

Ein Faden durch den Fortgang der Kreisläufe kann gefunden werden, wenn man vorläufig die Entwicklung des menschlichen Bewußtseins durch dieselben hindurch verfolgt. Alles andere kann sich sachgemäß an diese Betrachtung des Bewußtseins anschließen. – Das Bewußtsein, welches der Mensch während seiner Laufbahn auf der Erde entfaltet, soll – im Einklange mit der europäischen Geheimwissenschaft – das «helle Tagesbewußtsein» genannt werden. Es besteht darin, daß der Mensch durch seine gegenwärtigen Sinne die Dinge und Wesen der Welt wahrnimmt und daß er sich mit Hilfe seines Verstandes und seiner Vernunft

Vorstellungen und Ideen über diese Dinge und Wesen bildet. Er handelt dann in der sinnlichen Welt gemäß diesen seinen Wahrnehmungen, Vorstellungen und Ideen. Dieses Bewußtsein hat nun der Mensch erst auf der vierten Hauptstufe seiner Weltentwicklung ausgebildet; auf Saturn, Sonne und Mond war es noch nicht vorhanden. Da lebte er in anderen Bewußtseinszuständen. Man kann demgemäß die drei vorhergehenden Entwicklungsstufen als die Entfaltung niederer Bewußtseinszustände bezeichnen.

Der niedrigste Bewußtseinszustand wurde während der Saturnentwicklung durchgemacht; ein höherer ist der Sonnenzustand, dann folgt das Mond- und endlich das Erdenbewußtsein.

Diese früheren Bewußtseine unterscheiden sich von dem irdischen hauptsächlich durch zwei Merkmale, durch den Helligkeitsgrad und durch den Umkreis, auf welchen sich die Wahrnehmung des Menschen erstreckt. – Das Saturnbewußtsein hat den geringsten Helligkeitsgrad. Es ist ganz dumpf. Schwer ist es deswegen, eine genauere Vorstellung von dieser Dumpfheit zu geben, weil sogar die Dumpfheit des Schlafes noch um einen Grad heller ist als dieses Bewußtsein. In abnormen, sogenannten tiefen Trancezuständen kann der gegenwärtige Mensch noch in diesen Bewußtseinszustand zurückfallen. Und auch derjenige Mensch, welcher Hellseher im Sinne der Geheimwissenschaft ist, kann sich eine zutreffende Vorstellung davon bilden. Nur lebt dieser selbst nicht etwa in diesem Bewußtseinszustand. Er erhebt sich vielmehr zu einem weit höheren, der aber doch in gewissen Hinsichten diesem ursprünglichen ähnlich ist. Beim gewöhnlichen Menschen der gegenwärtigen Erdenstufe ist dieser Zustand, den er einstmals durchgemacht hat, durch das «helle Tagesbewußtsein» ausgelöscht. Das «Medium», das in tiefe Trance verfällt, wird aber in denselben zurückversetzt, so daß es so wahrnimmt, wie einstens alle Menschen während der «Saturnzeit» wahrgenommen haben. Und ein solches Medium kann dann entweder während des Trance[zustandes] oder nach dem Erwachen von Erlebnissen erzählen, welche denen des Saturnschauplatzes ähnlich sind. Man darf allerdings nur sagen «ähnlich», nicht etwa «gleich» sind, denn die Tatsachen, welche sich auf dem Saturn abgespielt haben, sind ein für allemal vorüber; nur solche, die mit ihnen eine gewisse Verwandtschaft haben, spielen sich auch jetzt noch in der Umgebung des Menschen ab. Und nur ein «Saturnbewußtsein» kann diese letzteren wahrnehmen. – Der Hellseher im obigen Sinne erlangt nun wie das gekennzeichnete Medium ein solches Saturnbewußtsein; aber er behält dazu auch sein «helles Tagesbewußtsein», welches der Mensch auf dem Saturn noch nicht hatte, und welches das Medium während des Trancezustandes verliert. Ein solcher Hellseher ist also zwar nicht im Saturnbewußtsein selbst; aber er kann sich eine Vorstellung davon bilden. – Während nun dieses Saturnbewußtsein an Helligkeit dem gegenwärtigen menschlichen um einige Grade nachsteht, ist es an dem Umfang dessen, was es wahrnehmen kann, demselben überlegen. Es kann nämlich in seiner Dumpfheit nicht nur alles das bis aufs kleinste wahrnehmen, was auf seinem eigenen Weltkörper vorgeht, sondern es kann auch noch die Dinge und Wesen auf anderen Weltkörpern beobachten, welche mit seinem eigenen – dem Saturn – in Verbindung stehen. Und es kann auch auf diese Dinge und Wesen eine gewisse Wirkung ausüben. (Es braucht wohl kaum gesagt zu werden, daß diese Beobachtung anderer Weltkörper ganz verschieden von derjenigen ist, welche der gegenwärtige Mensch mit seiner wissenschaftlichen Astronomie vornehmen kann. Diese astronomische Beobachtung stützt sich auf das «helle Tagesbewußtsein» und nimmt daher andere Weltkörper von außen wahr. Das Saturnbewußtsein ist dagegen unmittelbares Empfinden, ein Miterleben dessen, was auf anderen Weltkörpern vorgeht. Nicht ganz, aber doch einigermaßen zutreffend, spricht man sich aus, wenn man sagt, ein Saturnbewohner erlebt Dinge und Tatsachen anderer Weltkörper – und seines eigenen –, wie der jetzige Mensch sein Herz und seinen Herzschlag oder ähnliches in seinem eigenen Leibe miterlebt.)

Dieses Saturnbewußtsein entwickelt sich langsam. Es geht als erste Hauptstufe der Menschheitsentwicklung durch eine Reihe untergeordneter Stufen hindurch, welche in der europäischen Geheimwissenschaft «kleine Kreisläufe» genannt werden. In der theosophischen Literatur ist es üblich geworden, diese «kleinen Kreisläufe» «Runden» und ihre weiteren Unterabteilungen – noch kleinere Kreisläufe – «Globen» zu nennen. Von diesen untergeordneteren Kreisläufen wird in den folgenden Ausführungen gesprochen werden. Hier sollen zunächst die Hauptstufen der Entwicklung – der leichteren Übersichtlichkeit halber – verfolgt werden. Auch soll zunächst nur vom Menschen gesprochen werden, obwohl mit seiner Entwicklung diejenige unter- und übergeordneter Wesenheiten und Dinge gleichzeitig verläuft. Es soll dann an den Fortgang des Menschen sachgemäß angeschlossen werden, was sich auf die Entwicklung anderer Wesenheiten bezieht.

Als die Entfaltung des Saturnbewußtseins abgeschlossen war, trat eine der oben erwähnten langen Ruhepausen (ein Pralaya) ein. Nach diesem entwickelte sich aus dem menschlichen Weltkörper das, was in der Geheimwissenschaft die «Sonne» genannt wird. Und auf der Sonne entstanden auch die Menschenwesen wieder aus ihrem Schlafe heraus. In ihnen war als Anlage das vorher entfaltete Saturnbewußtsein vorhanden. Dieses brachten sie zunächst denn auch wieder aus der Anlage hervor. Man kann sagen, der Mensch wiederholte auf der Sonne den Saturnzustand, bevor er zu einem höheren aufstieg. Nur ist hier nicht eine einfache Wiederholung, sondern eine solche in anderer Form gemeint. Doch wird von den Formenverwandlungen später bei Behandlung der kleineren Kreisläufe gesprochen werden. Da werden auch die Unterschiede in den einzelnen «Wiederholungen» zutage treten. Vor der Hand soll nur die Bewusstseinsentwicklung zur Darstellung kommen. – Nach der Wiederholung des Saturnzustandes tritt das «Sonnenbewußtsein» des Menschen zutage. Dieses ist um einen Grad heller als das vorhergehende, aber es hat dafür auch an Weite des Umblickes verloren. In seiner gegenwärtigen Lebenslage hat der Mensch während des tiefen, traumlosen Schlafes einen ähnlichen Bewußtseinszustand, wie er einstens auf der Sonne ihn hatte. Nur kann derjenige, welcher nicht Hellseher oder nicht Medium ist, die Dinge und Wesen, die dem Sonnenbewußtsein entsprachen, nicht wahrnehmen. Mit der Trance eines bis zu diesem Zustand herabgestimmten Mediums und dem höheren Bewußtsein des wahren Hellsehers verhält es sich auch hier wieder so, wie das in bezug auf das Saturnbewußtsein besprochen worden ist. – Der Umfang des Sonnenbewußtseins erstreckt sich nur auf die Sonne und die mit ihr zu allernächst zusammenhängenden Weltkörper. Nur diese und deren Ereignisse kann der Sonnenbewohner miterleben, wie – um noch einmal das obige Gleichnis zu gebrauchen – der jetzige Mensch seinen Herzschlag erlebt. Der Saturnbewohner hat so das Leben auch solcher Weltkörper mitgemacht, die nicht unmittelbar in den nächsten Bereich des Saturn gehörten.

Ist nun die Sonnenstufe durch die entsprechenden untergeordneten Kreisläufe durchgegangen, so tritt auch sie in eine Ruhepause. Aus dieser heraus erwacht der menschliche Weltkörper zu seinem «Monddasein». Wieder macht der Mensch, bevor er höher steigt, die Saturn- und Sonnenstufe durch, in zwei kleineren Kreisläufen. Dann tritt er in sein Mondbewußtsein ein. Von diesem ist es nun schon leichter, eine Vorstellung zu bilden, weil eine gewisse Ähnlichkeit besteht zwischen dieser Bewußtseinsstufe und dem von Träumen durchzogenen Schlafe. Ausdrücklich muß aber gesagt werden, daß auch hier nur von einer Ähnlichkeit, nicht etwa von einer Gleichheit gesprochen werden darf. Denn zwar verläuft das Mondenbewußtsein in Bildern, wie sie der Traum darbietet; aber diese Bilder entsprechen in einer ähnlichen Art den Dingen und Vorgängen in der Umgebung des Menschen wie die Vorstellungen des gegenwärtigen «hellen Tagesbewußtseins». Nur ist eben alles in diesem Entsprechen noch dumpf, eben bildhaft. Man kann sich die Sache etwa in folgender Art veranschaulichen. Man nehme an, ein Mondwesen käme in die Nähe eines Gegenstandes, sagen wir eines Salzes. (Natürlich hat es damals noch nicht «Salz» in der heutigen Form gegeben, aber man muß ja, um sich verständlich zu machen, im Gebiete von Bildern und Vergleichen bleiben.) Dieses Mondwesen – der Vorgänger des gegenwärtigen Menschen – nimmt nicht einen räumlich ausgedehnten Gegenstand von bestimmter Färbung und Form außer sich wahr, sondern die Annäherung an diesen Gegenstand bewirkt, daß ein gewisses Bild – eben ähnlich wie ein Traumbild – gewissermaßen im Innern des Wesens aufsteigt. Dieses Bild hat einen gewissen Farbenton, welcher davon abhängt, wie der Gegenstand beschaffen ist. Wenn dieser dem Wesen sympathisch, seinem Leben förderlich ist, so ist der Farbenton hell in gelben Nuancen oder auch grün; handelt es sich um einen unsympathischen Gegenstand oder einen solchen, der dem Wesen schädlich ist, so tritt eine blutig-rötliche Farbennuance auf. In solcher Art sieht auch heute der Hellseher, nur ist er sich bei diesem Schauen voll bewußt, während der Mondbewohner eben nur ein traumhaftes, dämmeriges Bewußtsein hatte. Die «im Innern» dieser Bewohner aufleuchtenden Bilder hatten ein genau bestimmtes Verhältnis zu der Umgebung. Es war in ihnen nichts Willkürliches. Deshalb konnte man sich nach ihnen richten, man handelte unter den Eindrücken dieser Bilder so, wie man heute unter den Eindrücken der Sinneswahrnehmungen handelt. – Die Entwicklung dieses traumartigen Bewußtseins – der dritten Hauptstufe – war die Aufgabe des «Mondkreislaufes». Als der «Mond» durch die entsprechenden «kleinen Kreisläufe» durchgegangen war, trat wieder eine Ruhepause (Pralaya) ein. Und nach derselben dämmerte die «Erde» aus der Finsternis auf.

Quellenangabe

Von der Herkunft der Erde. – In «Aus der Akasha-Chronik» (1904–1908). GA 11, Leinen- und Taschenbuchausgabe

Weitere Werke von Rudolf Steiner zu diesem Thema

Die Geheimwissenschaft im Umriß (1910). GA 13, Leinen- und Taschenbuchausgabe

Die Evolution vom Gesichtspunkte des Wahrhaftigen. Fünf Vorträge 1911. GA 132, Leinen- und Taschenbuchausgabe

Die Schöpfung der Welt und des Menschen. Erdenleben und Sternenwirken. Vierzehn Vorträge 1924. GA 354, Leinen- und Taschenbuchausgabe

Dr. Rudolf Steiner

Das Christentum als mystische Tatsache und die Mysterien des Altertums

Zweite, neu durchgearbeitete und erweiterte Auflage des „Christentums als mystische Tatsache"

LEIPZIG 1910
Verlag von Max Altmann

Unter Christsein versteht man gegenwärtig zumeist so etwas wie moralisches Wohlverhalten, das in Begriffen wie Selbstlosigkeit, Toleranz, Ehrfurcht und Nächstenliebe seine höchste Bestimmung erfährt. Ist es wirklich so, daß der tiefere Sinn des Christentums damit schon erschöpft ist? So wichtig und bedeutsam eine ethische Gesinnung auch ist – übrigens findet man sie auch bei ausgesprochenen Agnostikern und Atheisten –, so stellt sich doch die Frage, ob eine solche Auffassung vom Christentum nicht eine Reduktion jener großen Bilder bedeutet, die uns das Alte Testament, die Evangelien oder auch die christlich-abendländische Kultur vermittelt haben. Das Abendmahl, der Kreuzestod Christi, die Auferstehung, das Pfingstgeschehen, sind sie nicht in Wirklichkeit Ausdruck viel umfassenderer, höherer Vorgänge, die zu erfassen eine ganz andere Ebene des Sehens, Erlebens, Denkens und Urteilens voraussetzt?

Das Wesen des Christentums und seine geistesgeschichtliche Einordnung in den Verlauf der Menschheitsentwicklung hat Rudolf Steiner erstmals eingehend in seiner im Jahre 1902 erschienenen Schrift «Das Christentum als mystische Tatsache und die Mysterien des Altertums» dargestellt. Eine Fortführung und Vertiefung findet man dann in zahlreichen Vortragszyklen wie z. B. in dem Karlsruher Zyklus von 1911 «Von Jesus zu Christus» sowie in seinen ausführlichen Evangelienbetrachtungen.

Welch enger Bedeutungszusammenhang zwischen dem Mysterium von Golgatha im Bilde von Tod und Auferstehung mit der gesamten Erdenentwicklung besteht, welch tiefere Sinngebung der Trinität zugrunde liegt, was Sünde, Krankheit und Tod ihrem ureigensten Wesen nach sind, ist Gegenstand des folgenden Vertrages, den Rudolf Steiner im Rahmen einer Vortragsreihe am 27. August 1922 vor Mitgliedern der Anthroposophischen Gesellschaft in Oxford gehalten hat.

CHRISTUS UND DIE UNSTERBLICHKEIT DER SEELE. TOD UND AUFERSTEHUNG

Die Menschheit muß wieder dazu kommen können, mit allen Kräften, die in der Seele des Menschen leben, das Mysterium von Golgatha zu begreifen, nicht bloß so zu begreifen, wie das aus der heutigen Zivilisation heraus möglich ist, sondern so, daß das ganze menschliche Wesen verbunden werden kann mit dem Mysterium von Golgatha. Das aber wird der Menschheit erst dann möglich sein, wenn sie von dem Gesichtspunkt einer spirituellen Erkenntnis aus sich wiederum nähern kann dem Mysterium von Golgatha. Keine intellektualistische Erkenntnis ist in Wirklichkeit imstande, das Christentum mit seinem vollen Impuls in der Welt geltend zu machen, denn jede intellektualistische Erkenntnis ergreift bloß das menschliche Denken. Und wir müssen dann, wenn wir eine Erkenntnis haben, die bloß zu dem Denken spricht, unsere Willensimpulse – und das sind die wichtigsten Impulse innerhalb des wahren Christentums – aus unseren Instinkten heraus suchen; wir können sie nicht aus der Welt heraus empfinden, in der sie wirklich vorhanden sind, aus der spirituellen Welt. Es wird in der gegenwärtigen Zeit nicht anders möglich sein, als den Blick wiederum hinzuwenden auf die große Menschheitsfrage: Inwiefern ist das Mysterium von Golgatha der Sinn der ganzen Erdenentwicklung?

Man möchte das, was damit ausgesprochen werden soll, am liebsten in ein Bild bringen, in ein vielleicht etwas paradoxes Bild. Wenn irgendein Wesen von einem anderen Planeten auf die Erde herunterkäme, würde dieses Wesen wahrscheinlich, weil es nicht ein Mensch im Erdensinne sein könnte, alles auf der Erde recht unverständlich finden; aber es ist meine tiefste Überzeugung, geschöpft aus der Erkenntnis der Erdenevolution heraus, daß ein solches Wesen, auch wenn es vom Mars oder Jupiter käme, tief ergriffen würde von dem Bilde Leonardo da Vincis, dem «Heiligen

Abendmahl». Denn es würde ein solches Wesen in diesem Bilde etwas finden, was ihm sagt: Ein tieferer Sinn ist mit der Erde und ihrer Entwicklung verbunden. – Und von diesem Sinne aus, der umfaßt das Mysterium von Golgatha, würde ein Wesen aus einer ganz anderen Welt die Erde mit ihren sonstigen Erscheinungen verstehen können.

Wir Menschen der Gegenwart wissen gar nicht, wie sehr wir in die intellektualistische Abstraktion hineingekommen sind. Daher können wir uns nicht mehr hineinfinden in die Seelen der Menschen, die eine Weile gelebt haben vor dem Mysterium von Golgatha. Diese Menschenseelen waren ganz anders als die heutigen Menschenseelen. Man stellt sich ja die Geschichte der Menschheit viel zu ähnlich denjenigen Vorgängen vor, die heute geschehen. Aber die Seelen der Menschen haben eine bedeutsame Entwicklung durchgemacht, und sie waren in den Zeiten vor dem Mysterium von Golgatha so, daß alle Menschen, selbst diejenigen, die nur primitive Bildung in ihrer Seele hatten, in sich selber etwas erblickten, was seelische Wesenheit war, was man nennen kann Erinnerung an die Zeit, welche die Menschenseele durchlebt, bevor sie in einen irdischen Leib, in einen irdischen Körper herabsteigt. So wie wir uns heute im gewöhnlichen Leben an das erinnern, was wir etwa seit unserem dritten, vierten, fünften Jahre erlebt haben, so hatte die alte Menschenseele eine Erinnerung an ihr vorgeburtliches Leben in der geistig-seelischen Welt. Der Mensch war sich in gewissem Sinne durchsichtig in seelischer Beziehung, er wußte: Ich bin eine Seele, und ich war eine Seele, bevor ich auf die Erde heruntergestiegen bin. – Und er wußte auch, namentlich in älteren Zeiten, gewisse Einzelheiten seines geistig-seelischen Lebens vor seinem Niederstieg auf die Erde. Er erlebte sich selber in Weltenbildern. Er sah hinauf zu den Sternen, und er sah die Sterne nicht bloß in der abstrakten Konfiguration, wie wir heute die Sterne sehen, er sah sie in traumhaften Imaginationen. Er sah die ganze Welt durchsetzt von traumhaften Imaginationen, und er konnte sich sagen: Das ist der letzte Schein jener geistigen Welt, aus der ich heruntergestiegen bin, und indem ich als Seele aus dieser geistigen Welt heruntergestiegen bin, bin ich eingekehrt in einen menschlichen Leib. – Und niemals verband sich dieser Mensch der älteren Zeiten so intensiv mit seinem menschlichen Leibe, daß er nicht ein Erlebnis von dem Seelischen gehabt hätte.

Was erlebte dieser Mensch der älteren Zeit? Er erlebte das, daß er sich sagen konnte: Da war ich, bevor ich auf die Erde heruntergestiegen war, in einer Welt, in welcher die Sonne nicht bloß ein lichtverbreitender Himmelskörper ist, in welcher die Sonne der Versammlungsort höherer geistiger Hierarchien ist. Ich lebte nicht in einem physischen, sondern in einem geistigen Raume, in einer Welt, in welcher nicht die Sonne bloß Licht verbreitet, sondern strahlende Weisheit aussendet. Ich lebte in einer Welt, in welcher die Sterne Wesenhaftigkeiten sind, die ihren Willen geltend machen. Aus dieser Welt bin ich herausgestiegen. – Und mit einer solchen Empfindung verbanden sich für diesen Menschen der älteren Zeit zwei Erlebnisse: das Erlebnis der Natur und das Erlebnis der Sünde.

Dieses Erlebnis der Sünde, der moderne Mensch hat es nicht mehr, weil Sünde für ihn nur in der Welt des abstrakten Daseins lebt, weil Sünde für ihn nur eine Übertragung ist, etwas, was er als Moralisches nicht in Vereinigung bringt mit den Naturnotwendigkeiten. Für den alten Menschen gab es diese zwei Strömungen im Weltendasein nicht: Naturnotwendigkeit auf der einen Seite, moralische Notwendigkeit auf der anderen Seite. Alle moralische Notwendigkeit war für ihn auch eine Naturnotwendigkeit; alle Naturnotwendigkeit war auch eine moralische Notwendigkeit.

So konnte sich der Mensch sagen: Ich mußte heruntersteigen aus der göttlich-geistigen Welt. Aber indem ich in einen menschlichen Leib eingezogen bin, bin ich gegenüber jener Welt, aus der ich heruntergestiegen bin, eigentlich krank. – Und der Begriff der Krankheit und der Sünde, sie banden sich zusammen für den alten Menschen. Der Mensch fühlte sich hier auf dieser Erde so, daß er in sich finden mußte die Überwindung der Krankheit. Deshalb kam immer mehr und mehr das Bewußtsein über diese älteren Seelen: Wir brauchen als Erziehung etwas, was Heilung ist. Die Erziehung ist Medizin, die Erziehung ist Therapie. Und es erschienen solche Gestalten, wie die Therapeuten, kurz vor dem Mysterium von Golgatha als die Heiler. Auch in Griechenland wurde in Verbindung gedacht alles geistige Leben mit einem Heilen der Menschen, weil man fühlte: Der Mensch war im Beginne der Erdenentwicklung mehr gesund, und er entwickelte sich allmählich so, daß er sich immer mehr von dem göttlich-geistigen Wesen entfernte. Das war der Begriff des Krankseins, der war – das ist vergessen worden – ein solcher, der sich verbreitete über diejenige Welt, in die sich dann geschichtlich das Mysterium von Golgatha hineinstellte. Denn der Mensch empfand in jenen älteren Zeiten alles Geistige durch einen Hinblick auf die Vergangenheit; er sagte sich: Vor meine Geburt muß ich hinblicken, wenn ich nach dem Geistigen sehen will, zurück in die Vergangenheit, da ist der Geist. Aus diesem Geiste bin ich geboren, und diesen Geist muß ich wieder finden. Aber von diesem Geiste habe ich mich entfernt.

Und so empfand der Mensch der Vergangenheit den Geist, von dem er sich entfernt hatte, als den Geist des Vaters. Und in den Mysterien war der höchste Initiierte derjenige, der in sich selber, in seinem Herzen, in seiner Seele, jene Kräfte entwickelt hatte, durch die er äußerlich als Mensch den Vater darstellen konnte. Und wenn die Mysterienschüler die Pforte der Mysterien überschritten, hineintraten in diejenigen Anstalten, die zu gleicher Zeit Kunst-, Erkenntnis- und Weihekultanstalten waren, und wenn sie dann vor dem höchsten Initiierten standen, dann erblickten sie in dem höchsten Initiierten den Repräsentanten des Vatergottes. Die Väter waren höhere Initiierte als die «Sonnenhelden». Das Vaterprinzip herrschte vor dem Mysterium von Golgatha.

Und die Menschheit fühlte, wie sie sich immer mehr und mehr von dem Vater – gegenüber dem man sagen kann: ex deo nascimur – entfernt hatte, und wie sie geheilt werden mußte. Die Menschheit erwartete in dem Erkennenden den Heiler, den Heiland. Uns ist der Christus nicht mehr lebendig als der Heiland; aber erst wenn man ihn wiederum als den Weltenarzt empfindet, als den großen Heiland, wird man ihn wieder richtig in die Welt hineinstellen können.

Das war die Grundempfindung, welche die alten Seelen vor dem Mysterium von Golgatha hatten von ihrem Zusammenhange mit der übersinnlichen Welt des Vaters. Und was in Griechenland gefühlt wurde, was in dem merkwürdigen Ausspruche lebte: Besser ein Bettler zu sein auf Erden hier als ein König im Reiche der Schatten –, das will sagen, daß die Menschheit hat tief fühlen lernen, wie weit sie sich entfernt hatte in ihrem ganzen Wesen von der übersinnlichen Welt. Eine tiefe Sehnsucht lebte zugleich in dem Menschen nach dieser übersinnlichen Welt.

Aber niemals hätte die Menschheit, wenn sie sich so weiter entwickelt hätte mit dem Bewußtsein nur vom Vatergotte, zu dem vollen Selbstbewußtsein des Ich, der innerlichen Freiheit kommen können. Denn, um zu dieser innerlichen Freiheit zu kommen, mußte dasjenige in den Menschenwesen Platz greifen, was gegenüber vorigen Zuständen als eine Krankheit betrachtet wurde. Die ganze Menschheit fühlte in einem gewissen Sinne die Lazarus-Krankheit. Aber es war eben die Krankheit, die nicht zum Tode führt, sondern zur Befreiung und zum neuen Erkennen des Ewigen im Menschen.

Man kann sagen: Immer mehr hatten die Menschen vergessen jene geistig-seelische Vergangenheit vor der Geburt, ihr Blick war immer mehr und mehr hingerichtet auf die physische Umwelt. Hatte eine ältere Seele durch den Leib in diese physische Umwelt geblickt, so sah sie eben in den Sternen überall die Bilder des Geistigen, das sie verlassen hatte, indem sie durch die Geburt auf die

Erde gekommen war. Sie sah in dem Lichte der Sonne die strahlende Weisheit, in der sie als in ihrer Lebensatmosphäre gelebt hatte, sah in der Sonne selbst den Chorus der höheren Hierarchien, von denen sie herniedergeschickt worden war auf die Erde. Aber das hatte die Menschheit vergessen.

Und das fühlte man, als das 8., das 7. und die folgenden Jahrhunderte vor dem Mysterium von Golgatha heranrückten. Wenn die äußere Geschichte davon nichts erzählt, so ist das eben ein Mangel der äußeren Geschichte. Wer die Geschichte spirituell zu verfolgen versteht, dem erscheint sie so, daß ein mächtiges Bewußtsein vom Vatergotte im Ausgangspunkte der Menschheitsentwicklung vorhanden war, und daß dieses Bewußtsein allmählich gelähmt worden ist, daß der Mensch um sich nurmehr die entgeistete Natur sehen sollte.

Vieles wurde damals nicht ausgesprochen, vieles war in den unterbewußten Tiefen der Menschenseelen. Aber was am meisten in den unterbewußten Sphären der Menschenseele wirkte, das war eine Frage – die Menschen faßten sie nicht in Worte, die fühlten sie nur mit ihren Herzen –, die Frage: Um uns ist die Natur, wo ist der Geist, dessen Kinder wir sind? Wo schauen wir den Geist, dessen Kinder wir sind? – In den besten Seelen des 4., 3., 2., 1. Jahrhunderts lebte unbewußt, ohne daß sie formuliert wurde, diese Frage.

Es war eine Fragezeit, die Zeit, in der die Menschheit die Entfernung vom Vatergotte fühlte, gewissermaßen in den Tiefen der Seelen wußte: Es muß so sein – Ex deo nascimur! –, aber wissen wir es denn noch, können wir es wissen?

Wenn wir noch tiefer hineinschauen in die Seelen der Menschen, die in dem Zeitalter lebten, als das Mysterium von Golgatha herannahte, so zeigt sich uns das Folgende. Da waren die einfacheren, primitiveren Seelen, welche nur tief in ihrem Unterbewußten empfinden konnten, wie sie nunmehr getrennt waren von dem Zusammenhang mit dem Vater. Denn sie waren die

Nachkommen von jenen Urmenschen, die keineswegs so tierhaft waren, wie wir uns das heute naturwissenschaftlich vorstellen, sondern die innerhalb ihrer tierhaften Gestalt eine Seele trugen, durch die sie im alten traumhaften Hellsehen wußten: Wir sind heruntergestiegen aus der göttlich-geistigen Welt, haben einen menschlichen Leib angenommen. In die Erdenwelt herein hat uns geleitet der Vatergott. Aus ihm sind wir geboren.

Aber die ältesten Seelen der Menschheit hatten gewußt: Sie haben verlassen in den geistigen Welten, aus denen sie heruntergestiegen waren, etwas, das wir nun nennen, oder das man später überhaupt nannte den «Christus». Deshalb sagten die ersten christlichen Schriftsteller, daß die ältesten Seelen Christen waren; diese Seelen haben wirklich auch den Christus anzubeten verstanden. Aber in den geistigen Welten, in denen sie waren, bevor sie auf die Erde heruntergestiegen waren, da war der Christus der Mittelpunkt ihres Anschauens, da war der Christus die zentrale Wesenheit, zu der sie ihre Seelenblicke hinwandten. Und an dieses Zusammensein mit dem Christus im vorirdischen Leben erinnerten sich die Menschen auf der Erde.

Dann gab es andere Gegenden – und Plato zum Beispiel spricht von ihnen in einer ganz besonderen Art –, wo Schüler in den Mysterien eingeweiht wurden, in denen das Schauen der übersinnlichen Welten erweckt wurde, in denen aus der Menschenwesenheit die Kräfte losgebunden wurden, durch die man hineinschauen kann in die geistigen Welten. Diese Schüler der Initiierten lernten in der Tat nun nicht bloß aus einer dunklen Erinnerung heraus den Christus kennen, mit dem alle Menschen gelebt hatten, bevor sie auf die Erde heruntergestiegen waren, der nun schon in den Menschenseelen wie eine halbvergessene Vorstellung war hier auf der Erde, sie lernten den Christus wiederum in der vollen Gestalt kennen. Aber sie lernten ihn kennen als eine Wesenheit, die in den überirdischen Welten gewissermaßen ihre Aufgabe verloren hatte.

In den Mysterien des 2. und 1. Jahrhunderts vor dem Mysterium von Golgatha schaute man nämlich in einer ganz besonderen Weise zu jener Wesenheit der übersinnlichen Welten hin, die dann später die Christus-Wesenheit genannt worden ist. Man schaute so hin, daß man sagte: Diese Wesenheit, wir schauen sie in den überirdischen Welten, aber ihre Aktivität hat immer mehr und mehr abgenommen. – Sie war ja die Wesenheit, welche in die Seelen hineingepflanzt hat die Erinnerung an die vorgeburtlichen Zeiten, die dann im Erdendasein aufgelebt ist. Diese Wesenheit war in übersinnlichen Welten der große Lehrer für das, was die Seele noch in der Erinnerung hatte, nachdem sie auf die Erde heruntergestiegen war. Wie eine Wesenheit, die ihre Aktivität verloren hat, weil die Menschen diese Erinnerungen allmählich nicht mehr haben, nicht mehr bekommen konnten, so kam den Initiierten die Wesenheit vor, die man später die Christus-Wesenheit nannte.

Und so lebten diese Initiierten weiter, indem in ihnen immer mehr und mehr das Bewußtsein aufstieg: Diese Wesenheit, an die sich die Urmenschheit im Erdendasein erinnert hat, diese Wesenheit, die wir jetzt sehen mit einer immer geringeren Aktivität in den geistigen Welten, die wird sich eine neue Lebenssphäre suchen. Sie wird auf die Erde herabkommen, um in den Menschen wiederum die übersinnliche Geistigkeit zu erwecken.

Und man fing an, von jener Wesenheit, die man später als den Christus bezeichnete, als von jenem zu sprechen, der in der Zukunft kommen werde auf die Erde herunter, Menschenleib annehmen werde, wie er ihn dann angenommen hat in dem Jesus von Nazareth. Und dieses Sprechen von dem Christus als einem Zukünftigen, das war einer der Hauptinhalte des Sprechens in den letzten Jahrhunderten vor dem Mysterium von Golgatha. Wir sehen in der bildhaften Großartigkeit jener drei Magier oder drei Könige aus dem Morgenlande, Repräsentanten solcher Initiierter, die in ihren Initiationsstätten gelernt hatten: Der Christus wird kommen, wenn die Zeiten erfüllt sein werden und die Zeichen am Himmel ihn ankündigen werden. Dann müssen wir ihn suchen an seiner verborgenen Stätte. – Und in den Evangelien tönt überall durch als ein tieferes Geheimnis, als ein tieferes Mysterium, was in der Menschheitsevolution sich enthüllt, wenn man es wiederum mit dem spirituellen Blicke anschaut.

So schauten die primitiven Menschen wie verloren nach dem Übersinnlichen auf. Sie sagten sich in ihrem Unterbewußten: Wir haben den Christus vergessen. – Und sie sahen die Natur um sich herum. Die Frage, die ich vorhin angedeutet habe, entstand in ihren Herzen: Wie finden wir die übersinnliche Welt wieder? – Und die Initiierten in den Mysterien wußten: Es wird diese Wesenheit, die man später den Christus nannte, kommen, menschliche Gestalt annehmen, und was vorher die Seelen in ihrem vorirdischen Dasein erlebt haben, das werden sie erleben in der Anschauung des Mysteriums von Golgatha.

Dadurch ist nicht in einer intellektualistischen Art, sondern durch die gewaltigste Tatsache, die auf der Erde jemals geschehen ist, die Antwort gegeben auf die Frage: Wie kommen wir wieder zu dem Übersinnlichen? – Und die Menschen, die damals eine Empfindung entwickelt hatten für das, was geschah, die lernten von denen, die da wußten, daß in dem Menschen Jesus ein wirklicher Gott lebte, der heruntergestiegen ist, der Gott, den die Menschheit vergessen hatte, weil die Kräfte des Leibes, des Körpers sich nach der Freiheit hin entwickelten. Er erschien in einer neuen Gestalt, so daß man ihn schauen, ihn sehen konnte, und weiterhin die Geschichte von ihm reden konnte als von einem Erdenwesen. Der Gott, den man gekannt hatte nur drüben in der Geistwelt, war heruntergestiegen, war gewandelt in Palästina, hatte die Erde geheiligt dadurch, daß er selber in einen Menschenleib eingezogen war. Daher war die große Frage derjenigen, die in dem damaligen Sinne gebildete Menschen waren: Welchen Weg hat der Christus genommen, um zu dem Jesus hinzukommen?

Die Frage nach dem Christus war in den ersten Zeiten des Christentums eine rein spirituelle. Man forschte nicht nach dem Jesus, man forschte nach dem Christus, wie er heruntergestiegen ist. Man sah zu den übersinnlichen Welten hinauf, man sah den Herabstieg des Christus auf die Erde, man fragte sich: Wie ist das überirdische Wesen ein irdisches geworden? – Und deshalb hatten die schlichten Menschen, die den Christus Jesus als Jünger umgaben, die Möglichkeit, mit ihm als Geist auch nach dem Tode zu sprechen. Und es ist das Wichtigste, was er sagen konnte nach dem Tode, nur in einigen Fragmenten erhalten. Aber die spirituelle Wissenschaft, die spirituelle Erkenntnis kann erkunden, was der Christus zu denen, die seine Nächsten waren, gesprochen hat nach dem Tode, da er ihnen in seiner Geistigkeit erschienen ist.

Da hat er zu ihnen als der große Heiler gesprochen, als der Therapeut, der ein Tröster war, der da wußte um das Geheimnis, daß die Menschen einmal eine Erinnerung an ihn selbst gehabt haben, weil sie mit ihm zusammen waren in übersinnlichen Welten im vorirdischen Dasein. Und jetzt konnte er ihnen sagen: Ich habe euch früher gegeben die Fähigkeit, euch zu erinnern an euer übersinnliches, vorirdisches Dasein. Ich gebe euch jetzt, wenn ihr mich aufnehmt in eure Seelen, wenn ihr mich aufnehmt in eure Herzen, die Kraft, mit dem Bewußtsein der Unsterblichkeit durch die Pforte des Todes hindurchzugehen. Und ihr werdet nicht mehr allein den Vater erkennen – ex deo nascimur –, ihr werdet den Sohn fühlen als denjenigen, mit dem ihr sterben könnt und doch lebendig bleibt – in Christo morimur.

Das war natürlich nicht in die Worte getaucht, die ich jetzt ausspreche, aber dem Sinne nach war es das, was der Christus beibrachte denjenigen, die ihm nahestanden nach dem Leibestode. Die Menschen kannten ja das Sterben nicht, als sie Urmenschen waren, denn sie trugen von der Zeit an, in der sie das Bewußtsein erlangten, ein innerliches Erkennen ihres Seelischen; sie wußten von dem, was nicht sterben kann. Sie konnten die Menschen um sich herum sterben sehen – das Sterben war ihnen ein Schein in den Tatsachen um sie herum. Das Sterben haben die Menschen nicht empfunden. Erst als das Mysterium von Golgatha herannahte, fühlten die Menschen die Tatsache des Sterbens, denn ihr Seelisches war allmählich mit dem Körperlichen so verbunden, daß nun der Zweifel darüber entstehen konnte, wie die Seele weiterleben kann, wenn der Körper verfällt. Das wäre gar keine Frage in älteren Zeiten gewesen, weil die Menschen die Seele erkannten.

Jetzt kam der Christus als derjenige, der da sagte: Ich will mit euch auf der Erde leben, damit ihr die Kraft habt, eure Seelen wieder so anzufachen, so innerlich zu impulsieren, daß ihr sie als eine lebendige Seele durch den Tod hindurchtraget. – Das war dasjenige, was Paulus nicht gleich begriffen hatte, was Paulus erst begriff, als ihm selber der Zugang zu den übersinnlichen Welten eröffnet worden war, als er hier auf dieser Erde die Impressionen des Christus Jesus erhalten hatte. Deshalb wird heute das Paulinische Christentum immer weniger geschätzt, weil es den Anspruch macht, daß man den Christus schaut als von überirdischen Welten kommend und seine überirdische Kraft mit dem irdischen Menschen verbindend.

So fügte sich für die Evolution der Menschheit im Bewußtsein zu dem Worte: «Aus Gott» – nämlich aus dem Vatergotte – «sind wir geboren», das Lebens-, das Trostes-, das Kraftwort hinzu: «In Christo sterben wir», – das heißt: Wir leben in ihm.

Was der Menschheit durch das Mysterium von Golgatha geworden ist, am besten wird es sich uns vor die Seele stellen, wenn ich nun die Evolution der Menschheit in der Gegenwart – und wie wir sie erhoffen müssen für die Zukunft –, von dem Gesichtspunkte des gegenwärtigen Initiierten schildere. Versucht worden ist von mir, den Gesichtspunkt des alten Initiierten, den Gesichtspunkt des Initiierten zur Zeit des Mysteriums von Golgatha vor Ihre Seele zu stellen; jetzt möchte ich versuchen, den Gesichtspunkt zu schildern des Initiierten der Gegenwart, desjenigen, der heute nicht bloß mit einer äußeren Erkenntnis von der Natur an das Leben herantritt, sondern in dem erwacht sind jene tieferen Erkenntniskräfte, die wir aus der Seele heraus erwecken können mit denjenigen Mitteln, die ja in der spirituellen Literatur angegeben sind.

Wenn dieser Initiierte sich die Erkenntnisse erwirbt, die heute der Triumph der Zeit sind, der Glanz, in denen sich zahlreiche Menschen, wenn sie sie erwerben, auch mit einem gewissen höheren Bewußtsein wohlfühlen, dann fühlt er sich mit diesen Erkenntnissen in einer tragischen Situation. Denn der neuere, der moderne Initiierte fühlt diejenigen Erkenntnisse, die heute in der Welt besonders gelten und besonders wertvoll sind, wenn er sie mit seiner Seele verbindet, als ein Sterben. Und je mehr sich der moderne Initiierte, dem die Welt der überirdischen Sphäre vor der Seele auferstanden ist, durchdringt mit dem, was heute alle Welt Wissenschaft nennt, desto mehr fühlt er seine Seele ersterben. Die Wissenschaften sind für den modernen Initiierten das Grab der Seele; die fühlt sich schon lebend mit dem Tode verbunden, indem er nach Art der modernen Wissenschaft über die Welt sich Erkenntnisse erwirbt. Und er fühlt dieses Sterben oftmals tief und intensiv. Und dann sucht er wohl den Grund, warum er immer, wenn er im modernen Sinne erkennt, stirbt, warum er etwas wie eine Art von Leichengeruchsempfindung hat, gerade wenn er zu den höchsten modernen Erkenntnissen sich aufschwingt, die er wahrlich zu schätzen weiß, aber die ihm ein Vorgefühl sind des Todes.

Dann sagt er sich aus seinen Erkenntnissen der übersinnlichen Welt etwas, was ich Ihnen ausdrücken möchte durch ein Bild. Wir leben geistig-seelisch, bevor wir auf die Erde heruntergestiegen sind. Von dem, was wir da in voller Realität geistig-seelisch durchleben im vorirdischen Dasein, haben wir in unserer Seele hier auf Erden nur Gedanken, Begriffe, Vorstellungen. Die sind in unserer Seele. Aber wie sind sie in unserer Seele?

Sehen wir hin auf den Menschen, wie er im Leben zwischen Geburt und Tod steht, voll lebendig, mit Fleisch und Blut sein Leib durchzogen. Wir nennen ihn lebendig. Die Pforte des Todes wird von ihm durchschritten. Vom physischen Menschen ist der Leichnam da, der dann der Erde, den Elementen übergeben wird. Wir schauen den physisch toten Menschen an. Wir haben den Leichnam vor uns, den Rest des lebendigen, von lebendigem Blut durchzogenen Menschen. Der Mensch ist physisch tot. Wir schauen zurück, aber mit dem Blick der Initiation, in unsere eigene Seele. Wir schauen auf unsere Gedanken, die wir jetzt haben im Leben zwischen Geburt und Tod, auf die Gedanken, die wir haben als die heutige moderne Weisheit und Wissenschaft, und wir sehen: Sie sind der Leichnam desjenigen, was wir waren, bevor wir auf die Erde heruntergestiegen sind. Wie der Leichnam eines Menschen sich zum voll lebendigen Menschen verhält, so verhalten sich – das lernen wir erkennen – unsere Gedanken, die wir heute als die höchsten Reichtümer verehren, die uns die Erkenntnisse der äußeren Natur bringen, als die Leichname desjenigen in uns zu dem, was wir waren, bevor wir auf die Erde heruntergestiegen sind. Das ist dasjenige, was der Initiierte erleben kann. Er erlebt in dem Gedanken nicht sein wirkliches Leben, er erlebt in dem Gedanken den Leichnam seiner Seele. Das ist eine Tatsache, das ist etwas, was nicht aus Sentimentalität heraus gesprochen wird, sondern was gerade einer tatkräftigen Erkenntnis heute mit voller Stärke vor die Seele tritt. Das ist dasjenige, was sich heute nicht der sentimentale, mystische Träumer etwa sagt; der will gerade etwas empfinden aus irgendwelchen dunklen, mystischen Tiefen der eigenen Wesenheit heraus. Derjenige aber, der heute durch die Pforte der Initiation schreitet, der entdeckt in seiner Seele diese Gedanken, die allein, weil sie unlebendig sind, die lebendige Freiheit möglich machen können. Diese Gedanken, welche die ganze

Grundlage der menschlichen Freiheit sind, zwingen den Menschen nicht, eben weil sie tot sind, weil sie nicht lebendig sind. Der Mensch kann heute ein freies Wesen werden, weil er es nicht mit lebendigen, sondern mit toten Gedanken zu tun hat. Die toten Gedanken können vom Menschen erfaßt und zur Freiheit verwendet werden. Aber man erlebt sie auch mit voller Weltentragik als Leichname der Seele. Bevor die Seele heruntergestiegen ist in die irdische Welt, da war alles, was heute Leichnam ist, voll lebendig, war regsam. In den geistig-übersinnlichen Welten bewegten sich zwischen den Menschenseelen, die entweder schon durch den Tod gegangen waren, nun auch in der geistigen Welt lebten, oder die noch nicht zur Erde heruntergestiegen sind, die Wesenheiten der höheren Hierarchien, die über dem Menschen stehen, bewegten sich auch innerhalb dieser Sphäre jene Elementarwesen, die der Natur zugrunde liegen. Da war alles in der Seele lebendig. Hier ist in der Seele die Erbschaft aus den geistigen Welten, der Gedanke ist tot.

Aber verstehen wir als moderne Initiierte, mit dem Christus, wie er sich dargelebt hat in dem Mysterium von Golgatha, uns zu durchdringen, verstehen wir im tiefsten, innersten Sinne das Pauluswort: «Nicht ich, sondern der Christus in mir», dann führt uns der Christus auch durch diesen Tod; dann dringen wir mit unseren Gedanken in die Natur ein, aber der Christus wandelt geistig mit uns, und er versenkt unsere Gedanken in das Grab der Natur. Denn indem wir sonst die toten Gedanken haben, wird die Natur zu einem Grabe. Gehen wir aber mit diesen toten Gedanken an die Mineralien, die Tiere, die Sternenwelt, an die Welt der Wolken, an die Berge, an die Ströme, gehen wir an sie mit diesen toten Gedanken heran, aber begleitet von dem Christus nach dem Worte: «Nicht ich, sondern der Christus in mir», dann erleben wir in der modernen Initiation, wenn wir untertauchen in den Quarzkristall, daß der Gedanke aus der Natur, aus dem Quarzkristall nun als ein lebendiger aufsteigt. Wie aus dem mineralischen Grabe erhebt sich der Gedanke als ein lebendiger. Die mineralische Welt läßt in uns aufsteigen den Geist. Und führt uns der Christus durch die Pflanzennatur überall heraus aus dem, wo sonst nur die toten Gedanken leben würden, so erstehen die lebendigen Gedanken.

Wir würden uns als krankhaft empfinden, wenn wir hingingen zu der Natur, in die Sternenwelt hinausschauten nur mit dem Blicke des rechnenden Astronomen, und diese toten Gedanken sich hineinsenken würden in die Welt, wir würden uns krank fühlen, und die Krankheit würde zum Tode führen. Lassen wir uns aber von dem Christus begleiten, tragen wir unsere toten Gedanken in Begleitung des Christus in die Sternenwelt hinein, in die Welt der Sonne, des Mondes, der Wolken, der Berge, der Flüsse, der Mineralien, der Pflanzen und der Tiere, tragen wir sie hinein in die ganze physische Menschenwelt, alles wird im Anschauen der Natur lebendig, und es ersteht wie aus einem Grabe aus allen Wesen der lebendige, der uns heilende, der uns vom Tode erwekkende Geist, der Heilige Geist. Und wir fühlen uns, begleitet von dem Christus, mit dem, was wir als den Tod erlebt haben, wieder belebt. Wir fühlen den lebendigen, den heilenden Geist aus allen Wesen dieser Welt zu uns sprechen.

Das müssen wir in einer spirituellen Erkenntnis, in einer neuen Initiationserkenntnis wieder gewinnen. Dann werden wir das Mysterium von Golgatha als den Sinn des ganzen Erdendaseins erfassen, werden wissen, wie wir geführt werden müssen in der Zeit, da sich durch die toten Gedanken die menschliche Freiheit entwickeln muß, wie wir geführt werden müssen zur Erkenntnis der Natur durch den Christus. Wir werden wissen, wie der Christus nicht nur sein eigenes Schicksal hingestellt hat auf die Erde in dem Sterben innerhalb des Mysteriums von Golgatha, sondern wie er die große Pfingstfreiheit der Erde beschieden hat, indem er der Erdenmenschheit verheißen hat den lebendigen Geist, der durch seine Hilfe aus allem, was auf der Erde ist, erstehen kann.

Unsere Erkenntnis bleibt eine tote, bleibt selbst Sünde, wenn wir nicht durch den Christus so auferweckt werden, daß aus aller Natur, aus allem kosmischen Dasein zu uns wiederum der Geist spricht, der lebendige Geist.

Es ist nicht bloß eine ausgeklügelte Formel, die Trinität von dem Vatergotte, von dem Sohnesgotte und von dem Gotte, dem Heiligen Geist, es ist etwas, was tief mit der ganzen Evolution des Kosmos verbunden ist und was uns wird als eine lebendige, nicht als eine tote Erkenntnis, wenn wir den Christus selber als einen Auferstandenen in uns lebendig machen, der der Bringer des Heiligen Geistes ist.

Dann verstehen wir, daß es wie eine Krankheit wäre, wenn wir das Göttliche nicht sehen könnten, aus dem wir geboren sind. Der Mensch muß im Geheimen krank sein, wenn er Atheist ist. Er ist nur gesund, wenn seine physische Natur sich so zusammenfaßt, daß er das: «Aus Gott bin ich geboren!», als die Zusammenfassung seines eigenen Wesens aus dem Inneren erfühlen kann. Und es ist ein Schicksalsschlag, wenn der Mensch in seinem Erdenleben nicht findet den Christus, der ihn führen kann, der ihn durch den Tod am Ende des Erdenlebens führen kann, der ihn durch den Tod zur Erkenntnis führen kann. Denn fühlen wir also das «in Christo morimur», dann fühlen wir auch dasjenige, was an uns herankommen will durch die Geleitung des Christus, durch die Führung des Christus, dann fühlen wir, wie aus allem der Geist aufersteht, aufersteht noch in diesem Erdenleben. Wir fühlen uns wieder lebendig in diesem Erdenleben, schauen hin durch die Pforte des Todes, durch die uns der Christus führt, schauen hin auf jenes Leben, das jenseits des Todes liegt, und wissen jetzt, warum der Christus den Geist, den Heiligen Geist geschickt hat: weil wir uns verbinden können schon hier im Leben mit diesem Heiligen Geiste, wenn wir uns der Führung des Christus überlassen. Wir dürfen dann mit Sicherheit sagen: Wir sterben in dem Christus, indem wir durch die Pforte des Todes schreiten.

Was wir mit unserer Erkenntnis hier in der Natur erlebt haben, ist schon eine Vorbedeutung für die Zukunft. Denn was sonst tote Wissenschaft wäre, wird auferweckt durch den lebendigen Geist. Haben wir recht verstanden das: aus dem Vater sind wir geboren, in dem Christus sterben wir, so dürfen wir auch sagen – wenn an die Stelle des Todes der Erkenntnis der wirkliche Tod tritt, der uns den Körper nimmt – hindurchblickend durch die Pforte des Todes: In dem Heiligen Geiste werden wir wiederum auferweckt – per spiritum sanctum reviviscimus.

Quellenangabe

Christus und die Unsterblichkeit der Seele. Tod und Auferstehung. – In «Das Geheimnis der Trinität», Vortrag vom 27. August 1922. GA 214, Leinenausgabe

Weitere Werke von Rudolf Steiner zum Thema

Das Christentum als mystische Tatsache und die Mysterien des Altertums (1902). GA 8, Leinen- und Taschenbuchausgabe

Die geistige Führung des Menschen und der Menschheit (1911). GA 15, Leinen- und Taschenbuchausgabe

Erfahrungen des Übersinnlichen. Die drei Wege der Seele zu Christus. Vierzehn Vorträge 1912. GA 143, Leinen- und Taschenbuchausgabe

Christus und die menschliche Seele. Über den Sinn des Lebens. Zehn Vortrage 1912 u. 1914. GA 155, Leinen- und Taschenbuchausgabe

Von Jesus zu Christus. Elf Vorträge 1911. GA 131, Leinen- und Taschenbuchausgabe

Der technisch-ökonomische Fortschritt und der damit verbundene klassenlose Konsum in den Industrienationen sind die Ergebnisse eines hochentwickelten Spezialistentums. Vor möglichen negativen Folgen der mit der Spezialisierung verbundenen Eindimensionalität des Denkens und Handelns hat man lange Zeit die Augen verschlossen. Das Sterben der Wälder, die Vergiftung des Wassers und der Luft, Chemieunfälle und Havarien in den Kernkraftwerken ließen die Menschen aufhorchen, zur Besinnung kommen.

Wenn heute von der Notwendigkeit eines ökologischen Denkens die Rede ist, so bedeutet dies vor allem, daß das, was ursprünglich eine Einheit bildete und im Zuge des Fortschritts atomisiert, isoliert, zerstört wurde, wieder in seinen Zusammenhängen und Wechselbezügen begriffen werden muß.

Rudolf Steiner hat im Laufe der Jahre seine Forschertätigkeit auf viele Gebiete ausgedehnt. In Kursen über Pädagogik, Medizin, Physik, Nationalökonomie und Landwirtschaft hat er Grundlagen für eine neue Lebenspraxis geschaffen, die die Einheit der Natur und des Menschen gleichermaßen thematisiert. Wissenschaft muß zugleich Kunst und Religion sein, die Kunst muß ebenso wie die Religion die anderen beiden Gebiete in sich zur Wirksamkeit bringen. Was unter der Einheit von Kunst, Wissenschaft und Religion zu verstehen ist und welche Bedeutung sie hat z. B. für eine Überwindung des auch heute noch aktuellen Ost-West-Gegensatzes, ist Thema des folgenden Beitrages, der einem Vortrag entnommen ist, den Rudolf Steiner unter dem Titel «Anthroposophie und Weltorientierung» im Rahmen eines von mehr als 2000 Zuhörern besuchten Ost-West-Kongresses am 3. Juni 1922 in Wien gehalten hat.

Die Einheit von Kunst, Wissenschaft und Religion. Eine Zukunftsaufgabe

Wenn wir uns des Denkens, das nun einmal heute für die Naturforschung besonders geeignet ist, in das wir uns heute hineinschulen durch die Vererbung und Erziehung, wenn wir uns dieses Denkens bedienen und das ausbilden, was wir wissenschaftliche Vorstellungen nennen, dann trennen wir diese wissenschaftlichen Vorstellungen nach dem Wesen unseres Bewußtseins streng ab von dem, was wir künstlerisches Erleben nennen, und von dem, was wir religiöses Erleben nennen. Das ist gerade ein Grundcharakteristikon unserer Zeit, daß der moderne Mensch in einem gewissen Sinne eine Wissenschaft fordert, die nichts aufnimmt von irgendeiner künstlerischen Gestaltung, irgendeiner künstlerischen Anschauung und auch nichts aufnimmt von dem, was Gegenstand des religiösen Bewußtseins, der religiösen Hingabe an Weltlichkeit und Göttlichkeit sein will. Wir müssen sagen, das ist ein Charakteristikon unserer gegenwärtigen Zivilisation. Und wir finden immer mehr und mehr dieses Charakteristikon ausgeprägt, je weiter wir nach Westen gehen und dort den Grundcharakter der menschlichen Zivilisation prüfen. Das ist das Charakteristikon, daß der moderne Mensch als nebeneinanderstehend in seiner Seele hat Wissenschaft, Kunst und religiöses Leben. Und er bemüht sich ja, einen besonderen Wissensbegriff zu bilden, die Kunst durchaus nicht übergreifen zu lassen in die Wissenschaft, die Phantasie auszuschalten aus allem, was «wissenschaftlich» ist mit Ausnahme dessen, was auf Erfindungen abzielt; und dann eine andere Art von Glaubensgewißheit geltend zu machen, die insbesondere im religiösen Leben ihre Rolle spielen soll.

Wenn man in dem Sinn, wie ich es charakterisiert habe, versucht, zu einer geistigen Anschauung aufzusteigen, dann kommt man, indem man durchaus von dem geschulten naturwissenschaftlichen Denken der Gegenwart ausgeht, zu dem, was ich charakterisierte als ein lebendiges Denken, als ein bildhaftes Denken. Mit diesem bildhaften Denken fühlt man sich nun auch gerüstet, dasjenige, ich möchte sagen, wie mathematisch, aber jetzt qualitativ, zu begreifen, was mit der gewöhnlichen Mathematik und Geometrie nicht zu begreifen ist: das Lebendige. Mit dem lebendigen Gedanken fühlt man sich geeignet, das Lebendige zu ergreifen.

Indem dasjenige, was, sagen wir, in bloßen chemischen Verbindungen der unorganischen Welt wirkt, von uns überschaut wird, ist – wenn ich mich jetzt populär aussprechen darf – das, was da wirkt an Stoffen und Kräften, in einem mehr oder weniger labilen Gleichgewicht. Immer labiler und labiler wird das Gleichgewicht, immer komplizierter und komplizierter wird das Ineinanderwirken, je mehr wir heraufsteigen zum Lebendigen. Und in demselben Maße, wie das Gleichgewicht labiler wird, entreißt sich das lebendige Gebilde der quantitativen Erfahrung; und erst dem lebendigen Gedanken wird es so zugänglich, daß er sich mit dem lebendigen Gebilde so verbinden kann wie der mathematische Gedanke mit dem leblosen. Dadurch aber gelangen wir – ich habe schon in einem der früheren Vorträge darauf hingewiesen, daß ich damit eigentlich für viele heutige Denker etwas Horribles sage –, dadurch gelangen wir herauf zu einem Erkenntnisstandpunkt, der kontinuierlich überführt das gewöhnliche, logische, abstrakte Denken in eine Art künstlerischen Denkens, in eine Art künstlerischer Anschauung, die aber durchaus innerlich so exakt ist, wie nur jemals die Mathematik oder Mechanik exakt sein können.

Ich weiß, wie sehr man davor zurückschreckt von seiten des modernen Wissenschaftsgeistes aus, dasjenige, was exakt sein will, überzuführen in das Künstlerische, in das, was sich, indem die Qualität mitwirkt, im Menschen zu einer Art qualitativen Mathesis gestaltet. Aber was nützt denn alle Erkenntnistheorie, die da deklamiert, daß wir zu einer Erkenntnis der Objektivität doch nur kommen könnten, wenn wir von Schlußfolgerung zu

Schlußfolgerung fortschreiten und uns ja hüten müßten, irgend etwas von einem solchen künstlerischen Wesen in die Erkenntnis einzubeziehen, wenn die Natur, die Wirklichkeit auf einer gewissen Stufe eben künstlerisch wirkte, so daß sie sich nur einem künstlerischen Erkennen ergeben würde.

Insbesondere gelangen wir nicht zu dem, was den menschlichen Organismus so von innen heraus gestaltet, wie ich das vorgestern beschrieben habe – was als eine Art erster übersinnlicher Mensch in uns wirkt –, wenn wir nicht dasjenige, was zusammenfügendes Denken ist, in eine Art künstlerische Gestaltung einlaufen lassen, wenn wir nicht aus einer qualitativen Mathematik heraus die menschliche schaffende Gestalt nachschaffen können. Wir brauchen nur beizubehalten den Geist der Wissenschaftlichkeit und aufzunehmen den Geist des Künstlerischen.

Kurz, wir müssen aus dem, was wir heute Wissenschaft nennen, indem wir den ganzen Wissenschaftsgeist aufrechterhalten, ein künstlerisches Anschauen gebären. Dann aber, wenn wir das tun, nähern wir uns der Versöhnung von Wissenschaft und Kunst, wie sie Goethe geahnt hat, indem er einen Ausspruch tat wie diesen: «Das Schöne ist eine Manifestation geheimer Naturgesetze, die uns ohne dessen Erscheinung ewig wären verborgen geblieben.» Goethe wußte gar wohl: Wenn man dabei bleibt, mit den Gedankenformen die Natur oder die Welt überhaupt begreifen zu wollen, welche sich als die gesunden und richtigen für die unorganische Welt herausstellen, so ergibt sich einfach nicht die Gesamtheit der Welt. Und nicht eher wird man den Übergang finden von der Wissenschaft des Unorganischen zu der des Organischen, ehe man nicht die abstrakte Erkenntnis in die innerlich belebte Erkenntnis, die zu gleicher Zeit ein inneres Schalten und Walten ist, überführen wird.

Indem wir uns so innerhalb des modernen Geistesstrebens hinwenden zu einer Erfassung des Lebendigen, nähern wir uns aber dem, was nun nicht in solcher Besonnenheit und Bewußtheit, nach denen wir streben, aber eben instinktiv vorhanden war im griechischen Bewußtsein. Und niemand begreift in Wirklichkeit, was sich noch bei Plato, aber insbesondere bei den vorsokratischen Philosophen äußerte, wenn er nicht gewahr wird, daß da noch ein Zusammenwirken des künstlerischen Elements im Menschen mit dem philosophisch-wissenschaftlichen vorhanden war. Erst am Ausgang des Griechentums, philosophisch gesprochen etwa bei Aristoteles, wird der Gedanke abgetrennt, der aus der Sprache heraus geboren ist und der dann später, indem er sich über die Scholastik entwickelt, zum naturwissenschaftlichen Gedanken wird. Erst im späteren Griechentum wird der Gedanke herausgeschält. Das ältere Griechentum hat den Gedanken als künstlerisches Element. Und griechische Philosophie ist im wesentlichen auch nur zu verstehen, wenn sie zu gleicher Zeit mit künstlerischem Sinn ergriffen wird.

Das aber führt uns überhaupt dazu, in dem Griechentum zu sehen diejenige Zivilisation, die Wissenschaft und Kunst noch ungetrennt hat. Das drückt sich aus sowohl in der Kunst wie in der Wissenschaft selber. Ich kann natürlich jetzt nicht auf alle Einzelheiten eingehen. Aber studieren Sie mit gesundem Menschensinn und mit einem gesunden, geistdurchdrungenen Auge, was die griechische Plastik ist, so werden Sie finden, daß der Grieche nicht in dem Sinn, wie das heute geschieht, nach dem Modell arbeitete, daß der Grieche, indem er plastisch arbeitete, aus einem inneren Erleben heraus arbeitete. Indem er den Muskel, den gebeugten Arm formte, die Hand formte, formte er nach, was er in seinem Innern erfühlte. Seinen inneren, lebendigen zweiten Menschen, ich möchte sagen, diesen ätherischen Menschen, den fühlte er; seelisch durchlebte er sich und fühlte so die Begrenzung nach außen. Das, was er innerlich erlebte, ging in die Plastik über. Die Kunst war eine Offenbarung dessen, was so geschaut wurde. Und dieses Schauen, das hinübergetragen wurde in diesen in der Sprache lebenden Gedanken, wurde zur Wissenschaft, die noch einen künstlerischen Charakter hatte dadurch, daß sie eins war mit dem, was griechischer Sprachgeist dem Griechen offenbarte.

Und so treten wir ein mit dem Griechentum in eine Welt, die sich uns erst wiederum erschließt, wenn wir selber aufsteigen aus unserer von der Kunst getrennten Wissenschaft zu einer Erkenntnis, die wiederum überfließt ins künstlerische Element. Ich möchte sagen, was wir später entwickeln in voller Besonnenheit, das war früher einmal da in einem instinktiven Erleben. Und wir können ja geradezu sehen, wie sich innerhalb des geschichtlichen Lebens dieses Zusammenleben von Kunst und Wissenschaft dann hinüberwandelt in das, was in unserer Zeit vorhanden ist: die völlige Trennung von Kunst und Wissenschaft.

Als die Menschheit sich durch das Römertum hindurch in das Mittelalter hinein entwickelte, ging die Erziehung, die Bildung zu einer höheren Stufe der Menschheitskultur von einem ganz anderen Gesichtspunkt aus, als das später der Fall war. Später, im naturwissenschaftlichen Zeitalter, kam es hauptsächlich darauf an, die Ergebnisse dessen, was aus der Beobachtung und dem Experiment gewonnen wird, dem Menschen mitzuteilen. Wir leben ja fast davon in unserer Bildung, daß wir uns Ergebnisse, die aus der Beobachtung, aus dem Experimentieren genommen sind, aneignen. Schauen wir hin auf die Zeit, in der sich noch eine gewisse Fortwirkung des Griechentums zeigte, so sehen wir, wie da auch in der wissenschaftlichen Ausbildung noch etwas vorhanden war, was näher an den Menschen heranrückte, was mehr auf die Ausbildung eines Könnens im Menschen hinwirkte. Wir sehen, wie im Mittelalter der Auszubildende durchgehen mußte durch die sogenannten sieben freien Künste: Grammatik, Rhetorik, Dialektik, Arithmetik, Geometrie, Astronomie und Musik. Es kam auf ein Können an. Was man werden sollte als Wissenschafter, das erwarb man sich durch die sieben freien Künste, die aber durchaus schon auf dem Wege waren, Erkenntnis und Wissenschaft zu werden, wie das später dann geschehen ist.

Und man kann ja sehen, wenn man die heute so viel verpönte scholastische Philosophie des Mittelalters studiert, wie gerade diese Scholastik, die auf dem Übergang von alten Zeiten zu den unsrigen steht, eine wunderbare Ausbildung der Begriffskunst ist. Man möchte den modernen Menschen nur wünschen, daß sie etwas von der Scholastik in sich aufnähmen, die in den besten Zeiten des Mittelalters üblich war, die eine Denktechnik und Denkkunst in den Menschen heranzog. Man braucht das gerade, wenn man zu festumrissenen Begriffen, zu denen wir kommen müssen, kommen will. Indem man nun aber von dem heutigen Standpunkt ausgeht, der Wissenschaft, Kunst und Religion streng voneinander trennt, und durch das Mittelalter nach aufwärts steigt in der Menschheitsentwicklung, nähert man sich dem Griechentum, wo, je weiter und weiter man zurückgeht, man sich desto mehr und mehr davon überzeugt, daß Wissenschaft und Kunst in eins verschmolzen sind.

Aber noch immer steht im Griechentum da eine von Wissenschaft und Kunst getrennte Erscheinung: das religiöse Leben. Es kommt an den Menschen auf eine ganz andere Weise heran als das wissenschaftliche oder künstlerische Erleben. Was in Kunst und Wissenschaft lebt, lebt im Raum und in der Zeit als Objekt; der Inhalt des religiösen Bewußtseins ist jenseits von Raum und Zeit. Das gehört der Ewigkeit an, das gebiert zwar Raum und Zeit aus sich, aber wir kommen ihm nicht nahe, wenn wir innerhalb von Raum und Zeit stehenbleiben.

Was Geisteswissenschaft, allerdings in einem viel genaueren Sinn, heute über diese Dinge entwickeln muß, kann man auch aus den äußeren Dokumenten ersehen. Und ich möchte immer wieder hinweisen auf ein gerade in Österreich erschienenes, in dieser Beziehung außerordentlich brauchbares Werk, auf die «Geschichte des Idealismus» von Otto Willmann, ein Buch, das besonders hervorragend ist über viele Bücher, die ähnliche Probleme in der Gegenwart behandeln. Man kann unbefangen urteilen über solche Dinge, wenn sie auch aus entgegengesetzten Anschauungen hervorgehen, wenn sie nur hinführen zu etwas, was das Geistesleben fördert.

Im Griechentum steht da jene Einheit von Kunst und Wissenschaft und auf der anderen Seite jenes religiöse Leben, an das sich der Grieche hingibt, das er allerdings in der Volksreligion in Bildern ausgestaltet, in der Mysterienreligion aber durch die Einweihung in vertieftem Sinn erhält. Aber überall können wir sehen, daß in die Seelenkräfte, die sich in Wissenschaft und Kunst entwickeln, das Religiöse nicht hereinspielt, sondern daß das Seelenleben, um ins religiöse Leben zu kommen, erst in jene fromme Stimmung, in jene All-Liebe kommen muß, in der erfaßt werden kann, was sich aus dem Göttlich-Geistigen überhaupt offenbart und mit dem sich der Mensch in religiöser Hingabe vereinigen kann.

Gehen wir aber hinüber zu dem Orient. In je ältere Zeiten wir zurückgehen, desto mehr finden wir, daß es mit dem geistigen Leben wiederum etwas ganz anderes ist. Und auch da kann uns das führen, was wir selbst innerhalb der modernen Geistesschulung uns erringen: Wenn wir von dem Erleben des lebendigen Begriffs zu jenen innerlichen Schmerzen und Leiden aufsteigen, die wir überwinden müssen, damit wir ganz Sinnes- beziehungsweise Geistesorgan werden als ganzer Mensch und aufhören, im bloßen physischen Leib die Welt zu erfahren, indem wir unabhängig vom physischen Leib in der Welt drinnenstehen, dann stehen wir so in der Welt, daß wir lernen, außerhalb von Raum und Zeit eine Wirklichkeit zu erleben. Da erleben wir dann auch die Wirklichkeit des Geistig-Seelischen, wie es hereinwirkt in das Zeitliche, in der Art, wie ich es geschildert habe. Aber wenn wir die Geistesschau erringen, die errungen wird durch die Überwindung von Schmerz und Leid im Innern, haben wir damit schon etwas von dem Element in die Erkenntnis hereingebracht, das in ganz kontinuierlicher Weise die Erkenntnis hineinführt, indem sie als wirkliche Erkenntnis, als wirkliches Wissen dem Geiste nach aufrecht bleibt, in das religiöse Erleben. Und indem wir das, was aus alten Zeiten in ehrwürdigen traditionellen Vorstellungen als Religionsinhalt geblieben ist, erleben, erleben wir auch Neueres von einem ähnlichen geistigen Inhalt wiederum, wenn wir uns hinaufringen zu einem solchen Erkennen, das nun leben kann in der Sphäre der religiösen Frömmigkeit.

Dann aber verstehen wir erst, aus welchen menschlichen Tiefen heraus das entsprungen ist, was in der Welt des alten Ostens gelebt hat als eine Einheit nun von Religion, Kunst und Wissenschaft. Die waren einmal eine Einheit. Was der Mensch erkannte, was er aufnahm in seine Ideenwelt, das war eine andere Seite dessen, was er vor sich hinstellte, damit es in künstlerischer Schönheit auf ihn herabstrahle; und was er also erkennend erfaßte und in Schönheit erstrahlen ließ, war auch ein Geistiges, dem er seine Kultushandlungen darbrachte, demgegenüber er sich auch mit seinem Tun bewegte als hingegeben an eine höhere Ordnung. Religion, Kunst, Wissenschaft sehen wir hier als eine Einheit verwirklicht.

Das führt uns aber zurück in eine Zeit, in der der menschliche Gedanke selber nicht nur auf den Wogen des Wortes dahinlebte, sondern wo Erlebnis für den Menschen war, daß der Gedanke in noch tieferen Regionen lebte als das Wort selber, daß der Gedanke verbunden war mit der innigsten Faserung dessen, was menschliche Natur ist. Daher holte der indische Jogi die Gedanken aus dem Atmen heraus, aus dem, was tiefer begründet ist als das Wort. Der Gedanke hat sich erst nach und nach zum Wort erhoben und dann über das Wort hinaus in der modernen Kultur. Der Gedanke war aber ursprünglich mit intimerem, tieferem menschlichen Erleben verbunden, und das war in der Zeit, wo sich die Einheit des religiösen, künstlerischen und wissenschaftlichen Lebens in einer durchgreifenden Harmonie entfalten konnte.

Von dem, was ich Ihnen so schildern konnte als harmonische Einheit von Religion, Kunst und Philosophie, wie sie uns etwa in den Veden als Richtung entgegentritt, von dem ist heute ein Nachklang im Orient drüben vorhanden. Aber ein Nachklang, den wir verstehen müssen, den wir nicht leicht verstehen, wenn wir uns bloß zu dem erheben, was in der westlichen Kultur lebt als Trennung von Religion, Kunst und Wissenschaft, den wir aber im vollen Sinn des Wortes verstehen, wenn wir uns durch eine neuere Geisteswissenschaft aufschwingen zu einer Anschauung, die wiederum eine Harmonie von Religion, Kunst und Wissenschaft hervorbringt. Aber wir haben im Orient noch die Überreste von jener alten Einheit vor uns. Schauen wir hinüber: selbst da, wo er nach Europa herüberwirkt, haben wir das in einem Nachklang noch vor uns. Was eine frühere geschichtliche Epoche war, das ist in einer gewissen Weise auf einem gewissen Fleck der Erde noch Gegenwart geblieben. Und wir können diese Gegenwart an einem großen Philosophen des europäischen Ostens, an Solovjeff, wahrnehmen.

Dieser Philosoph der zweiten Hälfte des 19. Jahrhunderts wirkt auf uns in einer ganz besonderen Art. Wenden wir uns den Philosophen des Westens zu, John Stuart Mill oder Herbert Spencer oder anderen, so finden wir, daß ihr Standpunkt herausgewachsen ist aus dem naturwissenschaftlichen Denken, das ich heute beschrieben habe. In Solovjeff lebt aber noch etwas, was Religion, Kunst und Wissenschaft wie als eine Einheit darstellt. Man sieht allerdings, wenn man sich an die Lektüre von Solovjeff heranmacht, daß er wie eine philosophische Sprache dasjenige benützt, was sich bei Kant, bei Comte findet; er beherrscht die Ausdrucksformen dieser westlichen und mitteleuropäischen Philosophen vollständig. Lebt man sich aber in seinen Sinn ein, in das, was er durch diese Ausdrucksformen ausspricht, dann erlebt man ihn anders. Man hat bei ihm ein historisches Gefühl: er kommt einem vor wie ein Mensch, der wieder auferstanden ist aus den Diskussionen heraus, die vor dem Konzil von Nicäa gepflogen worden sind. Man fühlt förmlich den Ton, der in den

Diskussionen der ersten christlichen Väter herrschte, und es lebte in diesen ersten christlichen Jahrhunderten durchaus noch ein Nachklang von der Einheit von Religion und Wissenschaft – diese Einheit, wo auch der Wille noch mit dem Denken zusammenfließt. Das alles strömt und wellt durch Solovjeffs osteuropäische Weltanschauung.

Und wenn wir heute auf das hinschauen, was uns als Kultur und Zivilisation umgibt, so finden wir, daß wir in den mehr westlichen Gegenden eben jene Trennung von Religion, Kunst und Wissenschaft haben, daß aber das, was so recht unserem historischen Augenblick angehört, was so recht das ist, aus dem heraus wir wirken und die Gebilde der Welt prägen müssen, jene Wissenschaft ist, die auf dem zuerst geschilderten naturwissenschaftlichen Denken streng aufgebaut ist, während wir in den Kunststilen und Religionsinhalten altes Traditionelles übernehmen. Wir sehen heute, wie wenig produktiv die Kunst in neuen Stilformen ist, wie überall alte Stilformen aufleben. Dasjenige, was in unserer Zeit lebendig ist, ist das, was im wissenschaftlichen Gedanken lebt. Wir müssen erst eine Zeit abwarten, die in der Weise, wie ich es geschildert habe, das belebte, imaginative Denken hat, das wiederum zum Lebendigen führt, das wiederum auch in neuen Stilformen künstlerisch unmittelbar schöpferisch werden kann, ohne daß es strohern, allegorisch, unkünstlerisch wird.

Wir sehen also den wissenschaftlichen Gedanken als den treibenden Impuls der unmittelbaren Gegenwart, und um so mehr, je mehr wir nach Westen kommen. Und wir sehen im Osten einen Nachklang dessen, was Einheit von Religion, Kunst und Wissenschaft war.

Dieses religiöse Grundelement, diese Nuance haben die Osteuropäer im Gemüt. Sie schauen mit dieser Grundnuance in die Welt hinein. Den Westen können sie nur auf dem Umweg über eine solche geistige Entwicklung verstehen, wie sie hier bei unserer geisteswissenschaftlichen Bewegung vorliegt; ein unmittelbares Verständnis für den Westen haben sie nicht, weil man gerade im Westen reinlich das Religiöse und das Künstlerische vom wissenschaftlichen Gedanken abgrenzen will.

Und in der Mitte – wir können uns dem nicht verschließen –, da muß der Mensch die äußere Sinneswelt sich aufdrängen lassen und den Gedanken erleben, der sich für die äußere Sinnenwelt eignet; er kann aber nicht anders als zurückblicken auf sich selber und sein Inneres erleben, und für das Innere braucht er das religiöse Erleben. Ich möchte aber sagen, tiefer verborgen in der menschlichen Natur als das religiöse Erleben, das man im Innern braucht, und das wissenschaftliche Erleben, das man für die Beobachtung der Außenwelt braucht, ist das Bindeglied zwischen beiden, das künstlerische Erleben.

Dieses künstlerische Erleben ist daher auch etwas, was heute im Leben so dasteht, daß es nicht in erster Linie als Anforderung an das Leben geltend gemacht wird. Wir sehen, wie sich die westliche Kultur mit Wissenschaftsgedanken trägt und die ostliche Kultur mit religiösen Gedanken. Wir sehen, wie wir in einer künstlerischen Kultur drinnenstehen, wie wir uns aber nicht voll in sie einleben können, wie die künstlerische Kultur vielfach Renaissance ist. Dennoch aber muß man sagen, die Sehnsucht nach einem solchen Ausgleich ist in der Mitte zwischen Ost und West durchaus vorhanden. Und wir sehen sie, wenn wir etwa hinblicken gerade auf Goethe.

Was war denn Goethes große Sehnsucht, als er, ich möchte sagen, aus unmittelbar künstlerischen Anlagen heraus vor die Rätsel der Natur gestellt wurde? Sein Künstlersinn formte sich wie selbstverständlich um zu seiner wissenschaftlichen Anschauung. Und man möchte sagen, bei Goethe, dem repräsentativen Mitteleuropäer, finden wir Kunst und Wissenschaft doch in eins geprägt, und wir finden es weiter in eins geprägt, wenn wir das Goethesche Leben in seiner Entwicklung verfolgen und wenn wir verstehen, Goethe so recht in die Entwicklung der neueren Zeit hineinzustellen. Goethe lebt sich hinein in dieses Zusammenwirken von Kunst und Wissenschaft. So entstand eine nur historisch aufzufassende Sehnsucht in ihm: der Drang nach Italien, nach südlicher Kultur. Und von der Beobachtung der Kunstwerke, die sich ihm im Süden darboten, schrieb er seinen Weimarischen Freunden etwas, was sich anlehnte an das, was er dort in Weimar als Philosophie und Wissenschaft kennengelernt hatte. In Spinoza hatte er das göttliche Walten dargestellt gefunden in philosophischer Weise. Ihm genügte das nicht. Er wollte ein erweitertes, ein vergeistigteres Hineinleben in die Welt und in die Geistigkeit. Und im Anblick der südlichen Kunstwerke schrieb er seinen Freunden: «Da ist Notwendigkeit, da ist Gott!» Und: «Ich habe die Vermutung, daß die Griechen nach eben den Gesetzen verfuhren, nach welchen die Natur selbst verfährt und denen ich auf der Spur bin.» Hier will Goethe in eins verschmelzen Wissenschaft und Kunst.

Wenn ich zum Schluß etwas Persönliches anführe, so soll es nur aus dem Grund geschehen, um Ihnen anzudeuten, wie man an einem einzelnen Symptom die Art und Weise finden kann, wie die mittlere Welt sich zwischen Ost und West hineinstellen kann. Dieses Symptom habe ich vor etwa vierzig Jahren hier in Wien erlebt. In meiner Jugend lernte ich kennen Karl Julius Schröer; er las dazumal über die Geschichte der deutschen Dichtung seit Goethes erstem Auftreten. In der Einleitungsvorlesung sagte er verschiedenes Bedeutungsvolles; aber er sprach dann ein Wort aus, das so recht charakteristisch ist für das mitteleuropäische Sehnen der besten Geister, aus dem heraus sie, mehr instinktiv, sprachen. Auch Schröer sprach mehr instinktiv. In der Tat aber drückte er die Sehnsucht nach einer Verbindung von Kunst und Wissenschaft aus, nach einer Verbindung des westlichen Wissenschaftsgedankens und des östlichen Religionsgedankens in dem künstlerischen Schauen, indem er zusammenfaßte, was er sagen wollte, in dem für mich bedeutungsvollen Worte: Der Deutsche hat ästhetisches Gewissen.

Damit ist ganz gewiß nicht eine unmittelbare allgemeine Realität ausgesprochen. Aber eine Sehnsucht ist ausgesprochen, die Sehnsucht danach, zusammenzuschauen Kunst und Wissenschaft. Und dann, wenn man das zusammenschauen kann, dann hat ja ein anderer Mitteleuropäer, den ich eben charakterisiert habe, die Empfindung gehabt, die er ausgesprochen hat in schönen Worten: daß man dann, wenn man zusammenschauen kann Wissenschaft und Kunst, sich auch zum religiösen Erleben erheben kann, wenn nur in diesem Goetheschen Sinn in Wissenschaft und Kunst wirkliche Geistigkeit gefunden wird. In diesem Sinn hat er das Wort gesprochen:

> Wer Wissenschaft und Kunst besitzt,
> hat auch Religion;
> wer jene beiden nicht besitzt,
> der habe Religion.

Wer ein ästhetisches Gewissen hat, kommt auch zur wissenschaftlichen und religiösen Gewissenhaftigkeit. Und das kann uns zeigen, wo wir heute stehen.

Heute, ich spreche nicht gern das oft angeführte Wort von der Übergangszeit aus, jede Zeit ist eine Übergangszeit, aber heute, in einer Übergangszeit, kommt es eben darauf an, worin der Übergang in der Zeit besteht. In unserer Zeit erlebten wir, bis zum höchsten Triumph entwickelt, die Trennung von Religion, Kunst und Wissenschaft. Das aber, was gesucht werden muß und was erst eine Verständigung finden lassen kann zwischen Ost und West, das ist die Harmonisierung, die innere Einheit von Religion, Kunst und Wissenschaft. Und zu dieser inneren Einheit möchte die Weltauffassung und Lebensanschauung, von der hier gesprochen worden ist und weiter gesprochen werden wird, führen.

Quellenangabe

Die Einheit von Kunst, Wissenschaft und Religion. Eine Zukunftsaufgabe. – Aus dem Vortrag «Anthroposophie und Weltorientierung», gehalten in Wien am 3. Juni 1922. In «Westliche und östliche Weltgegensätzlichkeit». Zehn Vorträge 1922. GA 83, Leinen- und Taschenbuchausgabe

Weitere Werke von Rudolf Steiner zum Thema

Die Ergänzung heutiger Wissenschaften durch Anthroposophie. Acht Vorträge 1917/18. GA 73, Leinen- und Taschenbuchausgabe

Die befruchtende Wirkung der Anthroposophie auf die Fachwissenschaften. Sieben Vorträge 1921. GA 76, Leinenausgabe

Kunst und Kunsterkenntnis. Grundlagen einer neuen Ästhetik. Vorträge und Aufsätze 1888–1921. GA 271, Leinen- und Taschenbuchausgabe

IV
AUS ERKENNTNIS HANDELN

«Es kommt nicht darauf an,
daß man von einer Geistigkeit weiß
oder zu wissen glaubt,
sondern darauf, daß dies eine Geistigkeit ist,
die auch beim Erfassen
der praktischen Lebenswirklichkeit zutage tritt.»

Außergewöhnlich waren die Beweggründe, waren die Umstände, und außergewöhnlich ist das, was sich aus schwierigen Anfängen heraus entwickelt hat. Die Rede ist hier von der Gründung der ersten Freien Waldorfschule in Stuttgart im Jahre 1919 und der aus ihr hervorgegangenen, heute weltweiten Schulbewegung. Impulsiert von Vorträgen Rudolf Steiners, hatte Emil Molt, Direktor der Waldorf-Astoria-Zigarettenfabrik, die Initiative ergriffen. Er wollte den Kindern seiner Arbeiter eine umfassende, zukunftsorientierte Schulbildung zukommen lassen, und das in einer Zeit, in der sich alle Kräfte in der Industrie einzig und allein darauf konzentrierten, der völlig brachliegenden deutschen Wirtschaft wieder zum Aufschwung zu verhelfen!

Zur Verwirklichung des Vorhabens wandte sich Molt an Rudolf Steiner mit der Bitte, die Gründung einer solchen Schule vorzubereiten und deren Leitung zu übernehmen. In mehreren Kursen speziell für Lehrer und in über 200 Vorträgen, mal vor Fachleuten, mal vor einem allgemein pädagogisch interessierten Publikum im In- und Ausland, beschrieb er die Aufgaben einer geisteswissenschaftlich orientierten Menschenkunde und gab zahlreiche Anregungen zur Erneuerung der Methodik und Didaktik für nahezu alle Unterrichtsgebiete. Von den wichtigen Neuerungen, die insbesondere in den letzten 20 Jahren das Interesse weitester pädagogischer Fachkreise auf sich zogen, seien hier einige der markantesten genannt: Als einheitliche Volks- und Höhere Schule von der 1. bis zur 12. Klasse konzipiert, waren die Waldorfschulen Vorreiter der Gesamtschulbewegung. Ferner kennen die Waldorfschulen keine Notenzeugnisse, keine Auslese durch Sitzenbleiben. Fremdsprachenunterricht wird bereits ab der ersten Klasse erteilt. Jede Schule verwaltet sich selbst.

Den nachfolgenden Aufsatz hat Rudolf Steiner im Oktober 1919 für die von ihm mitbegründete Wochenschrift «Dreigliederung des sozialen Organismus» geschrieben.

DIE PÄDAGOGISCHE GRUNDLAGE DER WALDORFSCHULE

Die Absichten, die Emil Molt durch die Waldorfschule verwirklichen will, hängen zusammen mit ganz bestimmten Anschauungen über die sozialen Aufgaben der Gegenwart und der nächsten Zukunft. Aus diesen Anschauungen heraus muß der Geist erstehen, in dem diese Schule geführt werden soll. Sie ist angegliedert an eine industrielle Unternehmung. Die Art, wie sich die moderne Industrie in die Entwicklung des menschlichen Gesellschaftslebens hineingestellt hat, gibt der Praxis der neueren sozialen Bewegung ihr Gepräge. Die Eltern, die ihre Kinder dieser Schule anvertrauen werden, können nicht anders als erwarten, daß diese Kinder in dem Sinne zur Lebenstüchtigkeit erzogen und unterrichtet werden, der dieser Bewegung volle Rechnung trägt. Das macht notwendig, daß bei der Begründung der Schule von pädagogischen Prinzipien ausgegangen wird, die in den Lebensforderungen der Gegenwart wurzeln. Die Kinder sollen zu Menschen erzogen und für ein Leben unterrichtet werden, die den Anforderungen entsprechen, für die jeder Mensch, gleichgültig aus welcher der herkömmlichen Gesellschaftsklassen er stammt, sich einsetzen kann. Was die Praxis des Gegenwartslebens von dem Menschen verlangt, es muß in den Einrichtungen dieser Schule sich widerspiegeln. Was als beherrschender Geist in diesem Leben wirken soll, es muß durch Erziehung und Unterricht in den Kindern angeregt werden.

Verhängnisvoll müßte es werden, wenn in den pädagogischen Grundanschauungen, auf denen die Waldorfschule aufgebaut werden soll, ein lebensfremder Geist waltete. Ein solcher tritt heute nur allzu leicht dort hervor, wo man ein Gefühl dafür entwickelt, welchen Anteil an der Zerrüttung der Zivilisation das Aufgehen in einer materialistischen Lebenshaltung und Gesinnung während der letzten Jahrzehnte hat. Man möchte, durch dieses Gefühl veranlaßt, in die Verwaltung des öffentlichen Lebens eine idealistische Gesinnung hineintragen. Und wer seine Aufmerksamkeit der Entwicklung des Erziehungs- und Unterrichtswesens zuwendet, der wird diese Gesinnung vor allem andern da verwirklicht sehen wollen. In einer solchen Vorstellungsart gibt sich viel guter Wille kund. Daß dieser anerkannt werden soll, ist selbstverständlich. Er wird, wenn er sich in der rechten Art betätigt, wertvolle Dienste leisten können, wenn es sich darum handelt, menschliche Kräfte für ein soziales Unternehmen zu sammeln, für das neue Voraussetzungen geschaffen werden müssen. – Dennoch ist gerade in einem solchen Falle nötig darauf hinzuweisen, wie der beste Wille versagen muß, wenn er an die Verwirklichung von Absichten geht, ohne die auf Sacheinsicht begründeten Voraussetzungen in vollem Maße zu berücksichtigen.

Damit ist eine der Forderungen gekennzeichnet, die heute bei Begründung einer solchen Anstalt in Betracht kommen, wie die Waldorfschule eine sein soll. In ihrem pädagogischen und methodischen Geiste muß Idealismus wirken; aber ein Idealismus, der die Macht hat, in dem aufwachsenden Menschen die Kräfte und Fähigkeiten zu erwecken, die er im weiteren Lebensverlauf braucht, um für die gegenwärtige Menschengemeinschaft Arbeitstüchtigkeit und für sich einen ihn stützenden Lebenshalt zu haben.

Die Pädagogik und Schulmethodik wird eine solche Forderung nur erfüllen können mit wirklicher Erkenntnis des heranwachsenden Menschen. Einsichtige Menschen verlangen heute eine Erziehung und einen Unterricht, die nicht auf einseitiges Wissen, sondern auf Können, nicht auf bloße Pflege der intellektuellen Anlagen, sondern auf Ertüchtigung des Willens hinarbeiten. Die Richtigkeit dieses Gedankens kann nicht angezweifelt werden. Allein man kann den Willen und das ihm zugrunde liegende gesunde Gemüt nicht erziehen, wenn man nicht die Einsichten entwickelt, die in Gemüt und Willen tatkräftige Antriebe erwekken. Ein Fehler, der nach dieser Richtung hin in der Gegenwart häufig gemacht wird, besteht nicht darin, daß man zu viel an Einsicht in den aufwachsenden Menschen hineinträgt, sondern darin, daß man Einsichten pflegt, denen die Stoßkraft für das Leben mangelt. Wer glaubt, den Willen bilden zu können, ohne die ihn belebende Einsicht zu pflegen, der gibt sich einer Illusion hin. – In diesem Punkte klarzusehen, ist Aufgabe der Gegenwarts-Pädagogik. Dieses klare Sehen kann nur aus einer lebensvollen Erkenntnis des ganzen Menschen hervorgehen.

So wie sie vorläufig gedacht ist, wird die Waldorfschule eine Volksschule sein, die ihre Zöglinge so erzieht und unterrichtet, daß Lehrziele und Lehrplan aufgebaut sind auf die in jedem Lehrer lebendige Einsicht in das Wesen des ganzen Menschen, soweit dies unter den gegenwärtigen Verhältnissen schon möglich ist. Es ist selbstverständlich, daß die Kinder in den einzelnen Schulstufen so weit gebracht werden müssen, daß sie den Anforderungen entsprechen können, die man nach den heutigen Anschauungen stellt. Innerhalb dieses Rahmens sollen aber Lehrziele und Lehrpläne so gestaltet werden, wie sie sich aus der gekennzeichneten Menschen- und Lebenserkenntnis ergeben.

Der Volksschule wird das Kind anvertraut in einem Lebensabschnitte, in dem die Seelenverfassung in einer bedeutungsvollen Umwandlung begriffen ist. In der Zeit von der Geburt des Menschen bis zum sechsten oder siebenten Lebensjahre ist der Mensch dazu veranlagt, sich für alles, was ihm nächststehende menschliche Umgebung ist, hinzugeben, und aus dem nachahmenden Instinkt heraus die eigenen werdenden Kräfte zu gestalten. Von diesem Zeitpunkte an wird die Seele offen für ein bewußtes Hinnehmen dessen, was vom Erzieher und Lehrer auf der Grundlage einer selbstverständlichen Autorität auf das Kind wirkt. Die Autorität nimmt das Kind hin aus dem dunklen Gefühl heraus, daß in dem Erziehenden und Lehrenden etwas lebt, das in ihm auch leben soll. Man kann nicht Erzieher oder Lehrer sein, ohne mit voller

Einsicht sich so zu dem Kinde zu stellen, daß dieser Umwandlung des Nachahmungstriebes in die Aneignungsfähigkeit aufgrund selbstverständlichen Autoritätsverhältnisses im umfänglichsten Sinne Rechnung getragen wird. Die auf bloße Natureinsicht begründete Lebensauffassung der neueren Menschheit geht nicht mit vollem Bewußtsein an solche Tatsachen der Menschenentwicklung heran. Ihnen kann nur die notwendige Aufmerksamkeit zuwenden, wer Sinn hat für die feinsten Lebensäußerungen des Menschenwesens. Ein solcher Sinn muß in der Kunst des Erziehens und Unterrichtens walten. Er muß den Lehrplan gestalten; er muß in dem Geiste leben, der Erzieher und Zöglinge vereinigt. Was der Erzieher tut, kann nur in geringem Maße davon abhängen, was in ihm durch allgemeine Normen einer abstrakten Pädagogik angeregt ist; er muß vielmehr in jedem Augenblicke seines Wirkens aus lebendiger Erkenntnis des werdenden Menschen heraus neu geboren sein. Man kann natürlich einwenden, solch ein lebensvolles Erziehen und Unterrichten scheitere an Schulklassen mit großer Schülerzahl. Innerhalb gewisser Grenzen ist dieser Einwand gewiß berechtigt; wer ihn über diese Grenzen hinaus macht, der beweist aber dadurch nur, daß er von dem Gesichtspunkte einer abstrakten Norm-Pädagogik aus spricht, denn eine auf wahrer Menschenerkenntnis beruhende lebendige Erziehungs- und Unterrichtskunst durchzieht sich mit einer Kraft, die in dem einzelnen Zögling die Anteilnahme anregt, so daß man nicht nötig hat, ihn durch das unmittelbare, «individuelle» Bearbeiten entsprechend bei der Sache zu halten. Man kann, was man im Erziehen und Unterrichten wirkt, so gestalten, daß der Zögling im Aneignen es selbst individuell für sich faßt. Dazu ist nur nötig, daß, was der Lehrende tut, genügend stark lebt. Wer den Sinn für echte Menschenerkenntnis hat, dem wird der werdende Mensch in einem solch hohen Maße zu einem von ihm zu lösenden Lebensrätsel, daß er in der versuchten Lösung das Mitleben der Zöglinge weckt. Und ein solches Mitleben ist ersprießlicher als ein

Anthroposophie und Wissenschaft

Hochschulveranstaltung in Darmstadt

25. bis 30. Juli 1921

Einladung

Um dem allgemeinen Interesse Rechnung zu tragen, das die Bestrebungen der Anthroposophie, insbesondere auf wissenschaftlichem Gebiet finden, haben die Unterzeichneten gemeinsam Herrn Dr. Rudolf Steiner eingeladen, im Rahmen einer in Darmstadt zu veranstaltenden Hochschulwoche über Anthroposophie und Wissenschaft, Vorträge zu halten. Außerdem haben sich einige der Vortragenden der Anthroposophischen Hochschulkurse Stuttgart bereit erklärt, ebenfalls einer Einladung der Studentenschaft folgend, bei dieser Veranstaltung durch Vorträge mitzuwirken. Dadurch wird es möglich sein, einen Ueberblick über die Ziele der anthroposophischen Bewegung zu gewinnen.

Zu dieser Veranstaltung, die öffentlich ist, sich jedoch in erster Linie an die Studentenschaft richtet, laden wir hierdurch freundlichst ein.

Der Ausschuß
der Studentenschaft der Technischen Hochschule Darmstadt
gez. Rasquin, II. Vorsitzender

Bund für Anthroposophische Hochschularbeit
(Arbeitsgruppen Darmstadt, Frankfurt a. M., Gießen, Marburg, Heidelberg, Würzburg)
gez. Lauer gez. Rosenthal gez. Happe

individuelles Bearbeiten, das den Zögling nur allzu leicht in bezug auf echte Selbstbetätigung lähmt. Wiederum innerhalb gewisser Grenzen gemeint, darf behauptet werden, daß größere Schulklassen mit Lehrern, die voll des von wahrer Menschenerkenntnis angeregten Lebens sind, bessere Erfolge erzielen werden als kleine Klassen mit Lehrern, die, von einer Normpädagogik ausgehend, solches Leben nicht zu entfalten vermögen.

Weniger deutlich ausgeprägt, aber für Erziehungs- und Unterrichtskunst gleich bedeutungsvoll wie die Umwandlung der Seelenverfassung im sechsten oder siebenten Lebensjahre, findet eine eindringliche Menschenerkenntnis eine solche um den Zeitpunkt der Vollendung des neunten Lebensjahres herum. Da nimmt das Ich-Gefühl eine Form an, welche dem Kinde ein solches Verhältnis zur Natur und auch zur andern Umgebung gibt, so daß man zu ihm mehr von den Beziehungen der Dinge und Vorgänge zueinander sprechen kann, während es vorher fast ausschließlich Interesse entwickelt für die Beziehungen der Dinge und Vorgänge zum Menschen. Solche Tatsachen der Menschenentwicklung sollen von dem Erziehenden und Unterrichtenden ganz sorgfältig beachtet werden. Denn wenn man in die Vorstellungs- und Empfindungswelt des Kindes hineinträgt, was in einem Lebensabschnitt gerade mit der Richtung der Entwicklungskräfte zusammenfällt, so erstarkt man den ganzen werdenden Menschen so, daß die Erstarkung das ganze Leben hindurch ein Kraftquell bleibt. Wenn man gegen die Entwicklungseinrichtung in einem Lebensabschnitt arbeitet, so schwächt man den Menschen.

In der Erkenntnis der besonderen Anforderungen der Lebensabschnitte liegt die Grundlage für einen sachgemäßen Lehrplan. Es liegt darinnen aber auch die andere Grundlage für die Art der Behandlung des Lehrstoffes in den aufeinanderfolgenden Lebensabschnitten. Man wird das Kind bis zum vollendeten neunten Lebensjahre in allem, was durch die Kulturentwicklung in das menschliche Leben eingeflossen ist, bis auf eine gewisse Stufe gebracht haben müssen. Man wird gerade die ersten Schuljahre deshalb mit Recht zum Schreibe- und Leseunterricht verwenden müssen; aber man wird diesen Unterricht so gestalten müssen, daß die Wesenheit der Entwicklung in diesem Lebensabschnitt ihr Recht findet. Lehrt man die Dinge so, daß einseitig der Intellekt des Kindes und nur ein abstraktes Aneignen von Fertigkeiten in Anspruch genommen werden, so verkümmert die Willens- und Gemütsnatur. Lernt dagegen das Kind so, daß sein ganzer Mensch an seiner Betätigung Anteil hat, so entwickelt es sich allseitig. Im kindlichen Zeichnen, ja selbst im primitiven Malen kommt der ganze Mensch zur Entfaltung eines Interesses an dem, was er tut. Man sollte deshalb das Schreiben aus dem Zeichnen heraus entstehen lassen. Aus Formen, an denen der kindlich-künstlerische Sinn des Kindes zur Geltung kommt, entwickle man die Buchstabenformen. Aus einer Beschäftigung, die als künstlerisch den ganzen Menschen zu sich heranzieht, entwickle man das Schreiben, das zum Sinnvoll-Intellektuellen hinführt. Und erst aus dem Schreiben heraus lasse man das Lesen erstehen, das die Aufmerksamkeit stark in das Gebiet des Intellektuellen zusammenzieht.

Durchschaut man, wie stark aus der kindlich-künstlerischen Erziehung das Intellektuelle herauszuholen ist, so wird man der Kunst im ersten Volksschulunterricht die angemessene Stellung zu geben geneigt sein. Man wird die musikalische und auch die bildnerische Kunst in das Unterrichtsgebiet richtig hineinstellen und mit dem Künstlerischen die Pflege der Körperübungen entsprechend verbinden. Man wird das Turnerische und die Bewegungsspiele zum Ausdrucke von Empfindungen machen, die angeregt werden von dem Musikalischen oder von Rezitiertem. Die eurythmische, die sinnvolle Bewegung wird an die Stelle derjenigen treten, die bloß auf das Anatomische und Physiologische des Körpers sich aufbaut. Und man wird finden, welch starke willen- und gemütbildende Kraft in der künstlerischen Gestaltung des Unterrichtes liegt. Wirklich fruchttragend werden aber nur solche Lehrer in der hier angedeuteten Art erziehen und unterrichten können, die durch eindringliche Menschenerkenntnis den Zusammenhang durchschauen, der besteht zwischen ihrer Methode und den in einem bestimmten Lebensabschnitt sich offenbarenden Entwicklungskräften. Der ist nicht wirklicher Lehrer und Erzieher, der Pädagogik sich angeeignet hat als Wissenschaft von der Kindesbehandlung, sondern derjenige, in dem der Pädagoge erwacht ist durch Menschenerkenntnis.

Bedeutungsvoll für die Gemütsbildung ist, daß das Kind vor Vollendung des neunten Lebensjahres die Beziehung zur Welt so entwickelt, wie der Mensch geneigt ist, sie in phantasievoller Art auszugestalten. Wenn der Erziehende selbst nicht Phantast ist, so macht er auch das Kind nicht zum Phantasten, indem er in märchen-fabelartiger und ähnlicher Darstellung die Pflanzen- und Tier-, die Luft- und Sternenwelt in dem Gemüte des Kindes leben läßt.

Wenn man aus einer materialistischen Gesinnung heraus den gewiß innerhalb gewisser Grenzen berechtigten Anschauungsunterricht auf alles Mögliche ausdehnen will, so beachtet man nicht, daß in der menschlichen Wesenheit auch Kräfte entwickelt werden müssen, die nicht durch Anschauung allein vermittelt werden können. So steht das rein gedächtnismäßige Aneignen gewisser Dinge im Zusammenhang mit den Entwicklungskräften vom sechsten oder siebenten bis zum vierzehnten Lebensjahre. Und auf diese Eigenschaft der menschlichen Natur soll der Rechenunterricht aufgebaut sein. Er kann geradezu zur Pflege der Erinnerungskraft verwendet werden. Berücksichtigt man dieses nicht, so wird man vielleicht gerade im Rechenunterricht das anschauliche Element gegenüber dem gedächtnisbildenden unpädagogisch bevorzugen.

In den gleichen Fehler kann man verfallen, wenn man ängstlich bei jeder Gelegenheit über ein richtiges Maß hinaus anstrebt, daß das Kind alles verstehen müsse, was man ihm übermittelt. Diesem

Bestreben liegt gewiß ein guter Wille zugrunde. Aber dieser rechnet nicht damit, was es für den Menschen bedeutet, wenn er in einem späteren Lebensalter in seiner Seele wieder erweckt, was er sich in einem früheren rein gedächtnismäßig angeeignet hat, und nun findet, daß er durch die errungene Reife jetzt zum Verständnisse aus sich selbst kommt. Allerdings wird notwendig sein, daß die bei dem gedächtnismäßigen Aneignen eines Lernstoffes gefürchtete Teilnahmslosigkeit des Zöglings durch die lebensvolle Art des Lehrers verhindert wird. Steht der Lehrer mit seinem ganzen Wesen in seiner Unterrichtstätigkeit drinnen, dann darf er dem Kinde auch beibringen, wofür es im späteren Nacherleben mit Freude das volle Verständnis findet. Und in diesem erfrischenden Nacherleben liegt dann stets Stärkung des Lebensinhaltes. Kann der Lehrer für solche Stärkung wirken, dann gibt er dem Kinde ein unermeßlich großes Lebensgut mit auf den Daseinsweg. Und er wird dadurch auch vermeiden, daß sein «Anschauungsunterricht» durch das Übermaß an Einstellen auf das «Verständnis» des Kindes in Banalität verfällt. Diese mag der Selbstbetätigung des Kindes Rechnung tragen; allein ihre Früchte sind mit dem Kindesalter ungenießbar geworden; die weckende Kraft, die das lebendige Feuer des Lehrers in dem Kinde entzündet bei Dingen, die in gewisser Beziehung noch über sein «Verständnis» hinaus liegen, bleibt wirksam durch das ganze Leben hindurch.

Wenn man mit Naturbeschreibungen aus der Tier- und Pflanzenwelt nach dem vollendeten neunten Lebensjahre beginnt und dieselben so hält, daß aus den Formen und Lebensvorgängen der außermenschlichen Welt die menschliche Form und die Lebenserscheinungen des Menschen verständlich werden, so kann man diejenigen Kräfte im Zögling wecken, die in diesem Lebensabschnitt nach ihrem Entbundenwerden aus den Tiefen des Menschenwesens streben. Dem Charakter, den das Ich-Gefühl in dieser Lebensepoche annimmt, entspricht es, das Tier- und Pflanzenreich so anzusehen, daß, was in ihnen an Eigenschaften und Verrichtungen auf viele Wesensarten verteilt ist, in dem Menschenwesen als dem Gipfel der Lebewelt wie in einer harmonischen Einheit sich offenbart.

Um das zwölfte Lebensjahr herum ist abermals ein Wendepunkt in der Menschenentwicklung eingetreten. Der Mensch wird da reif, diejenigen Fähigkeiten zu entwickeln, durch die er in einer für ihn günstigen Art zum Begreifen dessen gebracht wird, was ganz ohne Beziehung zum Menschen aufgefaßt werden muß: des mineralischen Reiches, der physikalischen Tatsachenwelt, der Witterungserscheinungen und so weiter.

Wie aus der Pflege solcher Übungen, die ganz aus der Natur des menschlichen Betätigungstriebes heraus gestaltet sind ohne Rücksicht auf die Ziele des praktischen Lebens, sich andere entwickeln sollen, die eine Art Arbeitsunterricht sind, das ergibt sich aus der Erkenntnis des Wesens der Lebensabschnitte. Was hier für einzelne Teile des Lehrstoffes angedeutet ist, läßt sich ausdehnen auf alles, was dem Zögling bis in sein fünfzehntes Lebensjahr hinein zu geben ist.

Man wird nicht zu befürchten haben, daß der Zögling in einer dem äußeren Leben fremden Seelen- und Körperverfassung aus der Volksschule entlassen wird, wenn in der geschilderten Art auf dasjenige gesehen wird, was aus der inneren Entwicklung des Menschenwesens als Unterrichts- und Erziehungsprinzipien sich ergibt. Denn das menschliche Leben ist selbst aus dieser inneren Entwicklung heraus gestaltet, und der Mensch wird in der besten Art in dieses Leben eintreten, wenn er durch die Entwicklung seiner Anlagen mit dem zusammenfindet, was aus den gleichgearteten menschlichen Anlagen heraus Menschen vor ihm der Kulturentwicklung einverleibt haben. Allerdings, um beides, die Entwicklung des Zöglings und die äußere Kulturentwicklung, zusammenzustimmen, bedarf es einer Lehrerschaft, die sich nicht mit ihrem Interesse in einer fachmäßigen Erziehungs- und Unterrichtspraktik abschließt, sondern die mit vollem Anteil sich hineinstellt in die Weiten des Lebens. Eine solche Lehrerschaft wird die Möglichkeit finden, in den heranwachsenden Menschen den Sinn für die geistigen Lebensinhalte zu wecken, aber nicht weniger das Verständnis für praktische Gestaltung des Lebens. Bei solcher Haltung des Unterrichtes wird der vierzehn- oder fünfzehnjährige Mensch nicht verständnislos sein für das Wesentliche, was aus der Landwirtschaft, der Industrie, dem Verkehre, dem Gesamtleben der Menschheit dient. Die Einsichten und die Fertigkeiten, die er sich angeeignet hat, werden ihn befähigen, sich orientiert zu fühlen in dem Leben, das ihn aufnimmt. Soll die Waldorfschule die Ziele erreichen, die ihrem Begründer vorschweben, so wird sie auf der hier gekennzeichneten Pädagogik und Methodik aufgebaut sein müssen. Sie wird dadurch einen Unterricht und eine Erziehung geben können, die den Leib des Zöglings seinen Bedürfnissen gemäß sich gesund entwickeln läßt, weil die Seele, deren Ausdruck dieser Leib ist, in der Richtung ihrer Entwicklungskräfte entfaltet wird. Es ist vor der Eröffnung der Schule versucht worden, mit der Lehrerschaft in einer solchen Art zu arbeiten, daß nach einem Ziele, wie es hier angegeben ist, durch die Schule gestrebt werden kann. Durch diese Zielrichtung glauben diejenigen, die an der Einrichtung der Schule beteiligt sind, in das pädagogische Lebensgebiet zu tragen, was der sozialen Denkungsart der Gegenwart entsprechend ist. Sie fühlen die Verantwortlichkeit, die mit einem solchen Versuch verbunden sein muß; aber sie meinen, daß gegenüber den sozialen Anforderungen der Gegenwart es eine Pflicht ist, derartiges zu unternehmen, wenn eine Möglichkeit dazu vorhanden ist.

Quellenangabe

Die pädagogische Grundlage der Waldorfschule. – Aufsatz 1919, in «Aufsätze über die Dreigliederung des sozialen Organismus und zur Zeitlage 1915 bis 1921». GA 24, Leinenausgabe; außerdem publiziert, zusammen mit zwei weiteren Aufsätzen, in «Grundlage und Zielsetzung der Waldorfschule», eingeleitet von Marcus Schneider, Einzelausgabe, kartoniert

Weitere Werke von Rudolf Steiner zu diesem Thema

Die Erziehung des Kindes. Aufsatz 1907, eingeleitet von Cornelius Bohlen, Einzelausgabe, kartoniert

Rudolf Steiner in der Waldorfschule. Vorträge und Ansprachen für Kinder, Eltern und Lehrer 1919–1924. GA 298, Leinen- und Taschenbuchausgabe

Die gesunde Entwicklung des Menschenwesens. Eine Einführung in die anthroposophische Pädagogik und Didaktik. Sechzehn Vorträge und Fragenbeantwortungen 1921/22. GA 303, Leinen- und Taschenbuchausgabe

Die geistig-seelischen Grundkräfte der Erziehungskunst. Zwölf Vorträge 1922. GA 305, Leinen- und Taschenbuchausgabe

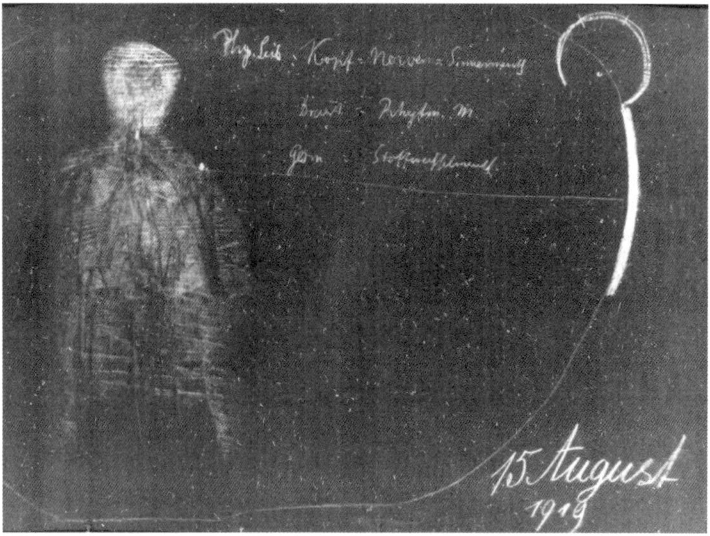
15 August
1919

Daß Vererbung, Umwelteinflüsse und persönliche Dispositionen maßgebend die Entwicklung eines jeden Menschen bestimmen, ist eine heute allgemein anerkannte Tatsache. Nun zeigt es sich aber immer wieder, daß diese Erkenntnis dann, wenn bestimmte Abnormitäten auftreten, nicht ausreicht, um die tieferen Ursachen, das Rätselhafte der jeweiligen Behinderung vollumfänglich zu ergründen oder gar zu beheben. Die Grenzen jenes Wissenschaftsverständnisses, wonach das Leben als ein durch die Molekularstruktur der Gene vorbestimmtes biologisches Geschehen, das durch Zufall in dieser oder jener Form entstanden ist, betrachtet wird, werden in der Heilpädagogik besonders deutlich.

Indem in anthroposophisch orientierten heilpädagogischen Instituten, die aus kleinen und unscheinbaren Anfängen in den zwanziger Jahren entstanden sind und inzwischen weltweite Verbreitung gefunden haben, in jahrzehntelanger Arbeit anthroposophisch-menschenkundliche Erkenntnisse in die tägliche Praxis einbezogen wurden, haben sie neue Maßstäbe für die Betreuung, Pflege und Therapie gesetzt. Insbesondere trifft dies für den Gedanken der Wiederverkörperung der Seele, der wiederholten Erdenleben als Entwicklungstatsache zu. So hat Steiner einmal im Zusammenhang mit Fragen nach dem Schicksalshintergrund physisch-seelischer Abnormitäten davon gesprochen, daß sich Menschen, die solche Abnormitäten und Behinderungen aufweisen, nicht vollständig verkörpert, inkarniert haben. Jedoch, so führte er weiter aus, verhalte es sich so, daß bereits während des Schlafes wichtige Keime für ein künftiges Erdenleben angelegt werden.

Welche weiteren Gesichtspunkte für die anthroposophisch orientierte Heilpädagogik richtungweisend sind, wird aus dem folgenden Vortrag vom 25. Juni 1924 ersichtlich, der den Auftakt des insgesamt 12 Vorträge umfassenden «Heilpädagogischen Kurses» bildete.

DAS SEELENPFLEGE BEDÜRFTIGE KIND

Anthroposophisch orientierte Heilpädagogik

Nun, meine lieben Freunde, wir haben ja eine ganze Anzahl von Kindern, die aus einer unvollständig gebliebenen Entwicklung heraus erzogen werden sollen, beziehungsweise, soweit es möglich ist, geheilt werden sollen. Eine Anzahl dieser Kinder haben wir hier im Klinisch-Therapeutischen Institut, und eine Anzahl haben Sie im Lauenstein. Wir werden das, was wir hier zu besprechen haben, so einrichten, daß es möglichst auf die praktische Anwendung sogleich hinzielt. Wir werden dann auch in der Lage sein, dadurch daß uns Frau Dr. Wegman die hier befindlichen Kinder – wir können das ja unter uns – zur Demonstration zur Verfügung stellen wird, wir werden da auch einige Fälle unmittelbar ad oculos auseinandersetzen können.

Zunächst möchte ich aber heute von dem Wesen solcher Kinder sprechen. Es ist ja natürlich, daß vorangehen soll bei jedem, der unvollständig entwickelte Kinder erziehen will, eine Erkenntnis, eine wirklich eindringliche Erkenntnis der Erziehungspraxis für gesunde Kinder. Das ist dasjenige, was sich jeder, der solche Kinder erziehen will, aneignen müßte. Denn man muß sich ganz klar darüber sein, daß all dasjenige, was eigentlich bei unvollständig entwickelten Kindern, bei krankhaften Kindern auftreten kann, in intimerer Art auch im sogenannten normalen Seelenleben bemerkbar ist, man muß nur entsprechend das normale Seelenleben beobachten können. Man möchte sagen, irgendwo in einer Ecke sitzt bei jedem Menschen im Seelenleben zunächst eine sogenannte Unnormalität. Nur so etwas wie, sagen wir, eine kleine Gedankenflucht oder eine Unfähigkeit, die Worte beim Sprechen in die richtigen Abstände zu stellen, so daß man entweder im Sprechen sich überschlägt, oder aber daß der Zuhörer spazierengehen kann zwischen zwei Worten, die man herausbringt, oder ähnliche Unregelmäßigkeiten, die auch im Willensleben und Gefühlsleben auftreten können, die sind, wenigstens in einer geringfügigen Anlage, bei der größten Anzahl von Menschen bemerkbar. Und man wird schon über solche Unregelmäßigkeiten dann später noch einiges zu sprechen haben, (siehe Zeichnung rechts) weil sie demjenigen, der namentlich auf die großen Unregelmäßigkeiten erzieherisch oder heilend eingehen will, als Symptom gelten müssen. Man muß in diesen Dingen seine Symptomstudien machen können, wie der Arzt bei Krankheitsfällen von Symptomen spricht, an denen er die Krankheiten erkennt, auch wohl von dem Symptomenkomplex spricht, an dem er das Krankhafte überschauen kann, aber niemals dasjenige verwechseln wird, was im Symptomenkomplex liegt, mit demjenigen, was eigentlich der substantielle Inhalt der Krankheit ist.

So sollte man auch nicht beim unvollständig entwickelten Kinde das, was man am Seelenleben bemerkt, für etwas anderes als für Symptome halten. Die sogenannte Psychographie ist eigentlich nichts anderes als eine Symptomatologie. Und wenn heute die Psychiatrie nichts anderes tut, als die abnormen Seelenerscheinungen nach Denken, Fühlen und Wollen zu beschreiben, so bedeutet das nicht viel anderes, als daß sie Fortschritte gemacht hat in der genauen Beschreibung der Symptomenkomplexe, daß sie aber, da sie nicht hinausgehen kann über solche Psychographie, absolut unfähig ist, in das Substantielle der Krankheiten einzudringen. Man muß hineinkommen ins Substantielle des Krankseins. Und da wird Ihnen eine Vorstellung nützlich sein können, die ich Sie bitte festzuhalten.

Nehmen wir an, wir hätten hier (siehe Zeichnung Mitte) den physischen Leib des Menschen, so wie er uns entgegentritt im Wachsen des kleinen Kindes. Wir haben dann gewissermaßen aufsteigend, herausdringend aus diesem physischen Leib des Menschen das Seelenleben. Dieses Seelenleben, das uns eben als die Äußerungen der kindlichen Seele entgegentreten kann, das kann nun normal oder abnorm sein. Wir haben ja im Grunde genom-

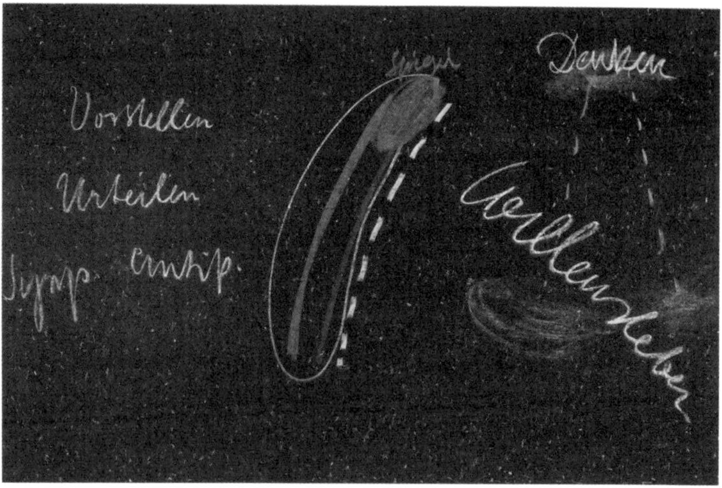

men gar kein weiteres Recht, über die Normalität oder Abnormalität des kindlichen Seelenlebens oder menschlichen Seelenlebens überhaupt zu reden, als indem wir hinschauen auf dasjenige, was durchschnittsmäßig «normal» ist. Es gibt kein anderes Kriterium als dasjenige, was allgemein üblich ist vor einer Gemeinschaft von Philistern. Und wenn diese Gemeinschaft irgend etwas für vernünftig oder gescheit ansieht, so ist alles dasjenige «abnormes» Seelenleben, was nach Ansicht dieser Philister nicht «normales» Seelenleben ist. Ein anderes Kriterium gibt es zunächst nicht. Daher sind die Urteile so außerordentlich konfus, wenn man anfängt, indem man eine Abnormität konstatieren kann, dann alles Mögliche zu treiben, und damit abzuhelfen glaubt – statt dessen treibt man ein Stück Genialität heraus. Mit solch einer Beurteilung ist überhaupt nicht viel anzufangen, und das erste, was eintreten sollte, ist, daß der Arzt und Erzieher eine solche Beurteilung ablehnt, daß er hinauskommt über die Aussage: das oder jenes ist gescheit oder vernünftig nach den Denkgewohnheiten, die man so gewöhnlich hat. Gerade auf diesem Gebiete ist es von eminentester Notwendigkeit, überhaupt keine Kritik zu üben, sondern die Sachen reinlich anzuschauen. Denn was liegt eigentlich beim Menschen vor?

Sehen wir jetzt ganz ab von diesem Seelenleben, das ja ohnedies erst nach und nach herauskommt, an dem manchmal höchst zweifelhafte Erzieher einen Anteil haben, sehen wir ab von diesem Seelenleben, dann haben wir hinter der Körperlichkeit ein anderes Geistig-Seelisches, ein Geistig-Seelisches, das heruntersteigt zwischen Konzeption und Geburt aus den geistigen Welten. Jenes Seelenleben ist nicht dasjenige, was heruntersteigt aus den geistig-seelischen Welten, sondern es ist ein anderes Seelenleben, das zunächst für das irdische Bewußtsein nicht äußerlich sichtbar ist. Ich will es schematisch dahinter zeichnen (Bildmitte, gestrichelte Linie). Dieses ganze Seelenleben, das da heruntersteigt, das bemächtigt sich des Körpers, der vererbungsgemäß aufgebaut wird aus der Generationenfolge heraus. Wenn also dieses Seelenleben so geartet ist, daß es eine kranke Leber konstituiert, wenn es die Lebersubstanz ergreift oder vererbungsgemäß im physischen und Ätherleib Krankhaftes findet und daher eine Krankheitsempfindung entsteht, dann liegt eben eine Erkrankung vor. Ebenso kann jedes andere Organ oder jeder andere Organkomplex falsch eingeschaltet sein in dasjenige, was aus dem seelisch-geistigen Kosmos heruntersteigt. Und erst wenn nun diese Verbindung hier da ist, diese Verbindung zwischen dem, was heruntersteigt und dem, was vererbt ist, wenn dieses Seelisch-Körperliche sich gebildet hat, dann entsteht – mehr aber nur als Spiegelbild – dasjenige, was unser Seelenleben ist und was gewöhnlich beobachtet wird als Denken, Fühlen und Wollen. Dieses Denken, Fühlen und Wollen ist überhaupt nur da wie Spiegelbilder, richtig wie Spiegelbilder, löscht aus, wenn wir einschlafen. Das eigentlich dauernde Seelenleben ist dahinter, steigt herunter, das geht durch die wiederholten Erdenleben und sitzt in der Organisation des Leibes darinnen. Und wie sitzt es darinnen?

Betrachten wir da zunächst den Menschen nach seinen drei Gliedern: dem Nervensystem, dem rhythmischen System und dem Gliedmaßen-Stoffwechselsystem. Sehen Sie, das Nerven-Sinnessystem, denken wir es uns also – wir werden uns verstehen –, denken wir uns dieses Nerven-Sinnessystem, wie es der Hauptsache nach nur, aber schematisch, im Kopfe lokalisiert ist, sprechen wir vom Kopfsystem, indem wir vom Nerven-Sinnessystem sprechen; wir können das beim Kinde um so mehr, als der aufbauende Teil des Nerven-Sinnessystems vom Kopfe ausgeht und in den ganzen Organismus hineinwirkt. Dieses System, dieses Nerven-Sinnessystem ist im Kopfe, im Haupte lokalisiert. Das ist ein synthetisches System.

Es ist synthetisch. Was meine ich damit? Es faßt nämlich alle Tätigkeiten des Organismus zusammen. Sehen Sie, im Kopfe ist eigentlich der ganze Mensch in einer gewissen Weise enthalten. Wenn man spricht von der Lebertätigkeit, und man sollte eigentlich nur von Lebertätigkeit sprechen – was ich als Leber sehe, ist der fixierte Leberprozeß –, so ist diese Lebertätigkeit natürlich ganz im unteren Leibe. Aber jedem solchen Funktionenzusammenhang entspricht eine Tätigkeit im menschlichen Haupte. Wenn ich das schematisch zeichne (siehe Zeichnung rechts), so ist das so: Hier sei die Lebertätigkeit. Dieser Lebertätigkeit entspricht irgendeine Tätigkeit im menschlichen Kopfe oder Gehirne. Hier im Unterleib ist die Leber relativ abgesondert von den andern Organen, von Nieren, Magen und so weiter. Im Gehirn fließt alles ineinander, da fließt die Lebertätigkeit mit den andern Tätigkeiten zusammen, so daß der Kopf der große Zusammenfasser ist alles desjenigen, was im Organismus vor sich geht. Durch diese synthetische Tätigkeit wird ein Abbauprozeß bewirkt. Es fällt das Substantielle heraus.

Genauso wie wir einen synthetischen Prozeß im Haupte haben, haben wir dann im ganzen übrigen Organismus, besonders im Stoffwechsel-Gliedmaßensystem, einen analytischen Prozeß. Da wird alles auseinandergehalten, da wird im Gegensatz zum Kopfe alles auseinandergehalten. Während im Kopfe die Nierentätigkeit mit der Darmtätigkeit zusammen vor sich geht, wird im Gegensatz dazu im übrigen Organismus alles auseinandergehalten, so daß wir also sagen können, wenn wir weiter schematisch zeichnen, meinetwillen die Lebertätigkeit, Magentätigkeit, so sind sie hier voneinander abgesondert; im Kopfe fließen sie ineinander, fließt alles zusammen, da synthetisiert sich alles. Nun liegt dieses Zusammenfließen – zu gleicher Zeit mit einem fortwährenden Herausfallen der Substanz, wie wenn es regnete –, nun liegt diese synthetische Tätigkeit des Kopfes im wesentlichen aller Denktätigkeit zugrunde. Damit der Mensch denken kann, damit der Mensch herauskommt und in Tätigkeit kommt, muß dasjenige, was aus dem Geistig-Seelischen kommt, nach dem Kopfe hin die zusammenfassende Funktion erhalten und dadurch die Erbsubstanz synthetisch gliedern. Dadurch kann dann in der synthetisch gegliederten Erbsubstanz ein Spiegel gesehen werden. Sie haben also damit folgendes: wenn im Kopfe das eintritt beim Herunterkommen, daß der Kopf organisiert synthetisch, so wird der Kopf ein Spiegel, und da drinnen spiegelt sich die Außenwelt, und das gibt das Denken, das wir gewöhnlich beobachten. Wir müssen also unterscheiden zwischen den zwei Denkfunktionen, derjenigen, die hinter dem Wahrnehmbaren liegt, die das Gehirn aufbaut – die ist das Bleibende –, und der Denkfunktion, die gar nichts Wirkliches ist, die nur gespiegelt ist und fortwährend ausgelöscht wird beim Einschlafen und vergeht, wenn man nicht nachdenkt.

Eine andere Partie dessen, was da aus dem Geistig-Seelischen herunterkommt, baut nun analytisch das Stoffwechsel-Gliedmaßensystem auf, baut die Organe auf, die auseinanderfallen, die deutlich unterscheidbare einzelne Konturen haben. Wenn Sie nun den ganzen Körper betrachten mit seinen deutlich unterscheidbaren einzelnen Konturen, so haben wir darinnen Leber, Lunge, Herz und so weiter, mit denen auch das Gliedmaßen-Stoffwechselsystem zusammenhängt; das rhythmische System sieht man nicht, alles, was mit physischer Substanz ausgefüllt ist, gehört zum Stoffwechsel-Gliedmaßensystem, auch was man am Gehirn sieht, ist Stoffwechsel. Nun liegt das, was diese einzelnen analytisch aufgebauten Organe sind, dem gesamten Willensleben des Menschen zugrunde, wie die synthetische Tätigkeit zugrunde liegt dem Denken. So liegt all das, was an Organen da ist, zugrunde dem Willensleben.

Nun betrachten wir einmal folgendes: Denken wir uns einen schon ziemlich erwachsenen Menschen. Was ist mit diesem ziemlich erwachsenen Menschen geschehen, während er sein Erdenleben geführt hat? Er ist vielleicht sieben Jahre alt geworden, er hat die zweiten Zähne bekommen; er ist vierzehn Jahre alt geworden, hat die Geschlechtsreife bekommen; er ist einundzwanzig Jahre alt geworden und hat damit die Konsolidierung seines Seelenlebens zustande bekommen. Wir müssen nun, wenn wir überhaupt die kindliche Entwicklung verstehen wollen, genau unterscheiden zwischen dem Körper, den ein Mensch trägt, der den Zahnwechsel durchgemacht hat, und einem Körper, den ein Kind trägt, das den Zahnwechsel noch nicht durchgemacht hat. Dasjenige, was da an besonders auffälligen Beispielen gebracht wird, geschieht fortwährend. Der Körper wird nach jedem Jahr ausgewechselt. Wir stoßen fortwährend von unserem Körper nach außen ab, es ist fortwährend eine zentrifugale Strömung nach außen, die den Körper abstößt. Das führt dazu, daß der Körper tatsächlich alle sieben bis acht Jahre richtig erneuert wird.

Nun sehen Sie, diese Erneuerung ist ganz besonders wichtig um den Zahnwechsel herum, um das siebente Jahr herum. Warum? Nun, der Körper, den der Mensch von der Geburt bis zum Zahnwechsel trägt, er ist gewissermaßen nur ein Modell, das wir übernehmen von außen, von unseren Eltern, der enthält die Erbkräfte, daran bauen die Vorfahren mit auf. Nun stoßen wir ihn ab, diesen Körper, im Laufe der ersten sieben Jahre. Und was ist? Ein ganz neuer Körper entsteht; dasjenige, was der Mensch an sich trägt nach dem Zahnwechsel, das wird nicht mehr durch die Vererbungskräfte aufgebaut, das wird ganz allein aus dem Geistig-Seelischen aufgebaut, das heruntersteigt, so daß der Mensch seinen Erbkörper substantiell nur bis zum Zahnwechsel trägt und, während er ihn abstößt, aus seiner Individualität einen neuen aufbaut. Unseren eigenen Körper haben wir eigentlich erst seit dem Zahnwechsel. Nur geschieht die Sache so, daß der Erbkörper benutzt wird als Modell, und je nachdem das geistig-seelische Leben stark oder schwach ist, je nachdem wird dieses Geistig-Seelische leichter imstande sein, mehr individuell vorzugehen gegen das, was als Erdgestaltung da ist, oder es unterliegt der Erdgestaltung, es muß den zweiten Körper formen, wie der erste von den Eltern her geformt ist.

Das also, was gewöhnlich in der Vererbungstheorie vorgebracht wird, ist ja ein Kohl. In dem, was da gewöhnlich vorgebracht wird, setzt man einfach fort die Gesetze des Wachstums bis zum Zahnwechsel weiter hinaus ins spätere Leben. Aber es ist so, daß dasjenige, was als Vererbung zu gelten hat, nicht weiter gilt als bis zum Zahnwechsel; nun eignet es sich die Individualität an und bildet den zweiten Körper aus.

Wir müssen also unterscheiden gerade beim Kinde zwischen dem Erbkörper und dem, was als Folge des Erbkörpers auftritt in dem individuellen Körper. Der bildet sich nach und nach, der individuelle Körper, den man erst den wahren Menschenpersönlichkeitskörper nennen kann. Und sehen Sie, jetzt kriegt man sozusagen im Alter zwischen dem siebenten und vierzehnten Lebensjahre das stärkste Arbeiten, dessen die Individualität fähig ist: entweder obsiegt sie den Erbkräften, dann wird der Mensch, indem er durch den Zahnwechsel hindurchgeht und dadurch bemerken läßt, daß er sich herausarbeitet aus den Vererbungskräften, oder aber – das können wir sehr deutlich bemerken und müssen es daher als Erzieher ins Auge fassen –, es unterliegt die Individualität vollständig den Erbkräften, dem, was im Modell enthalten ist. Dann setzt sich einfach diese Vererbungsähnlichkeit mit den Eltern über das siebente Jahr fort. Das hängt von der Individualität ab und nicht von den Vererbungskräften. Gerade so wenig wie man sagen kann, wenn mir als Maler jemand etwas vorlegt, um es nachzuahmen, ich aber mächtig ändere, gerade so wenig wie ich da sagen kann, meine Malerei hat der erzeugt, der mir das vorgelegt hat, ebensowenig können wir sagen: Dasjenige, was wir von dem siebenten Jahre ab, was wir nach dem siebenten Jahr an uns tragen, haben wir vererbt bekommen. – Und das muß man sozusagen im geistigen Griffe haben und wissen, wie stark in dem einen oder andern Falle die Individualität wirkt.

Nun geht der Mensch zwischen dem siebenten und vierzehnten Lebensjahre durch ein Wachstum und ein Werden hindurch, das möglichst stark seine Individualität, die der Mensch heruntergebracht hat, zum Ausdruck bringt. Dadurch ist der Mensch in dieser Zeit gegenüber der Außenwelt relativ abgeschlossen. Man hat gerade in dieser Zeit Gelegenheit, die wunderbare Entfaltung der Individualkräfte ins Auge zu fassen. Und der Mensch würde später, wenn er diese Entwicklung fortsetzen würde, und wenn er nur mit dieser Entfaltung ins spätere Leben hineintreten würde, ein furchtbar abweisendes Wesen sein, er würde stumpf sein gegenüber der Außenwelt. Aber in dieser Zeit baut er sich schon seinen dritten Körper auf, der mit der Geschlechtsreife zum Vorschein kommt. Der wird wiederum unter Berücksichtigung der Kräfte in der irdischen Umgebung aufgebaut. Dasjenige, was als Beziehung der Geschlechter auftritt, ist nicht das Ganze; das Überschätzen in dieser Beziehung ist nur eine Folge unserer materialistischen Anschauungen. In Wirklichkeit sind alle Beziehungen zur Außenwelt, die mit der Geschlechtsreife auftreten, im Grunde genommen gleichgeartet. Man sollte daher im Grunde sprechen von einer Erdenreife, nicht von einer Geschlechtsreife, und sollte unter die Erdenreife stellen die Sinnenreife, Atemreife, und eine Unterabteilung sollte auch sein die Geschlechtsreife. So ist der Tatbestand wirklich. Da wird der Mensch erdenreif, da nimmt der Mensch das Fremde wieder in sich hinein, da erlangt er die Fähigkeit, nicht stumpf zu sein gegen die Umgebung. Er wird eindrucksfähig gegenüber der Umgebung. Vorher ist er nicht eindrucksfähig für das andere Geschlecht, aber auch nicht für die übrige Umgebung. Da bildet der Mensch also seinen dritten Leib aus, der wirkt bis zum Beginne der Zwanzigerjahre.

Das, was heruntergestiegen ist aus der geistigen Welt, hat schon ein Ende gefunden durch den Zahnwechsel, hat in den ersten sieben Jahren, bis zum Zahnwechsel, und bis zum zwanzigsten Jahre seine Wirkung getan. Es hat bereits sich gestaltet in den Organen, die dann da sind, und es hat den Menschen individuell reif und erdenreif gemacht. Wenn da nun irgendeine Abnormität im Seelenleben, die sich gemäß des Aufbaues der Organe spiegelt, auftritt, die bedingt ist durch die ganze Entwicklung hindurch, dann ist natürlich eine seelische Abnormität wirklich da. Wenn aber, nachdem der Mensch das einundzwanzigste Jahr durchgemacht hat, eine Abnormität in der Leber oder einem andern Organe auftritt, so ist dieses Organ schon so weit verselbständigt und abgelöst, daß sich das Seelische des Willens unabhängig davon erhalten kann. Das kann um so weniger der Fall sein, je weiter man beim Kinde zurückgeht in seinem Lebensalter. Beim erwachsenen Menschen wird das Seelenleben, weil die Organe schon eine bestimmte Richtung haben, verhältnismäßig selbständig, und eine Organerkrankung wirkt nicht so stark auf das Seelenleben und kann als Organerkrankung behandelt werden. Beim Kinde wirkt noch alles zusammen; ein krankes Organ wirkt noch hinein bis in das Seelenleben, ganz wirksam.

Sehen Sie, die heutigen Krankheiten, welche man gewöhnlich in unserer heutigen Pathologie diagnostiziert, sind die gröberen

Krankheiten. Die feineren Krankheiten sind der Histologie nicht eigentlich zugänglich, liegen in dem flüssigen Teile, der ein Organ, zum Beispiel die Leber, durchzieht, in der Bewegung der Flüssigkeit oder sogar in der Bewegung des Gasförmigen, das die Leber durchzieht. Auch die Durchwärmung eines solchen Organs ist von ganz besonderer Bedeutung für das Seelenleben.

Im kindlichen Organismus hat man also, wenn es sich um einen Willensdefekt handelt, vor allem zu fragen: Mit welchem Organe, mit welcher Organentartung, mit welcher Organerkrankung steht ein solcher Willensdefekt in Zusammenhang? – Das ist die wichtigere Frage.

Von so ungeheurer Wichtigkeit ist nicht der Denkdefekt. Die meisten Defekte sind eigentlich Willensdefekte; denn auch wenn Sie im Denken einen Defekt haben, müssen Sie sorgfältig hinschauen, inwiefern der Denkdefekt ein Willensdefekt ist. Denn wenn Sie zu schnell oder zu langsam denken, so können die Gedanken ganz richtig sein, es handelt sich nur darum, daß der Wille, der wirkt in der Ineinandersetzung, einen Defekt hat. Man muß hinschauen, bis zu welchem Grade der Wille darinnen steckt. Eigentlich einen Denkdefekt können Sie nur konstatieren, wenn unabhängig vom Willen Deformationen der Gedanken auftreten, Sinnestäuschungen. Bei der Einstellung zur äußeren Welt treten sie im ganz Unbewußten auf, da wird das Vorstellungsbild selber unregelmäßig. Oder aber wir haben etwas wie Zwangsvorstellungen, und daß sie Zwangsvorstellungen sind, hebt sie aus dem Willen heraus. Aber auf das muß man vor allem aufmerksam sein, ob man es mit einem Willensdefekt oder Denkdefekt zu tun hat. Die Denkdefekte fallen zumeist schon in das Gebiet des abgesonderten Heilens. Mit den Willensdefekten hat man es meistens zu tun in der Erziehung von unvollständig entwickelten Kindern.

Nun denken Sie sich aber, wie das ganze Wesen des Menschen hineinspielt in seine Entwicklung. Sie können es ermessen aus dem, was angeführt ist für diese Entwicklung des Menschen. Man nehme nur die ersten sieben Lebensjahre, da können Vererbungsdefekte vorliegen, dafür kommen wesentlich die Vererbungsdefekte in Betracht. Nun, einen solchen Vererbungsdefekt, den darf man auch nicht in der schauderhaften Weise ansehen, wie ihn die heutige Wissenschaft ansieht; der fällt uns ja nicht als Zufall zu, sondern er fällt uns als karmische Notwendigkeit zu. Wir wählen den Körper, der nach der Generationsfolge defekt ist, aus unserer Unkenntnis heraus allerdings in der geistigen Welt. Wo also defekte Vererbungskräfte vorliegen, da lag vor der Konzeption eine Unkenntnis der menschlichen Organisation vor. Man muß nämlich, bevor man auf die Erde heruntersteigt, den menschlichen Organismus ganz genau kennen, sonst kann man nicht recht hineinsteigen in den ersten sieben Jahren und ihn nicht recht umwandeln. Und was man also erwirbt an Wissen in bezug auf die innere Organisation zwischen dem Tod und einer neuen Geburt, das ist etwas ganz Unermeßliches gegenüber dem bissel von Wissen, das heute die Physiologie oder Histologie von außen her erwerben. Das letztere ist ja nichts. Aber dieses Wissen, das wir da haben, das dann untertaucht in den Körper und daher vergessen wird, weil es untertaucht, das wendet sich nicht durch die Sinne nach der Außenwelt. Dieses Wissen, das ist etwas unermeßlich Großes. Dieses Wissen wird aber beeinträchtigt, wenn wir in einem Erdenleben für unsere Umgebung kein Interesse entwickeln oder an diesem Interesse verhindert worden sind. Denken Sie, irgendein Zivilisationszeitalter sperre die Menschen ein in Räumen, halte sie darinnen vom Morgen bis zum Abend so, daß sie kein Interesse haben können für die Außenwelt. Wie wirkt eine solche Zivilisation? Sie schließt die Erkenntnis des Menschen von der Außenwelt ab. Und wenn ein Mensch mit diesem Abgeschlossensein durch den Tod geht und in die geistige Welt wenig Vorbedingung hineinbringt, um in dieser geistigen Welt, in der alles enthalten ist, den menschlichen Organismus kennenzulernen, aufzunehmen, so kommt ein solcher Mensch, wenn er heruntersteigt auf die Erde, mit einer geringeren Kenntnis herunter als einer, der sich einen freien Blick für seine Umgebung erworben hat.

Das andere Geheimnis ist dieses: Sie gehen durch die Welt. Jetzt glauben Sie, wenn Sie so durch die Welt gehen, zum Beispiel einen Tag, jetzt meinen Sie, das ist etwas Geringes: es ist auch etwas Geringes für das gewöhnliche Bewußtsein, es ist aber nichts Geringes für dasjenige, was im gewöhnlichen Bewußtsein das Unterbewußtsein bildet. Denn wenn Sie nur einen Tag durch die Welt gehen und sie genauer anschauen, so ist das schon die Vorbedingung für die Erkenntnis des Inneren des Menschen. Außenwelt im Erdenleben ist geistige Innenwelt im außerirdischen Leben. Und wir werden davon sprechen, was unsere Zivilisation bewirkt und warum deshalb minderwertige Kinder auftreten. Diejenigen Menschen, die heute abgeschlossen leben von der Welt, die werden alle einstmals herunterkommen mit Unkenntnis des menschlichen Organismus, und sie werden sich wählen die Vorfahren, die sonst unfruchtbar bleiben würden. Gerade die Menschen, die sonst schlechte Körper liefern würden, werden dann gewählt, während diejenigen, die gute Körper liefern würden, steril bleiben. Es hängt tatsächlich von der ganzen Entwicklung eines Zeitalters ab, wie sich beim Heruntersteigen wieder ein Geschlecht aufbaut. Und wenn wir ein Kind ansehen, müssen wir sehen, was da in dem Kinde von dem vorigen Erdenleben lebt. Man muß es verstehen, warum es sich wählt Organe, die nach den Vererbungskräften krankhaft sind, warum es sich wiederum durch eine unvollständig entwickelte Individualität in diesen Körper hineinarbeitet.

Denken Sie sich, was da für Möglichkeiten gegeben sind bis zum Zahnwechsel hin für das Kind, weil ja nicht immer vollständig adäquat ist das, was herunterkommt, dem, was vorliegt. Da ist die Möglichkeit vorhanden, daß zum Beispiel ein Kind ein gutes Modell hat, das in der Leber gut ausgebildet ist. Weil aber die Individualität unfähig ist, das zu verstehen, was da drinnen liegt, so wird es in der zweiten Lebensepoche unvollständig nachgebildet, und dann entsteht ein sehr bedeutsamer Willensdefekt. Gerade wenn das Beispiel vorliegt, daß die Leber in dieser Weise nach dem Lebermodell unvollständig nachgebildet wird, dann entsteht ein Willensdefekt, der sich äußert dadurch, daß das Kind will, aber es geht nicht über zum Ausführen des Willens, es bleibt das Wollen im Gedanken stecken. Das Kind fängt auch gleich an, etwas anderes zu wollen, wenn es etwas angefangen hat, und es stockt das Wollen, es spießt sich das Wollen. Denn die Crux ist, daß die Leber nicht bloß das Organ ist beim Menschen, das die heutige Physiologie beschreibt, sie ist im eminentesten Sinne dasjenige Organ, das dem Menschen die Courage gibt, eine ausgedachte Tat in eine wirklich ausgeführte umzusetzen. Also wenn es geschieht, daß ich so organisiert bin als Mensch, daß da ein Tram wegfährt, ich weiß, ich soll nach Basel fahren – es gibt solche Menschen – ich bin schon da: im letzten Moment kann ich nicht aufsteigen, es will mich etwas zurückhalten, ich komme nicht dazu aufzusteigen! – Sehen Sie, so etwas enthüllt sich manchmal auf eine merkwürdige Weise, wenn eine Stockung des Willens auftritt. Wenn aber so etwas auftritt, dann liegt immer ein feiner Leberdefekt vor. Die Leber vermittelt immer das Umsetzen der vorgenommenen Ideen in die durch die Gliedmaßen durchgeführten Handlungen. So ist jedes Organ dazu da, irgend etwas zu vermitteln.

Sehen Sie, mir wurde mitgeteilt, daß ein gewisser junger Mann diese Krankheit wirklich hatte, daß wenn er in der Nähe eines Tramwagens stand, daß er plötzlich stehenblieb und nicht einstieg. Kein Mensch wußte, warum er nicht einstieg. Er wußte auch nicht, warum. Er blieb stehen. Der Wille stockt. Nun, was lag da vor? Eine sehr komplizierte Sache. Der Vater des Betreffenden war Philosoph, hat in einer merkwürdigen Weise die Seelenfähigkeiten eingeteilt in Vorstellen, Urteilen und in die Kräfte der Sympathie und Antipathie, und rechnete unter die Seelenkräfte nicht den Willen. Der Wille fiel heraus aus der Aufzählung der Seelenkräfte. Er zählte nie den Willen auf, wenn er die Seelenkräfte aufzählte. Er wollte aber ehrlich sein. Er wollte nur das geben, was sich im Bewußtsein darstellte. Nun hatte er es so weit gebracht, daß das ihm ganz Natur war, keine Vorstellung vom Willen zu haben. Nun kriegte er in verhältnismäßig spätem Alter einen Sohn. Er, der Vater, hatte durch ewiges Nicht-Denken des Willens der Leber die Anlage eingepflanzt, die subjektiven Intentionen nicht umzusetzen in die Tat. Beim Sohne trat das als Erkrankung auf. Und da können Sie sehen, warum auch dieses Sohnes Individualität gerade diesen Vater gewählt hat: weil sie nichts anzufangen wußte mit der inneren Organisation der Leber. Da hatte sie sich eine Konstitution gewählt, bei der sie sich nicht bemühen mußte um die Leber. Denn die Leber war eben ohne diese Funktion, die der Betreffende nicht mit heruntergebracht hatte. Sie sehen also: in einer ganz merkwürdigen Weise muß man hineinschauen auch in das Karma, wenn man das Kind verstehen will.

Das wollte ich zunächst heute einmal sagen, und wir wollen dann morgen um dieselbe Stunde weiterfahren.

Quellenangabe

Das Seelenpflege bedürftige Kind. Anthroposophisch orientierte Heilpädagogik. – Vortrag vom 25. 6. 1924, in «Heilpädagogischer Kurs». Zwölf Vorträge 1924. GA 317, Leinen- und Taschenbuchausgabe

Weitere Werke von Rudolf Steiner zu diesem Thema

Die Erziehung des Kindes vom Gesichtspunkte der Geisteswissenschaft / Die Methodik des Lehrens. – Ein Aufsatz und fünf Vorträge 1907 und 1924. Taschenbuchausgabe Tb 658

Grundlegendes für eine Erweiterung der Heilkunst nach geisteswissenschaftlichen Erkenntnissen (1925). Verfaßt zusammen mit Dr. med. Ita Wegman. GA 27, Leinen- und Taschenbuchausgabe

Die Kunst des Heilens vom Gesichtspunkte der Geisteswissenschaft. Sechs Vorträge 1924. Teilausgabe von GA 319. Taschenbuchausgabe Tb 630

Allgemeine Menschenkunde als Grundlage der Pädagogik. Vierzehn Vorträge 1919. GA 293, Leinen- und Taschenbuchausgabe

bei der Pflanze = ~~Orientierung auf Jahreswechsel~~ Entgegenwirkung dem Jahreslauf
beim Mineral = Entgegenwirkung dem Tageswechsel –

tägl. Bewegung =

jährl. Bewegung : Pflanzenentwicklung

: Tierentwicklung

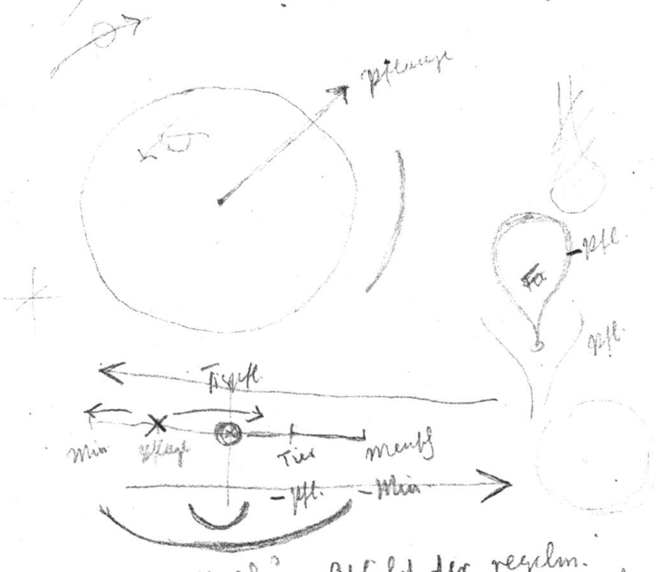

Die Mineralbildung = Abbild der regelm. Verhältnisse am Sternenhimmel die innere Gestalt.

Die Pflanzenbildung =

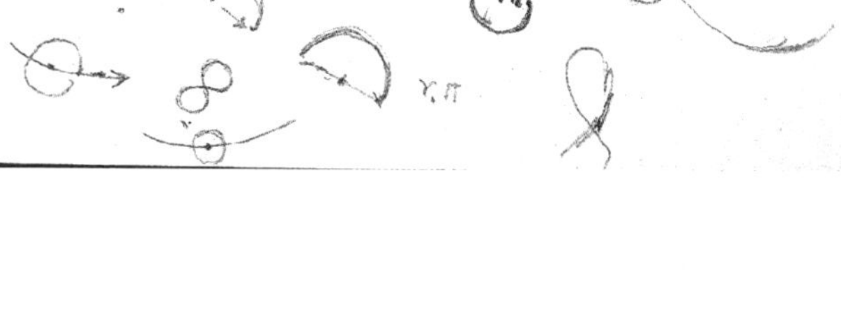

Die Aufgabe des Arztes hat Rudolf Steiner in seinem Arnheimer Vortrag vom 24. Juli 1924 mit folgenden Worten beschrieben: «Dem Arzte wird sein Beruf dadurch erst auf den rechten sozialen Fleck gerückt, daß er durchschaut, wie die Krankheiten Schatten der geistigen Entwicklung sind. Um aber die Schatten in der rechten Weise zu erkennen, müssen wir auch auf das Licht hinsehen: auf die Natur und Wesenheit der geistigen Prozesse selber.»

Rudolf Steiner hat sich zeitlebens intensiv mit medizinischen Fragen auseinandergesetzt. Aus ersten Anfängen einer Zusammenarbeit mit Ärzten in den Jahren 1907/08 entwickelte sich nach und nach eine anthroposophisch orientierte medizinische Bewegung. Inzwischen haben die Forschungsergebnisse Steiners Eingang gefunden in zahlreiche Arztpraxen, Krankenhäuser, heilpädagogische Heime und Therapeutika.

Wenn auch der Begriff «Anthroposophische Medizin» heute, vor allem in Abgrenzung zur Schulmedizin, Homöopathie, Naturheilkunde und Alternativen Medizin, immer häufiger Verwendung findet, so ist dies nicht ganz unproblematisch, denn Steiner hatte nicht die Absicht, eine eigenständige Medizin ins Leben zu rufen und damit eine «Opposition gegen die anerkannten wissenschaftlichen Methoden» zu begründen. Diese fanden seine vollste Anerkennung. Um jeglichem Dilettantismus vorzubeugen, legte er sogar großen Wert darauf, «daß das von uns Gegebene nur derjenige in der ärztlichen Kunst verwenden soll, der im Sinne dieser Prinzipien vollgültig Arzt sein kann». Steiner ging es in erster Linie um eine Erweiterung der Erkenntnisbildung auf dem Gebiet der Medizin. Welche Gesichtspunkte hier im einzelnen in Betracht zu ziehen sind, hat er in seiner Schrift «Von Seelenrätseln», ferner in speziell für Ärzte gehaltenen Vortragskursen und schließlich in seinem, zusammen mit der Ärztin Dr. Ita Wegman verfaßten Werk «Grundlegendes für eine Erweiterung der Heilkunst», dem der folgende Beitrag entnommen ist, ausführlich dargestellt.

WARUM ERKRANKT DER MENSCH?

Wer über die Tatsache nachdenkt, daß der Mensch krank sein kann, der kommt, wenn er rein naturwissenschaftlich denken will, in einen Widerspruch hinein, von dem er zunächst annehmen muß, daß er in dem Wesen des Daseins selbst liege. Was im Krankheitsvorgang geschieht, ist, obenhin betrachtet, ein Naturprozeß. Was an seiner Stelle im gesunden Zustand vorgeht, ist aber auch ein Naturprozeß.

Naturprozesse kennt man zunächst nur durch die Beobachtung der außermenschlichen Welt und durch die Beobachtung des Menschen nur insofern, als man diese genau ebenso anstellt wie diejenige der äußeren Natur. Man denkt sich dabei den Menschen als ein Stück der Natur, ein solches, in dem die auch außer ihm zu beobachtenden Vorgänge sehr kompliziert sind, aber doch von derselben Art, wie diese äußeren Naturprozesse.

Es entsteht da aber die von diesem Gesichtspunkte aus unbeantwortbare Frage: wie entstehen innerhalb des Menschen – vom Tiere soll hier nicht gesprochen werden – Naturprozesse, die den gesunden entgegengesetzt sind?

Der gesunde menschliche Organismus scheint als ein Stück der Natur begreiflich zu sein; der kranke nicht. Er muß daher aus sich selbst begreiflich sein durch etwas, das er nicht von der Natur hat.

Man stellt sich wohl vor, daß das Geistige im Menschen zur physischen Grundlage einen komplizierten Naturprozeß wie eine Fortsetzung des außerhalb des Menschen befindlichen Natürlichen habe. Aber man sehe doch, ob jemals die im gesunden menschlichen Organismus begründete Fortsetzung eines Naturprozesses das geistige Erleben als solches hervorruft? Das Gegenteil ist der Fall. Das geistige Erleben wird ausgelöscht, wenn der Naturprozeß sich in gerader Linie fortsetzt. Es geschieht dies im Schlafe; es geschieht in der Ohnmacht.

Man sehe dagegen, wie das bewußte Geistesleben verschärft wird, wenn ein Organ erkrankt. Schmerz stellt sich ein oder wenigstens Unlust und Unbehagen. Das Gefühlsleben erhält einen Inhalt, den es sonst nicht hat. Und das Willensleben wird beeinträchtigt. Eine Gliedbewegung, die sich im gesunden Zustande selbstverständlich vollzieht, kann nicht ausgeführt werden, weil sich der Schmerz oder die Unlust hemmend entgegenstellen.

Man beachte den Übergang von der schmerzbegleiteten Bewegung eines Gliedes zu dessen Lähmung. In der schmerzbegleiteten Bewegung liegt der Anfang der gelähmten. Das aktiv Geistige greift in den Organismus ein. Im gesunden Zustande offenbart sich dieses zunächst im Vorstellungs- oder Denkleben. Man aktiviert eine Vorstellung; und eine Gliedbewegung folgt. Man geht mit der Vorstellung nicht bewußt in die organischen Vorgänge ein, die zuletzt zur Gliedbewegung führen. Die Vorstellung taucht in das Unbewußte unter. Zwischen der Vorstellung und der Bewegung tritt im gesunden Zustande ein Fühlen ein, das nur seelisch wirkt. Es lehnt sich nicht deutlich an ein körperlich Organisches an. Im kranken Zustande ist das aber der Fall. Das Fühlen, das im gesunden Zustande als losgelöst von dem physischen Organismus erlebt wird, verbindet sich im kranken Erleben mit diesem.

Die Vorgänge des gesunden Fühlens und des kranken Erlebens erscheinen dadurch in ihrer Verwandtschaft. Es muß etwas da sein, das im gesunden Organismus mit diesem nicht so intensiv verbunden ist als im kranken. Der geistigen Anschauung enthüllt sich dieses als der astralische Leib. Er ist eine übersinnliche Organisation innerhalb der sinnlichen. Er greift entweder lose in ein Organ ein, dann führt er zum seelischen Erleben, das für sich besteht und nicht in Verbindung mit dem Körper empfunden wird. Oder er greift intensiv in ein Organ ein; dann führt er zum Erleben des Krankseins. Man muß sich eine der Formen des Krankseins in einem Ergreifen des Organismus durch den astralischen Leib vorstellen, die den geistigen Menschen tiefer in

I. Wahre Menschenwesen-Erkenntnis als Grundlage medizinischer Kunst.

In dieser Schrift wird auf neue Möglichkeiten für das aerztliche Wissen und Können hingewiesen. Richtig beurteilen wird man das Vorgebrachte nur, wenn man sich auf die Gesichtspunkte einlassen kann, die leitend waren, als die medizinischen Anschauungen zu stande kamen, von denen hier gesprochen wird.

Nicht um eine Opposition gegen die mit den anerkannten wissenschaftlichen Methoden der Gegenwart arbeitende Medizin handelt es sich. Diese wird von uns in ihren Principieen voll anerkannt. Und wir haben die Meinung, dass das von uns Gegebene nur derjenige in der ärztlichen Kunst verwenden soll, der im Sinne dieser Principieen vollgiltig Arzt sein kann.

Allein wir fügen zu dem, was man mit den heute anerkannten wissenschaftlichen Methoden über den Menschen wissen kann, noch weitere Erkenntnisse hinzu, die durch andere Methoden gefunden werden und sehen uns daher gezwungen, aus dieser *erweiterten* Welt- und Menschen-Erkenntnis auch für eine Erweiterung der ärztlichen Kunst zu arbeiten.

Eine Einwendung der anerkannten Medizin kann im Grunde gegen das, was wir vorbringen, nicht gemacht werden, da wir diese nicht verneinen. Nur derjenige, der nicht nur verlangt, man müsse sein Wissen bejahen, sondern der dazu noch den Anspruch erhebt, man dürfe keine Erkenntnis vorbringen, die über die seinige hinausgeht, kann unseren Versuch von vorneherein ablehnen.

Die Erweiterung der Welt- und Menschen-Erkenntnis sehen wir in der von Rudolf Steiner begründeten Anthroposophie. Sie fügt zu der Erkenntnis des *physischen* Menschen, die allein durch die naturwissenschaftlichen Methoden der Gegenwart gewonnen werden kann, diejenige vom *geistigen* seinen Körper untertauchen läßt, als dies im gesunden Zustande der Fall ist.

Aber auch das Denken hat seine physische Grundlage im Organismus. Es ist im gesunden Zustande nur noch mehr von diesem losgelöst als das Fühlen. Die geistige Anschauung findet außer dem astralischen Leib noch eine besondere Ich-Organisation, die sich seelisch frei im Denken darlebt. Taucht mit dieser Ich-Organisation der Mensch intensiv in sein Körperhaftes unter, so tritt ein Zustand ein, der die Beobachtung des eigenen Organismus derjenigen der Außenwelt ähnlich macht. – Beobachtet man ein Ding oder einen Vorgang der Außenwelt, so liegt die Tatsache vor, daß der Gedanke im Menschen und das Beobachtete nicht in lebendiger Wechselwirkung stehen, sondern unabhängig voneinander sind. Das tritt für ein menschliches Glied nur dann ein, wenn es gelähmt wird. Dann wird es Außenwelt. Die Ich-Organisation ist nicht mehr lose wie im gesunden Zustande mit dem Gliede vereinigt, so daß sie sich in der Bewegung mit ihm verbinden und gleich wieder loslösen kann; sie taucht sich dauernd in das Glied ein und kann sich nicht mehr aus ihm zurückziehen.

Wieder stellen sich die Vorgänge des gesunden Bewegens eines Gliedes und die Lähmung in ihrer Verwandtschaft nebeneinander. Ja, man sieht es deutlich: die gesunde Bewegung ist eine angefangene Lähmung, die sogleich in ihrem Anfange wieder aufgehoben wird.

Man muß in dem Wesen des Krankseins eine intensive Verbindung des astralischen Leibes oder der Ich-Organisation mit dem physischen Organismus sehen. Aber diese Verbindung ist doch nur eine Verstärkung derjenigen, die in einer loseren Art im gesunden Zustande vorhanden ist. Auch das normale Eingreifen des astralischen Leibes und der Ich-Organisation in den menschlichen Körper sind eben nicht den gesunden Lebensvorgängen verwandt, sondern den kranken. Wirken Geist und Seele, so heben sie die gewöhnliche Einrichtung des Körpers auf; sie verwandeln sie in eine entgegengesetzte. Aber damit bringen sie den Organismus auf einen Weg, bei dem das Kranksein beginnen will. Er wird im gewöhnlichen Leben sofort nach dem Entstehen durch eine Selbstheilung reguliert.

Eine gewisse Form des Krankseins tritt dann ein, wenn das Geistige oder Seelische zu weit nach dem Organismus vorstoßen, so daß die Selbstheilung entweder gar nicht oder nur langsam eintreten kann.

In der Geist- und Seelenfähigkeit hat man also die Ursachen des Krankseins zu suchen. Und das Heilen muß in einem Loslösen des Seelischen oder Geistigen von der physischen Organisation bestehen.

Das ist die eine Art des Krankseins. Es gibt noch eine andere. Es können die Ich-Organisation und der astralische Leib abgehalten sein, es zu der losen Verbindung mit dem Körperlichen zu bringen, die im gewöhnlichen Dasein das selbständige Fühlen, Denken und Wollen bedingen. Dann tritt in den Organen oder Vorgängen, an die Geist und Seele nicht heran können, eine Fortsetzung der gesunden Vorgänge über dasjenige Maß hinaus ein, das dem Organismus angemessen ist. Und der geistigen Anschauung zeigt sich in diesem Falle, daß dann der physische Organismus doch nicht bloß die leblosen Prozesse der äußeren Natur vollbringt. Der physische Organismus ist von einem ätherischen Organismus durchsetzt. Der bloße physische Organismus könnte niemals einen Selbstheilungsvorgang hervorrufen. Ein solcher wird in dem ätherischen Organismus angefacht. Damit aber wird die Gesundheit als der Zustand erkannt, der im ätherischen Organismus seinen Ursprung hat. Heilen muß daher in einer Behandlung des ätherischen Organismus bestehen.

Quellenangabe

Warum erkrankt der Mensch? – In «Grundlegendes für eine Erweiterung der Heilkunst nach geisteswissenschaftlichen Erkenntnissen» (1925), verfaßt zusammen mit Dr. med. Ita Wegman. GA 27, Leinen- und Taschenbuchausgabe

Weitere Werke von Rudolf Steiner zum Thema

Von Seelenrätseln (1917). GA 21, Leinen- und Taschenbuchausgabe

Geisteswissenschaft und Medizin. Zwanzig Vorträge für Ärzte und Medizinstudierende 1920. GA 312, Leinen- und Taschenbuchausgabe

Geisteswissenschaftliche Gesichtspunkte zur Therapie. Neun Vorträge für Ärzte und Medizinstudierende. GA 313, Leinen- und Taschenbuchausgabe (zusammen mit Heileurythmiekurs)

Nervosität und Ichheit. Vortrag vom 17. Januar 1912, Einzelausgabe, kartoniert

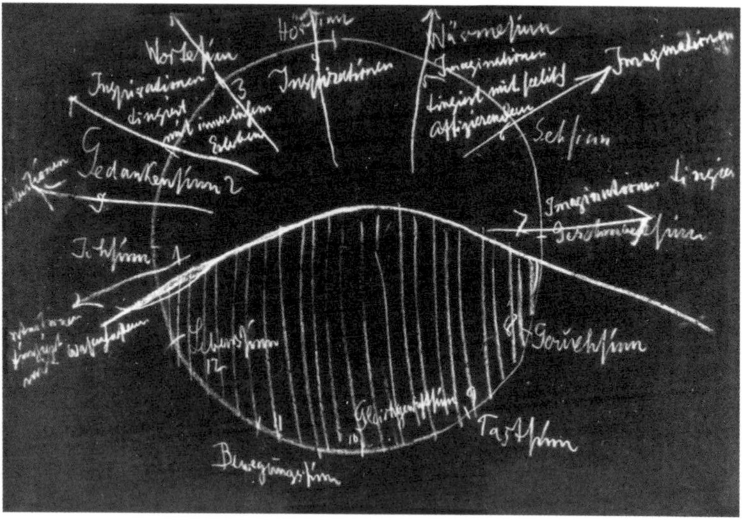

Hörsinn
Wärmesinn
Imaginationen
Wortesinn
Inspirationen
Gedankensinn 2
Sehsinn
Ichsinn 1
Geruchsinn
Lebenssinn
12
Tastsinn
Bewegungssinn

Im Sommer 1924 überraschte Rudolf Steiner die im Hofgut Koberwitz/Schlesien zusammengekommenen Landwirte mit außerordentlich präzisen Angaben zu Fragen der Fruchtfolge, Kompostierung, Düngung, Viehhaltung usw. Einmal mehr zeigte sich hier, daß es ihm bei all seinen geisteswissenschaftlichen Forschungen nicht zuletzt darauf ankam, daß sie in der konkreten Lebenspraxis auch zur Anwendung kommen.

Vielleicht gerade weil er in seiner Kritik an den damaligen Verhältnissen so radikal vorging, haben sich einige der Teilnehmer an Steiners «Landwirtschaftlichem Kurs» dann entschlossen, völlig neue Wege zu gehen und damit für den heute weit verbreiteten «biologisch-dynamischen Landbau» den Grundstein zu legen. Richtungweisend waren hier dann vor allem die konkreten Hinweise Steiners für Ackerbau, Viehzucht und Waldwirtschaft. Beide Gesichtspunkte, der der Kritik und der des konstruktiven Vorgehens, spiegeln sich auch in folgenden Worten aus seinem Bericht über den Kurs wider: «Heute kann sich auch schon der materialistische Landwirt, wenn er überhaupt nicht ganz dumpf dahinlebt, sondern etwas nachdenkt über die Dinge, die sich ja täglich oder wenigstens jährlich ergeben, ungefähr ausrechnen, in wieviel Jahrzehnten die Produkte so degeneriert sein werden, daß sie noch im Laufe dieses Jahrhunderts nicht mehr zur Nahrung der Menschen dienen können. Also es handelt sich dabei durchaus um eine Frage, die im allereminentesten Sinne eine, ich möchte sagen, kosmisch-irdische Frage ist. Gerade bei der Landwirtschaft zeigt es sich, daß aus dem Geiste heraus Kräfte geholt werden müssen, die heute ganz unbekannt sind und die nicht nur die Bedeutung haben, daß etwa die Landwirtschaft ein bißchen verbessert wird.»

Nachfolgend nun ein Auszug aus dem ersten Vortrag des «Landwirtschaftlichen Kursus».

DIE BEDINGUNGEN ZUM GEDEIHEN DER LANDWIRTSCHAFT

Ich kann nicht wissen, ob dasjenige, was heute schon aus Anthroposophie heraus gesagt werden kann, uns wird nach allen Seiten befriedigen können. Aber es soll versucht werden, das zu sagen, was aus Anthroposophie heraus für die Landwirtschaft gegeben werden kann.

Damit möchte ich einleitungsweise beginnen, hinzuweisen auf Wichtigstes in unserem irdischen Dasein für die Landwirtschaft. Wir haben ja heute so die Gewohnheit, wenn wir von etwas reden, den hauptsächlichsten Wert zu legen auf die chemisch-physikalischen Bestandteile. Nun wollen wir einmal nicht ausgehen von den chemisch-physikalischen Bestandteilen, sondern wollen einmal ausgehen von etwas, was hinter den chemisch-physikalischen Bestandteilen steht und doch von einer ganz besonderen Wichtigkeit ist für das Leben der Pflanze auf der einen Seite, des Tieres auf der anderen Seite. Sehen Sie, wenn wir das Leben des Menschen betrachten und in einem gewissen Grade auch das Leben des Tieres betrachten, so haben wir eine starke Emanzipation des menschlichen und tierischen Lebens von der äußeren Welt zu verzeichnen. Je mehr wir zum Menschen heraufkommen, eine um so stärkere Emanzipation haben wir zu verzeichnen. Wir finden Erscheinungen im menschlichen und tierischen Leben, die uns zunächst heute ganz unabhängig erscheinen von der außerirdischen oder auch den unmittelbar die Erde umgebenden atmosphärischen und dergleichen Einflüssen. Das scheint nicht nur so, sondern ist sogar in bezug auf vieles im menschlichen Leben außerordentlich richtig. Gewiß, wir wissen, daß durch gewisse atmosphärische Einflüsse die Schmerzen gewisser Krankheiten stärker werden. Wir wissen schon weniger, daß gewisse Krankheiten im Menschen so ablaufen, oder auch sonstige Lebenserscheinungen so ablaufen, daß sie in ihren Zeitverhältnissen nachbilden äußere

Naturvorgänge. Aber sie stimmen in Anfang und Ende nicht mit diesen Naturvorgängen überein. Wir brauchen uns ja nur daran zu erinnern, daß eine der allerwichtigsten Erscheinungen, die weiblichen Menses, in ihrem Verlaufe zeitlich Nachbildungen sind des Verlaufes der Mondphasen, allein in Anfang und Ende stimmen sie nicht damit überein. Es gibt zahlreiche andere feinere Erscheinungen, sowohl im männlichen wie im weiblichen Organismus, welche Nachbildungen sind von natürlichen Rhythmen.

Wenn man viel intimer auf die Dinge eingehen würde, würde man zum Beispiel vieles, was sich im sozialen Leben abspielt, besser verstehen, wenn man die Periodizität der Sonnenflecken richtig verstehen würde. Man sieht aber auf solche Dinge nicht hin, weil das, was im menschlichen sozialen Leben der Periodizität der Sonnenflecken entsprechen kann, nicht dann anfängt, wenn die Sonnenflecken anfangen, und dann aufhört, wenn die Sonnenflecken aufhören, sondern weil es sich davon emanzipiert hat. Es zeigt dieselbe Periodizität, es zeigt denselben Rhythmus, aber nicht das zeitliche Zusammenfallen. Es hält innerlich fest die Periodizität und den Rhythmus, aber macht diese Periodizität und diesen Rhythmus selbständig, emanzipiert sich davon. Es kann nun jeder kommen, dem man sagt: Das menschliche Leben ist ein Mikrokosmos, es ahmt nach den Makrokosmos, und kann sagen: Das ist ja ein Unsinn. Wenn man nun behauptet, es gibt für gewisse Krankheiten eine siebentägige Fieberperiode, so könnte er einwenden: Dann müßte ja, wenn irgendwelche äußeren Erscheinungen eintreten, auch das Fieber erscheinen und den äußeren Erscheinungen parallel laufen und dann aufhören, wenn die äußeren Erscheinungen aufhören. – Das tut das Fieber zwar nicht, aber es hält den inneren Rhythmus fest, wenn auch nicht der zeitliche Anfang und das zeitliche Ende mit den äußeren Erscheinungen zusammenfallen.

Diese Emanzipation ist für das menschliche Leben fast vollständig im Kosmos durchgeführt. Für das Tierische schon etwas weniger, aber das Pflanzliche ist zu einem hohen Grade noch durchaus drinnenstehend im allgemeinen Naturleben auch des äußeren Irdischen. Und daher wird es ein Verständnis des Pflanzenlebens gar nicht geben können, ohne daß bei diesem Verständnis berücksichtigt wird, wie alles das, was auf der Erde ist, eigentlich nur ein Abglanz dessen ist, was im Kosmos vor sich geht. Beim Menschen kaschiert sich das nur, weil er sich emanzipiert hat. Er trägt nur den inneren Rhythmus in sich. Beim Pflanzlichen ist es noch im eminentesten Sinne der Fall. Und darauf möchte ich in diesen Einleitungsworten heute hinweisen.

Sehen Sie, die Erde ist zunächst umgeben im Himmelsraum von dem Mond und dann den anderen Planeten unseres Planetensystems. Man hat in einer alten instinktiven Wissenschaft, in der man die Sonne zu den Planeten gerechnet hat, diese Reihenfolge gehabt: Mond, Merkur, Venus, Sonne, Mars, Jupiter, Saturn. Nun möchte ich ohne alle astronomischen Auseinandersetzungen auf das planetarische Leben hinweisen, auf das, was zusammenhängt in diesem planetarischen Leben mit dem Irdischen. Da haben wir zunächst, wenn wir hinschauen auf das irdische Leben im Großen, die Tatsache zu berücksichtigen, wie in diesem irdischen Leben im Großen wiederum eine denkbar größte Rolle spielt alles das, was ich nennen möchte das Leben der Kieselsubstanz in der Welt. Kieselsubstanz finden Sie ja zum Beispiel in unserem schönen Quarz, in die Gestalt des Prisma und der Pyramide eingeschlossen. Sie finden diese Kieselsubstanz, verbunden mit Sauerstoff, in unseren Quarzkristallen; wenn man sich den Sauerstoff wegdenkt, der im Quarz mit dem Kiesel verbunden ist, das sogenannte Silizium. So haben wir diese Substanz, die die Chemie heute zu den Elementen – Sauerstoff, Stickstoff, Wasserstoff, Schwefel und so weiter – zählt, dieses Silizium, das sich mit dem Sauerstoff verbindet, so haben wir den Kiesel als ein chemisches Element. Aber wir dürfen nicht vergessen, daß das, was da im Quarz als Silizium lebt, zu siebenundzwanzig bis achtundzwanzig Prozent auf unserer Erdoberfläche verbreitet ist. Alle anderen Substanzen sind in weniger Prozent vorhanden, nur der Sauerstoff in siebenundvierzig bis achtundvierzig Prozent. Es ist ungeheuer viel Silizium vorhanden.

Nun gewiß, dieses Silizium, wenn es sich findet in solchen Gesteinen wie dem Quarz, so tritt es in einer solchen Form auf, die, wenn man das äußere Materielle, den Erdboden betrachtet mit seinem Pflanzenwachstum – den vergißt man eben –, keine große Bedeutung zeigt. Denn es ist nicht löslich im Wasser. Es ist wasserundurchgängig. Also mit den allgemeinen banalen, trivialen Lebensbedingungen scheint es zunächst nicht viel zu tun zu haben. Wenn Sie aber wiederum nehmen den Ackerschachtelhalm, das Equisetum, so haben Sie in ihm zu neunzig Prozent Kieselsäure drin, dasselbe, was im Quarz ist, in sehr feiner Verteilung. Aus alledem können Sie ersehen, welch ungeheure Bedeutung der Kiesel, das Silizium, haben muß. Es ist ja fast die Hälfte dessen, dem wir auf der Erde begegnen, aus Kiesel bestehend.

Nun liegt das Merkwürdige vor, daß dieser Kiesel so wenig bemerkt wird, daß er sogar von den Dingen, in denen er außerordentlich wohltätig wirken kann, heute noch so ziemlich ausgeschlossen ist. In der aus der Anthroposophie hervorgehenden Medizin bildet die Kieselsubstanz einen wesentlichen Bestandteil sehr vieler Heilmittel. Ein ganzer Trakt von Krankheiten wird durch inneres Eingeben oder Baden mit Kieselsäure behandelt, weil fast alles das, was sich in Krankheitsfällen in abnormen Zuständen der Sinne zeigt, was nicht in den Sinnen selber liegt, sondern in den Sinnen zeigt, auch in den inneren Sinnen, was da oder dort in den Organen Schmerzen hervorruft, weil alles das in merkwürdiger Weise beeinflußt wird gerade von Silizium. Silizium spielt aber auch überhaupt in dem, was man – man hat ja dieses althergebrachte Wort – den Haushalt der Natur nennt, die denkbar größte Rolle. Denn das Silizium ist nicht nur da vorhanden, wo wir es finden, im Quarz oder in anderem Gestein, das Silizium ist in außerordentlich feiner Verteilung auch in der Atmosphäre, es ist überall eigentlich vorhanden. Die Hälfte der uns zur Verfügung stehenden Erde ist ja eigentlich Kiesel, denn achtundvierzig Prozent sind es. Sehen Sie: Was tut denn dieser Kiesel? Ja, das müssen wir uns fragen in einer hypothetischen Form.

Nehmen wir einmal an, wir hätten nur die Hälfte von Kiesel in unserer Erdenumgebung, da würden wir Pflanzen haben, die alle mehr oder weniger pyramidale Formen hätten. Die Blüten würden alle verkümmert sein, und wir würden etwa die für uns so abnorm erscheinenden Kakteenformen fast in allen Pflanzen haben. Die Getreideformen würden ganz komisch ausschauen: die Halme würden nach unten dick, sogar fleischig werden, die Ähren verkümmern, wir würden keine vollen Ähren haben.

Nun sehen Sie, das ist auf der einen Seite. Wir finden auf der anderen Seite, daß, wenn auch nicht so ausgebreitet wie die Kieselsubstanz, Kalksubstanz und Verwandtes wiederum überall in der Erde sich finden muß, Kalk, Kali, Natriumsubstanz sich finden muß. Wären diese wiederum weniger vorhanden, als sie sind, dann würden wir bekommen Pflanzen mit ausschließlich dünnem Stengel, Pflanzen, die etwa zum großen Teil gewundene Stengel hätten, wir würden lauter Schlingpflanzen bekommen. Die Blüten würden zwar auseinandergehen, aber sie würden taub sein, sie würden auch keine besonderen Nährstoffe liefern. Nur in dem Equilibrium, in dem Zusammenwirken dieser beiden Kräfte – wenn ich zwei Substanzen herausgreife –, in dem Zusammenwirken von kalkähnlichen und kieselähnlichen Substanzen gedeiht das Pflanzenleben in der Form, wie wir es heute sehen. Nun aber wiederum weiter. Sehen Sie, das alles, was im Kieseligen lebt, hat Kräfte, die nicht von der Erde stammen, sondern von den sogenannten sonnenfernen Planeten: Mars, Jupiter, Saturn. Dasjenige, was ausgeht von diesen Planeten, wirkt auf dem Umwege durch das Kieselige und Verwandtes auf das Pflanzenleben. Aber von all demjenigen, was erdennahe Planeten sind: Mond, Merkur, Venus, wirken die Kräfte auf dem Umwege des Kalkigen auf das Pflanzliche, auch auf das tierische Leben der Erde herein. So können wir sprechen jedem Acker gegenüber, der bebaut ist: da drinnen wirkt Kieseliges und wirkt Kalkiges. Im Kieseligen wirken Saturn, Jupiter, Mars, im Kalkigen Mond, Venus, Merkur.

Nun schauen wir uns demgegenüber die Pflanzen selber an. Zweierlei müssen wir am Pflanzenleben beobachten. Das erste ist dasjenige, daß das ganze Pflanzenwesen und auch die einzelne pflanzliche Art in sich selber sich erhält, die Reproduktionskraft, die Fortpflanzungskraft entwickelt, daß also die Pflanze ihresgleichen hervorbringen kann und so weiter. Das ist das eine. Das andere ist, daß die Pflanze als ein Wesen eines verhältnismäßig niederen Naturreiches den Wesen der höheren Naturreiche zur Nahrung dient. Diese zwei Strömungen im Werden der Pflanze haben zunächst wenig miteinander zu tun. Denn in bezug auf den Vorgang der Entwicklung von der Pflanzenmutter zur Pflanzentochter, Enkel und so weiter kann es den Bildekräften der Natur ganz gleichgültig sein, ob wir die Pflanze essen und uns dadurch ernähren oder nicht. Es sind zwei ganz verschiedene Interessen, die sich da drinnen äußern, und dennoch wirken in dem Kräftezusammenhange des Natürlichen die Dinge so, daß alles dasjenige, was mit der inneren Reproduktionskraft, mit dem Wachstum zusammenhängt, was dazu beiträgt, daß Pflanzengeneration auf Pflanzengeneration folgt, in dem wirkt, was von Mond, Venus, Merkur auf dem Umwege des Kalkigen vom Kosmos auf die Erde hereinwirkt. Schauen wir einfach das an, was bei solchen Pflanzen zutage tritt, die wir nicht essen, die sich einfach immer erneuern, so sehen wir so hin, als ob uns nur interessieren würde, das kosmische Hereinwirken durch die Kräfte von Venus, Merkur, Mond; die sind beteiligt an dem, was auf der Erde im Pflanzenwesen sich reproduziert.

Aber wenn Pflanzen im eminentesten Sinne Nahrungsmittel werden, wenn sie sich so entwickeln, daß sich in ihnen die Substanzen zum Nahrungsmittel ausgestalten für Tier und Mensch, dann sind daran beteiligt Mars, Jupiter, Saturn auf dem Umwege des Kieseligen. Das Kieselige schließt auf das Pflanzenwesen in die Weltenweiten hinaus und erweckt die Sinne des Pflanzenwesens so, daß aufgenommen wird aus allem Umkreise des Weltenalls dasjenige, was diese erdenfernen Planeten ausgestalten; daran sind beteiligt Mars, Jupiter, Saturn. Aus dem Umkreise von Mond, Venus, Merkur hingegen wird dasjenige aufgenommen, was die Pflanze zur Fortpflanzung fähig macht. Nun, das erscheint zunächst nur wie ein Gegenstand des Wissens. Aber solche Dinge, die von einem etwas weiteren Horizont hergenommen sind, führen ganz von selbst vom Erkennen auch zum Praktischen hin.

Sehen Sie, wir müssen uns nun fragen, da von Mond, Venus, Merkur Kräfte auf die Erde hereingehen und diese Kräfte zur Wirksamkeit kommen im Pflanzenleben: Wodurch wird das befördert oder mehr oder weniger gehemmt? Wodurch wird befördert, daß der Mond oder der Saturn auf das Pflanzenleben wirkt, und wodurch wird es gehemmt?

Wenn man beobachtet den Lauf des Jahres, so verläuft dieses ja so, daß es Regentage und Nichtregentage gibt. Der Physiker von heute untersucht ja eigentlich am Regen nur dasjenige, daß eben beim Regen mehr Wasser auf die Erde fällt als beim Nichtregnen. Und das Wasser ist ihm ein abstrakter Stoff, bestehend aus Wasserstoff und Sauerstoff, und er kennt das Wasser nur als dasjenige, was aus Wasser- und Sauerstoff besteht. Wenn man das Wasser durch die Elektrolyse zerlegt, zerfällt es in zwei Stoffe, von denen sich der eine so, der andere so betätigt. Aber damit hat man noch nichts Umfassendes über das Wasser gesagt. Das Wasser birgt vieles andere noch als bloß dasjenige, was dann chemisch als Sauerstoff und Wasserstoff erscheint. Wasser ist im eminentesten Sinne dazu geeignet, denjenigen Kräften, die zum Beispiel vom Monde kommen, die Wege zu weisen im Erdenbereiche, so daß das Wasser die Verteilung der Mondenkräfte im Erdenbereiche bewirkt. Zwischen Mond und Wasser auf der Erde besteht eine gewisse Art von Zusammenhang. Nehmen wir also an, es sind eben Regentage vergangen, auf diese Regentage folgt Vollmond. Ja, mit den Kräften, die vom Monde kommen in Vollmondtagen, geht ja auf der Erde etwas Kolossales vor. Die schießen herein in das ganze Pflanzenwachstum. Sie können nicht hereinschießen, wenn die Regentage nicht vorangegangen sind. Wir werden also zu sprechen haben davon, ob es eine Bedeutung hat, wenn wir Samen aussäen, nachdem in einer gewissen Beziehung Regen gefallen ist und darauf Vollmondschein kommt, oder ob man gedankenlos zu einer jeden Zeit aussäen darf. Gewiß, herauskommen wird auch dann etwas, aber die Frage ist aufgeworfen: Ist es gut, sich zu richten mit der Aussaat nach Regen und Vollmondschein? – weil eben dasjenige, was der Vollmond tun soll, bei gewissen Pflanzen wuchtig und stark nach Regentagen, schwach und spärlich nach Sonnenscheintagen vor sich geht. Solche Dinge lagen in den alten Bauernregeln. Da sagte man einen Spruch und wußte, was zu tun ist. Sprüche sind heute alter Aberglaube, und eine Wissenschaft über diese Dinge gibt es noch nicht, zu der will man sich nicht bequemen.

Weiter: Wir finden um unsere Erde herum die Atmosphäre. Ja, die Atmosphäre hat vor allen Dingen außer demjenigen, daß sie luftartig ist, die Eigentümlichkeit, manchmal wärmer, manchmal kälter zu sein. Zu gewissen Zeiten zeigt sie eine beträchtliche Wärmeanhäufung, die sich dann sogar, wenn die Spannung zu stark ist, in Gewittern entlädt. Nun, wie ist es denn mit der Wärme? Da zeigt die geistige Beobachtung, daß, während das Wasser keinen Bezug zum Kiesel hat, diese Wärme dennoch einen ungeheuer starken Bezug zum Kiesel hat, geradezu diejenigen Kräfte, die durch das Kieselige wirken können, zu besonderer Wirksamkeit bringt, und das sind die Kräfte, die von Saturn, Jupiter, Mars ausgehen. Diese Kräfte, die von Saturn, Jupiter, Mars ausgehen, müssen in einem ganz anderen Stile betrachtet werden als die Kräfte des Mondes. Denn wir müssen bedenken: Der Saturn braucht dreißig Jahre in seiner Umdrehung um die Sonne, der Mond nur dreißig oder achtundzwanzig Tage zu seinen Phasen. Saturn ist also nur fünfzehn Jahre sichtbar. Er muß in ganz anderer Weise zusammenhängen mit dem Pflanzenwachstum. Nun allerdings, er ist nicht bloß wirkend, wenn er auf die Erde herunterscheint, er ist auch wirksam, wenn seine Strahlen durch die Erde durchgehen müssen.

Wenn er in dreißig Jahren so langsam herumgeht, so werden wir, wenn wir die Sache zeichnen, da den Saturngang haben und finden, (siehe Zeichnung unten) daß er zuweilen direkt auf einen Fleck Erde scheint; aber dann auch durch die Erde hindurch diesen Fleck bearbeiten kann. Da ist es immer abhängig von dem

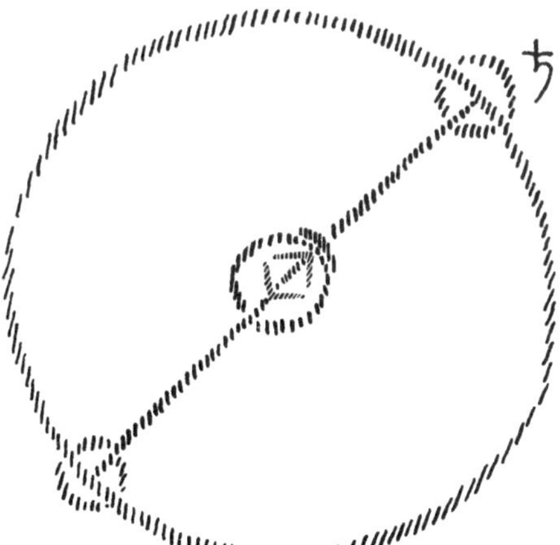

Wärmezustand in der Luft, wie stark die Saturnkräfte an das Pflanzenleben der Erde herankönnen. Bei kalter Luft können sie nicht heran, bei warmer Luft können sie heran. Und dasjenige, was sie tun, worin sehen wir das im Pflanzenleben? Das sehen wir, wenn

nun nicht einjährige Pflanzen entstehen, die im Jahreslaufe entstehen und wiederum vergehen, nur Samen hinterlassen, sondern was der Saturn tut mit Hilfe der Wärmekräfte unserer Erde, das sehen wir, wenn Dauerpflanzen entstehen. Denn diese Kräfte, die auf dem Umwege durch die Wärme ins Pflanzliche gehen, deren Wirkungen sehen wir in der Rinde und der Borke der Bäume, in alledem, was die Pflanze zu einer Dauerpflanze macht.

Das rührt davon her, weil eben zusammenhängt das einjährige Leben der Pflanze und das Beschränktsein der Pflanze auf kurze Lebensfrist mit den Planeten, die kurze Umlaufzeiten haben. Dagegen dasjenige, was sich herausreißt aus diesem Vorübergehenden, was die Bäume mit Borke, mit Rinde umgibt, was sie dauernd macht, das hängt zusammen mit den Planetenkräften, die auf dem Umwege mit den Kräften von Wärme und Kälte wirken und die eine lange Umlaufzeit haben, wie der Saturn dreißig, der Jupiter zwölf Jahre. Es ist daher schon von Bedeutung, wenn einer einen Eichbaum pflanzen will und er sich gut versteht auf Marsperioden. Denn ein Eichbaum, richtig angepflanzt in der entsprechenden Marsperiode, wird ja anders gedeihen, als wenn man ihn gedankenlos, einfach wenn es einem paßt, in die Erde hineinversetzt. Oder haben Sie Anlagen von Nadelholzwäldern, wo die Saturnkräfte eine so große Rolle spielen, wird ganz anderes entstehen, wenn man in einer sogenannten Aufgangsperiode des Saturn oder in einer anderen Periode den Nadelwald anpflanzt. Und derjenige, der solche Dinge durchschaut, der kann ganz genau sagen, in den Dingen, die wachsen wollen oder nicht wachsen wollen, ob man das mit dem Verständnis des Kräftezusammenhanges gemacht hat oder nicht. Denn dasjenige, was nicht so offen fürs Auge zutage tritt, das tritt in den intimeren Verhältnissen des Lebens doch recht zutage.

Nehmen wir zum Beispiel an, wir verwenden Holz von Bäumen, die unverständig in bezug auf die Weltperioden auf die Erde gepflanzt sind, zum Brennen, so gibt uns das keine so gesunde

Wärme, als wenn wir Hölzer verwenden, die mit Verständnis gepflanzt sind. Gerade in den intimeren Verhältnissen des täglichen Lebens, in das diese Dinge so hineinspielen, gerade da zeigt sich die ungeheuer große Bedeutung einer solchen Sache, aber das Leben ist heute für die Leute schon fast ganz gedankenlos geworden. Man ist froh, wenn man an solche Dinge nicht zu denken braucht. Man denkt sich, die ganze Sache muß so vor sich gehen wie eine Maschine; da hat man die entsprechenden Vorrichtungen, zieht man die Maschine auf, so geht sie. So stellt man sich vor, nach materialistischer Art, daß es in der ganzen Natur auch geht. Aber dadurch kommt man schon zu solchen Dingen, die sich dann im praktischen Leben ungeheuerlich ausmachen. Da kommen dann die großen Rätsel. Warum ist es heute unmöglich, solche Kartoffeln zu essen, wie ich sie noch in meiner Jugend gegessen habe? Es ist so, ich habe dies überall probiert. Man kann nicht mehr solche Kartoffeln essen, auch da nicht, wo ich sie damals gegessen habe. Es ist im Laufe der Zeit manches durchaus zurückgegangen in seiner inneren Nährkraft. Die letzten Jahrzehnte zeigen das im eminentesten Sinne. Weil man gar nicht mehr versteht die intimeren Wirkungen, die im Weltenall wirkend sind und die doch wiederum gesucht werden müssen auf einem solchen Wege, wie ich ihn heute einleitend nur angedeutet habe. Ich wollte nur hinweisen, wo Fragen sind, die weit über heutige Gesichtskreise hinausgehen. Wir werden das nicht nur fortsetzen, sondern auch vertieft auf die Praxis anwenden.

Quellenangabe

Die Bedingungen zum Gedeihen der Landwirtschaft. – Auszug aus dem Vortrag vom 7. Juni 1924, in «Geisteswissenschaftliche Grundlagen zum Gedeihen der Landwirtschaft. Landwirtschaftlicher Kursus». Neun Vorträge, eine Ansprache und vier Fragenbeantwortungen 1924. GA 327, Leinen- und Taschenbuchausgabe

Weitere Werke von Rudolf Steiner zu diesem Thema

Der Mensch als Zusammenklang des schaffenden, bildenden und gestaltenden Weltenwortes. Zwölf Vorträge 1923. GA 230, Leinen- und Taschenbuchausgabe

Mensch und Welt. Das Wirken des Geistes in der Natur. Über das Wesen der Bienen. Fünfzehn Vorträge 1923. GA 351, Leinen- und Taschenbuchausgabe

Die Schöpfung der Welt und des Menschen. Erdenleben und Sternenwirken. Vierzehn Vorträge 1924. GA 354, Leinen- und Taschenbuchausgabe

MONTAG DEN 24. FEBRUAR 1919, ABENDS 8 UHR FINDET IM PFAUENTHEATER EINE DARSTELLUNG

EURYTHMISCHER KUNST

STATT. SIE WIRD VERANSTALTET SEIN DURCH

TATIANA KISSELEFF

UNTER MITWIRKUNG VON ELISABETH DOLLFUSS ANNA MARIE GROH, ANNA MARIE DONATH EDITH RÖHRLE U. A.

DIE DER AUFFÜHRUNG ZU GRUNDE LIEGENDEN DICHTUNGEN WERDEN VON MARIE STEINER REZITIERT WERDEN, DIE BEGLEITENDE MUSIK IST VON LEOPOLD VAN DER PALS, VON MAX SCHUURMAN, JAN STUTEN.
DIE EURYTHMISCHE KUNSTFORM IST NACH INTENTIONEN U. ANGABEN RUDOLF STEINERS GEBILDET.

KARTEN ZU 3.–, 4.–, 5.– UND 6.– FR. BILLETVERKAUF AN DER THEATERKASSE ABENDS 7 UHR. VORVERKAUF AM 22., 23. UND 24. FEBRUAR 1919 VON 11½–12½ UHR AN DER THEATERKASSE.

DER FEURICH-KONZERTFLÜGEL STAMMT AUS DEM PIANOHAUS JECKLIN, ZÜRICH.

«Wirkliche Kunst ist Volkssache; wirkliche Kunst ist im eminentesten Sinne etwas Soziales.» Wenn auch heute eine solche Auffassung eher Zustimmung finden wird als im Jahre 1919, in dem Steiner seine Zuhörer mit dieser Formulierung zum Umdenken herausforderte, so ist man auch gegenwärtig immer noch von jener Einheit von Kunst und Leben, die er dabei als Ziel im Auge hatte, weit entfernt. Dies gilt auch für die von ihm in zahlreichen Vorträgen dargestellte Notwendigkeit eines Zusammenwirkens von Kunst, Wissenschaft und Religion. Über das dem Künstlerisch-Schöpferischen und dem wissenschaftlichen Erkennen Gemeinsame schrieb er bereits im Jahre 1886: «Sowohl die erkennende wie die künstlerische Tätigkeit beruhen darauf, daß der Mensch von der Wirklichkeit als Produkt sich zu ihr als Produzenten erhebt; daß er von dem Geschaffenen zum Schaffen, von der Zufälligkeit zur Notwendigkeit aufsteigt.»

Die Entwicklung eines aus imaginativen und intuitiven Kräften hervorgehenden Bewußtseins ist nach den Worten Steiners die entscheidende Voraussetzung dafür, daß Künstlerisch-Schöpferisches und damit auch Schönheit überhaupt entstehen, erlebbar werden kann, denn «Schönheit», so Steiner, «ist Abdruck des Kosmos … in einem physischen Erdenwesen». In der architektonisch-künstlerischen Gestaltung der beiden Goetheanum-Bauten, in seinen Bildern und Skizzen sowie in seinem Engagement für eine Erneuerung der Sprech- und Schauspielkunst hat Steiner beispielhaft zum Ausdruck gebracht, wie man aus einem solchen Verständnis heraus künstlerisch tätig sein kann.

Eine seiner größten künstlerischen Schöpfungen ist die Bewegungskunst Eurythmie. Als Bühnenkunst, als pädagogische Eurythmie und als Heileurythmie hat sie seit den ersten Anfängen im Jahre 1912 viele Entwicklungsstadien durchlaufen. In dem folgenden Aufsatz aus dem Jahre 1923 schildert er einige ihrer Grundelemente.

WAS IST EURYTHMIE?

Eurythmie soll eine Kunst sein, deren Ausdrucksmittel gestaltete Bewegungsformen des menschlichen Organismus an sich und im Raume sowie bewegte Menschengruppen sind. Es handelt sich aber dabei nicht um mimische Gebärden und auch nicht um Tanzbewegungen, sondern um eine wirkliche, sichtbare Sprache oder einen sichtbaren Gesang. Beim Sprechen und Singen wird durch die menschlichen Organe der Luftstrom in einer gewissen Weise geformt. Studiert man in geistig-lebendiger Anschauung die Bildung des Tones, des Vokals, des Konsonanten, des Satzbaues, der Versbildung und so weiter, so kann man sich ganz bestimmte Vorstellungen bilden, welche plastischen Formen bei den entsprechenden Sprach- oder Gesangsoffenbarungen entstehen. Diese lassen sich nun durch den menschlichen Organismus, besonders durch die ausdrucksvollsten Organe, durch Arme und Hände nachbilden. Man schafft dadurch die Möglichkeit, daß, was beim Singen, Sprechen gehört wird, gesehen werden kann.

Weil die Arme und Hände die ausdrucksvollsten Organe sind, besteht die Eurythmie in erster Linie in den gestalteten Bewegungen dieser Organe; es kommen dann die Bewegungsformen der andern Organe unterstützend hinzu wie bei der gewöhnlichen Sprache das Mienenspiel und die gewöhnliche Gebärde. Man wird sich den Unterschied der Eurythmie von dem Tanz besonders dadurch klarmachen können, daß man auf die eurythmische Begleitung eines Musikstückes sieht. Dabei ist, was wie Tanz erscheint, nur die Nebensache; die Hauptsache ist der sichtbare Gesang, der durch Arme und Hände zustande kommt.

Man soll nicht glauben, daß eine einzige Bewegungsform der Eurythmie willkürlich ist. In einem bestimmten Augenblicke muß als Ausdruck eines Musikalischen oder eines Dichterischen eine bestimmte Bewegungsform erzeugt werden, wie im Singen

EINFÜHRUNG

Die als Eurythmie bezeichnete Bewegungskunst, die bisher nur in einem engeren Kreise gepflegt wurde, hat ihren Ausgangspunkt von der Anschauung Goethes genommen, dass alle Kunst die Offenbarung ist verborgener Naturgesetze, die ohne solche Offenbarung verborgen blieben. Mit diesem Gedanken lässt sich ein anderer, ebenfalls Goethescher, verbinden. In jedem menschlichen Einzelorgane findet man einen gesetzmässigen Ausdruck der menschlichen Gesamtform. Jedes einzelne Glied des Menschen ist gewissermassen ein Mensch im kleinen, wie – goethisch gedacht – das Pflanzenblatt eine Pflanze im kleinen ist. Man kann diesen Gedanken umkehren und im Menschen einen Gesamtausdruck dessen sehen, was eines seiner Organe darstellt. Im Kehlkopf und den Organen, die im Sprechen und Singen mit ihm verbunden sind, werden durch diese Betätigungen Bewegungen ausgeführt oder auch nur intendiert, die sich in Lauten oder Lautverbindungen offenbaren, während sie selbst im gewöhnlichen Leben unbeobachtet bleiben. Weniger diese Bewegungen selbst, als vielmehr die Bewegungsintentionen sollen nun durch die Eurythmie umgesetzt werden in Bewegungen des Gesamtkörpers. Durch den ganzen Menschen soll sich als Bewegung und Haltung sichtbar machen, was sich im Bilden der Laute und Töne in einem einzelnen Organsysteme unwahrnehmbar abspielt. Durch Bewegungen der Glieder am Menschen kommt zur Offenbarung, was sich im Sprechen und Singen im Kehlkopf und seinen Nachbarorganen vollzieht; in der Bewegung im Raume und in den Formen und Bewegungen von Gruppen wird dargestellt, was durch das Menschengemüt in Ton und Sprache lebt. Dadurch ist mit dieser eurythmischen Bewegungskunst etwas geschaffen, bei dessen Entstehung die Impulse gewaltet haben, die in der Entwickelung aller Kunstformen gewirkt haben. Alles willkürlich Mimische oder Pantomimische, alles Symbolisieren von Seelischem durch Bewegungen ist ausgeschlossen. Der Ausdruck wird durch einen gesetzmässigen inneren Zusammenhang erreicht, wie in der Musik. Wovon im Wesen des Künstlerischen die Tanzkunst einmal ihren Ausgangspunkt genommen hat, wovon sie aber im Laufe der Zeit sich weit entfernt hat, darauf soll die Eurythmie sie wieder zurückführen. Sie will dies aber im Sinne einer wahrhaft modernen Kunstauffassung, nicht durch Nachahmung oder blosse Wiederherstellung eines Alten. Es liegt in der Natur der Sache, dass die eurythmische Kunst sich verbindet mit der musikalischen. Die im Verlaufe der Darstellung auftretenden musikalischen Beigaben zu den eurythmischen Aufführungen haben L. van der Pals, Max Schuurman und Jan Stuten geliefert. Was jetzt schon als Eurythmie auftritt, ist ein Anfang; die mit dieser Kunst verbundenen Absichten werden wohl eine weitere Entwicklung finden. Sie möchten aber als ein Anfang genommen werden.

ein bestimmter Ton oder in der Sprache ein bestimmter Laut. Der Mensch ist dann ebenso gebunden in der Bewegungssprache der Eurythmie, wie er im Singen oder Sprechen an Ton und Laut gebunden ist. Er ist aber ebenso frei in der schönen, kunstvollen Gestaltung der eurythmischen Bewegungsformen, wie er dies bei der Sprache oder dem Gesange ist.

Man ist dadurch in der Lage, ein Musikstück, das gespielt wird, eurythmisch, in einem sichtbaren Gesange oder eine rezitierte oder deklamierte Dichtung in einer sichtbaren Sprache zugleich darzustellen. Und da Sprache und Musik aus dem ganzen Menschen stammen, so erscheint ihr innerer Gehalt erst recht anschaulich, wenn zu dem hörbaren die sichtbare Offenbarung hinzukommt. Denn eigentlich bewegt alles Gesungene und Gesprochene den ganzen Menschen; im gewöhnlichen Leben wird die Tendenz zur Bewegung nur zurückgehalten und in den Sprach- und Gesangsorganen lokalisiert. Die Eurythmie bringt nur zur Offenbarung, was in diesen menschlichen Lebensäußerungen als Tendenz zur Bewegung stets veranlagt ist, aber in der Anlage verborgen bleibt. – Man erhält dadurch, daß zur instrumentalen Musikdarbietung und zur Rezitation oder Deklamation eurythmisiert wird, eine Art orchestralen Zusammenwirkens des Hörbaren und Sichtbaren.

Für die Rezitation und Deklamation, die im Zusammenhange mit der Eurythmie zur Darstellung kommen, ist zu beachten, daß diese in einer wirklich künstlerischen Gestaltung des Sprachlichen auftreten müssen. Rezitatoren oder Deklamatoren, die nur den Prosa-Inhalt der Dichtung pointieren, können in der Eurythmie nicht mitwirken. Wahre künstlerische Dichtung entsteht nur durch die imaginative, oder musikalische Gestaltung der Sprache. Der Prosa-Inhalt ist nicht das Künstlerische, sondern nur der Stoff, an dem sich das Bildhafte der Sprache oder auch Takt, Rhythmus, Versbau und so weiter offenbaren sollen. Jede dichterische Sprache ist schon eine verborgene Eurythmie. Der Rezitator und Deklamator muß durch das Malerische, Plastische oder Musikalische der Sprache das aus der Dichtung herausholen, was der Dichter in sie hineingelegt hat. Diese Art der Rezitations- und Deklamationskunst hat Frau Dr. Steiner seit Jahren besonders ausgebildet. Nur eine solche Sprachkunst kann zusammen mit der Eurythmie auftreten, weil nur dann der Rezitator in Tongestaltung und Tonplastik das für das Ohr bietet, was der Eurythmist für das Auge darstellt. Durch ein solches Zusammenwirken wird aber erst vor die Seele des Zuhörers und Zuschauers gebracht, was wirklich in der Dichtung lebt.

Die Eurythmie ist nicht für ein mittelbares Verständnis des Intellektes, sondern der unmittelbaren Wahrnehmung veranlagt. Der Eurythmist muß die sichtbare Sprache Form für Form lernen, wie der Mensch sprechen lernen muß. Aber die Wirkung der von Musik oder Sprache begleiteten Eurythmie ist eine solche, die unmittelbar durch die bloße Anschauung empfunden wird. Sie wirkt wie das Musikalische auch auf den Menschen, der die Formen nicht selbst gelernt hat. Denn sie ist eine natürliche, eine elementare Offenbarung des menschlichen Wesens, während die Sprache immer etwas Konventionelles hat.

Die Eurythmie ist in der Gegenwart so entstanden, wie, zu ihren entsprechenden Zeitepochen, alle Künste entstanden sind. Diese gingen daraus hervor, daß man einen Seeleninhalt durch entsprechende Kunstmittel zur Offenbarung brachte. Wenn man dazu gekommen war, gewisse Kunstmittel so zu beherrschen, daß man in ihnen zur sinnlichen Offenbarung bringen konnte, was die Seele erlebt, dann entstand eine Kunst. Die Eurythmie entsteht nun dadurch, daß man das Edelste an Kunstmitteln, den menschlichen Organismus, diesen Mikrokosmos, selbst als Werkzeug gebrauchen lernt. Dies geschieht in der mimischen sowohl wie in der Tanzkunst nur in bezug auf Teile des menschlichen Organismus. Die Eurythmie bedient sich aber des ganzen Menschen als ihres Ausdrucksmittels. Doch muß immer vor einer solchen Darbietung gegenwärtig noch an die Nachsicht der Zuschauer appelliert werden. Jede Kunst mußte einmal ein Anfangsstadium durchmachen. Das muß auch die Eurythmie. Sie ist im Beginne ihrer Entwicklung. Aber weil sie sich des vollkommensten Instrumentes bedient, das denkbar ist, muß sie unbegrenzte Entwicklungsmöglichkeiten in sich haben. Der menschliche Organismus ist dieses vollkommenste Instrument; er ist in Wirklichkeit der Mikrokosmos, der alle Weltgeheimnisse und Weltgesetze konzentriert in sich enthält. Bringt man durch eurythmische Bewegungsgestaltungen das zur Offenbarung, was sein Wesen umfassend veranlagt enthält als eine Sprache, die körperlich das ganze Erleben der Seele erscheinen läßt, so muß man dadurch umfassend die Weltgeheimnisse künstlerisch zur Darstellung kommen lassen können.

Was gegenwärtig Eurythmie schon bieten kann, ist erst ein Anfang dessen, was nach der angedeuteten Richtung in ihren Möglichkeiten liegt. Aber weil sie sich der Ausdrucksmittel bedient, die eine solche Beziehung zu Welt- und Menschenwesen haben können, darf man hoffen, daß sie in ihrer weiteren Entwicklung als vollberechtigte Kunst neben den andern sich erweisen werde.

Quellenangabe

Was ist Eurythmie? – Aufsatz 1923, in «Der Goetheanum-Gedanke inmitten der Kulturkrisis der Gegenwart. Gesammelte Aufsätze aus der Wochenschrift ‹Das Goetheanum› 1921–1925». GA 36, Leinenausgabe

Weitere Werke von Rudolf Steiner zu diesem Thema

Eurythmie – Die neue Bewegungskunst der Gegenwart. Eine Zusammenstellung von einführenden Ansprachen und Vorträgen. Sonderausgabe, Taschenbuch

Was ist und will die neue Bewegungskunst Eurythmie? Sechs Einführungen zu Eurythmie-Aufführungen 1919–1924. Einzelausgabe, kartoniert

Die Entstehung und Entwicklung der Eurythmie. GA 277a, Leinenausgabe

«Wie meine ‹Philosophie der Freiheit› untersucht, woraus beim einzelnen Menschen die Kräfte zur Freiheit kommen, so untersuchen meine ‹Kernpunkte der sozialen Frage›, wie der soziale Organismus beschaffen sein muß, damit der einzelne Mensch sich frei entwickeln kann.» Wohl keines der Werke Steiners hat zu seinen Lebzeiten in der breiten Öffentlichkeit und auch in der Presse so viel Beachtung gefunden wie das hier erwähnte Buch «Die Kernpunkte der sozialen Frage». Der deutsche Außenminister Simons, der tschechische Minister Benesch, «jeder, der irgend etwas ist, hat es gelesen», meldeten die Londoner «Daily News» in ihrer Ausgabe vom 16. September 1920.

Nicht nur angesichts der damals bestehenden sozialen Verhältnisse, sondern vor allem aufgrund seiner umfassenden entwicklungsgeschichtlichen und anthropologischen Studien kam Steiner zu dem Ergebnis, daß der zentral gelenkte Einheitsstaat keine Zukunft hat, ja anachronistisch ist. In welche Richtung sich nun seine Überlegungen und Vorschläge bewegten, auf welchen Erkenntnisgrundlagen sie basierten, ist dem nachfolgenden Aufsatz zu entnehmen, den er im Sommer 1919 für die in der Schweiz erschienene Zeitschrift «Soziale Zukunft» verfaßt hat.

Von Bedeutung, vor allem für die zahlreichen Initiativen (Freie Waldorfschulen, Wirtschaftsbetriebe etc.), die auf Steiners Anregungen hin entstanden sind, ist nicht zuletzt auch sein sozialethischer Ansatz. So war z. B. immer auch jener Gedanke richtungweisend, den er im Sommer 1922 in Oxford ausgesprochen hat und der wohl bis heute an Aktualität nichts eingebüßt hat: «Man hat in der Menschheitsentwicklung nicht das Recht, sich als Individualität zu fühlen, wenn man sich nicht zu gleicher Zeit als Angehöriger der ganzen Menschheit fühlt.»

DIE DREIGLIEDERUNG DES SOZIALEN ORGANISMUS, DIE DEMOKRATIE UND DER SOZIALISMUS

Unter den bedeutsamen Fragen, die in der Gegenwart, aus der Weltkriegskatastrophe heraus, die Umwandlung in ganz neue Formen durchmachen, ist die der Demokratie. Daß Demokratie restlos das Völkerleben durchdringen muß, sollte eine selbstverständliche Erkenntnis für alle sein, die einen offenen Sinn für das geschichtlich Gewordene haben. Die Weltkriegskatastrophe hat die Unmöglichkeit einer Weiterentwicklung alles dessen erwiesen, was der Demokratie widerstrebt. Alles Anti-Demokratische hat sich selbst in die Vernichtung hineingeführt. Für diejenigen, welche in irgendeiner Form an Wiederaufrichtung eines solchen Anti-Demokratischen denken, wird es sich nur darum handeln können, daß ihrer Einsicht das als Beweis aufgeht, was die Wirklichkeit mit Strömen von Blut bewiesen hat.

Aber die Frage, wie ist Demokratie zu verwirklichen, fordert gegenwärtig eine Stellungnahme heraus, die in verflossenen Zeiten nicht in derselben Art da sein konnte. Bevor die soziale Bewegung in das geschichtliche Stadium eingetreten war, in dem sie heute ist, konnte man über Demokratie anders denken, als man es jetzt muß. Die Frage wird immer drängender: Wie kann die soziale Bewegung dem demokratischen Leben einverleibt werden?

Es kann sich gegenwärtig wahrlich nicht darum handeln, in unbestimmten politischen Forderungen sich auszuleben und aus dem heraus, was einseitige Lebensinteressen dieser oder jener Menschengruppen als solche Forderungen in ganz begreiflicher Weise erheben, politische Ideale zu formen. Ein wirkliches Verständnis des sozialen Organismus wird mit jedem Tage notwendiger.

Es waren nicht immer bloß die Knechte des Kapitalismus, in deren Seele die Sorge sich einnistete, wenn sie daran dachten, was werden soll, wenn die soziale Welle das neuzeitliche Leben überfluten werde. Neben den allerdings in der Mehrzahl sich geltend machenden Egoisten waren vereinzelte ehrliche Persönlichkeiten, die in der Form, welche diese Welle annahm, gerade eine Gefahr für den wahren Demokratismus sahen. Wie soll noch eine wahrhaftige Entfaltung der menschlichen Individualitäten möglich sein, wenn alles geistige Leben auch in der Lebenspraxis ein ideologischer Überbau des Wirtschaftslebens wird, wie es ein solcher im Denken derjenigen geworden ist, welche die soziale Gestaltung des Lebens von der Durchdringung aller Menschen mit materialistischer Geschichtsauffassung abhängig machen? Denn ohne die freie Entfaltung der menschlichen Individualitäten möglich zu machen, wird eine sozialistische Lebensgestaltung die Kultur nicht herausholen aus ihrem kapitalistischen Gefängnis, sondern sie zum Absterben ohne die Aussicht auf Neubelebung bringen.

Wer die Forderungen, welche in der sozialen Bewegung liegen, nicht nach den Interessen beurteilt, die sich aus seiner bisherigen Lebenslage ergeben, sondern wer vermag, in ihnen eine geschichtliche Notwendigkeit zu sehen, der nicht zu entgehen ist, vor den stellt sich mit größtem Ernste die Frage hin: Wie können diese Forderungen erfüllt werden, ohne zur Unterdrückung der individuellen menschlichen Begabungen zu führen, auf deren freier Entfaltung auch in der Zukunft alle Lebensentwicklung beruhen muß? In einer auf kapitalistische Wirtschaftsformen gegründeten gesellschaftlichen Lebensordnung war Demokratisierung etwas anderes, als sie wird sein müssen in einer von sozialen Impulsen durchtränkten.

Man wird das Bedürfnis immer drängender empfinden müssen, für das menschliche Geistesleben Entwicklungsmöglichkeiten zu suchen, die sich durchsetzen können neben den sozialen Impulsen. Man wird sich nicht durch das Dogma hypnotisieren lassen dürfen: Sozialismus im Wirtschaftsleben wird als Überbau von selbst ein gesundes Geistesleben hervorbringen. Einem solchen Dogma kann nur zustimmen, wer nicht begreift, daß ein auf sich selbst gestelltes Wirtschaftsleben ohne fortdauernde Befruchtung durch ein auf die freien Menschenindividualitäten begründetes Geistesleben nicht in fortschreitender Entwicklung erhalten werden kann, sondern in sich erstarren muß. Was aus der menschlichen Individualität heraus in das soziale Leben befruchtend eingreifen soll, muß aus der Menschenwesenheit durch Impulse herausgeholt werden, welche aus dem Wirtschaftsleben heraus sich nicht ergeben können. Die Wirtschaft bildet die Grundlage des Menschenlebens; aber das Menschenwesen ragt über das Wirtschaftliche hinaus. Die Kräfte des Wirtschaftslebens sind in engere Grenzen eingeschlossen als die Entfaltung der Gesamt-Menschennatur. So selbstverständlich auch dieses ist für das Begreifen des einzelnen Menschen, es ist diese Selbstverständlichkeit in dem neuzeitlichen Leben nicht verwirklicht; und es kommt immer mehr eine Denkungsart an die Oberfläche der öffentlichen Meinung und vor allem des öffentlichen Tuns, die dieser Selbstverständlichkeit widerstrebt. Die Menschen leben sich in Daseinsbedingungen ein und fordern Daseinsbedingungen, die, wenn sie sie wahrhaft überdenken wollten, ihnen unmöglich erscheinen müßten. Sie helfen sich dadurch, daß sie sich über den Lebenswiderspruch hinwegbetäuben, daß sie vermeiden, ihn sich zum Bewußtsein zu bringen.

Eine bedeutungsvolle Lebenstatsache enthüllt sich aus diesem Widerspruch heraus. Die Urteils- und Empfindungskräfte, die in der menschlichen Persönlichkeit veranlagt sind und die in einer gesunden Pflege des öffentlichen Geisteslebens zur Entwicklung kommen müßten: sie finden nicht den Weg in die sozialen Einrichtungen, in denen der moderne Mensch lebt. Diese Einrichtungen erdrücken die freie Entwicklung des individuellen Menschen.

Von zwei Seiten her macht sich diese Unterdrückung geltend. Von der Seite des Staates und von derjenigen des Wirtschaftslebens. Und der Mensch stürmt bewußt oder unbewußt gegen die Bedrückung an. In diesem Anstürmen liegt die wirkliche Ursache der sozialen Forderungen unserer Gegenwart. Alles andere, das in diesen Forderungen lebt, ist an die Oberfläche getriebene Welle, die verbirgt, was in den Untergründen der Menschennaturen waltet.

Der Ansturm gegen die Bedrückung des Staates spricht sich aus in dem Streben nach wahrer Demokratie; der Ansturm gegen die Bedrückung des Wirtschaftslebens in dem anderen Streben, nach sozialer Gliederung des Wirtschaftslebens.

Für das, was seit drei bis vier Jahrhunderten zum modernen Staate geworden ist, fordert die Menschheit die Demokratie. Soll diese Demokratie wahrhaftige Tatsache werden, dann muß sie auf diejenigen Kräfte der Menschennatur aufgebaut sein, die sich wirklich demokratisch ausleben können. Sollen aus Staaten Demokratien werden, dann müssen diese Einrichtungen sein, in denen die Menschen zur Geltung bringen können, was das Verhältnis eines jeden erwachsenen, mündig gewordenen Menschen zu jedem anderen regelt. Und jeder erwachsene, mündig gewordene Mensch muß gleichen Anteil haben an dieser Regelung. Verwaltung und Volksvertretung müssen so gehalten sein, daß sich in ihnen auslebt, was aus dem Bewußtsein eines Menschen sich ergibt einfach dadurch, daß er ein seelisch gesunder, mündiger Mensch ist.

Kann eine solche Volksvertretung und eine solche Verwaltung auch das Geistesleben regeln, das die volle Entfaltung der individuellen menschlichen Anlagen bewirken muß, wenn diese Entfaltung nicht zum Unheil des sozialen Lebens verkümmern und unterbunden werden soll? Diese Entfaltung beruht darauf, daß sie auf einem Boden gepflegt wird, auf dem nur so gehandelt wird, wie es sich aus den Impulsen des Geisteslebens heraus selbst ergibt. Spezifische Anlage wird nur von spezifisch entwickelter Anlage wirklich erkannt und richtig gepflegt. Und sie wird nur

Aufruf No. 1

WELTWIRTSCHAFTS-KONGRESS

AUFRUF

AN MITARBEITER UND INTERESSENTEN

zur Initiative für die Einberufung eines Weltwirtschafts-Kongresses in das Gœtheanum „Freie Hochschule für Geisteswissenschaft" in DORNACH bei Basel

Während des Sommerkurses am Gœtheanum in Dornach, der freien Hochschule für anthroposophisch orientierte Geisteswissenschaft, wurde neben naturwissenschaftlichen, philosophischen, pædagogischen, künstlerischen und andern Kulturproblemen die wirtschaftliche Weltlage besprochen. In Referaten praktisch tätiger Wirtschafter wurden behandelt:

Schweizerische Wirtschaftsfragen im Lichte der assoziativen Wirtschaft;
Assoziation und Konkurrenz;
Das Problem der Weltwirtschaft;
Die Instrumente der Güterverteilung;
Die Lösung der sozialen Frage vom Gesichtspunkte des Unternehmers.

In wiederholter freier Aussprache zur wirtschaftlichen Weltlage wurden die vielfachen Erscheinungen des ungesunden Wirtschaftslebens der heutigen Zeit und die Mittel zur Hebung der Weltwirtschaftskrise eingehend besprochen. Weil die Teilnehmer am Kurse die Ueberzeugung gewannen, dass im Werke von Dr. Rudolf Steiner «Die Kernpunkte der sozialen Frage in den Lebensnotwendigkeiten der Gegenwart und Zukunft» (1919, Verlag des Gœtheanum Dornach) und in den darauf fussenden Studien und praktischen Auswirkungen **der Weg vorgezeichnet sei, welcher aus dem heutigen Chaos hinausführt,** wurde der Entschluss gefasst, einen **internationalen Kongress** zur Besprechung der wirtschaftlichen Weltlage in das Gœtheanum nach Dornach einzuberufen.

Der eingesetzte Arbeits-Ausschuss wendet sich durch die Mitglieder seines Initiativ-Ausschusses in den verschiedenen Ländern der ganzen Erde hiermit an Persönlichkeiten, welche für die beabsichtigte Veranstaltung Verständnis besitzen und initiativ mitzuwirken sich entschliessen können. Wir sind uns der Schwierigkeiten und Hemmnisse wohl bewusst, welche einem solchen Werke entgegenstehen. Wir glauben aber, im Hinblick auf die Lage vor ihnen nicht zurückschrecken zu dürfen, denn die Bewegung, aus welcher die zur Anregung führenden Ideen kommen, ist auf praktische Tätigkeit gerichtet. In so schwerer Zeit wie der gegenwärtigen, in der auch diejenigen, welche den Neuaufbau der Wirtschaft übernommen haben, die Lage als verzweifelt ansehen, muss jeder Beitrag zur Sanierung willkommen sein.

Die Welt braucht vor allem dringend eine Gesundung des Wirtschaftslebens. Das bisherige Staatsleben hat nicht vermocht, eine solche herbeizuführen und was richtig auf den Weg in das Leben hineingewiesen, wenn der Weisende aus den Erfahrungen heraus handelt, die ihm die Erfahrung aus dem Lebenskreise heraus gibt, in den er weisen soll. Für die rechte Pflege eines sozial gesunden Gemeinschaftslebens sind Persönlichkeiten notwendig, welche einzelne Zweige des Lebens durch eine in diesen ausgebildete Erfahrung genau kennen und die in sich den Sinn dafür entwickeln, innerhalb des Geisteslebens ihre Erfahrung zur Offenbarung zu bringen. Man denke an den sozial bedeutungsvollsten Zweig des Geisteslebens: an die Schule auf jeder Stufe. Kann denn die Entfaltung der individuellen Menschenkräfte und ihre Vorbereitung für das Leben auf einem bestimmten Gebiete gedeihlich nicht nur von einer Persönlichkeit besorgt werden, die individuelle Erfahrung auf diesem Gebiete hat? Und kann jemals etwas sozial Heilsames entstehen, wenn für die Stellung einer solchen Persönlichkeit an ihren Platz etwas anderes maßgebend ist als das Walten ihrer individuellen Fähigkeiten selbst? Was in der Demokratie sich auslebt, kann nur auf dasjenige sich beziehen, was jeder mündige Mensch mit jedem mündigen Menschen gemein hat. Es gibt keine Möglichkeit, durch dasjenige, was in der Demokratie sich ausleben kann, eine Regelung darüber zu finden, was ganz im Kreise des individuellen Menschenwesens liegt. Will man ehrlich und wahr die Demokratie durchführen, so muß man von ihrem Boden ausschließen alles, was in diesen Kreis gehört. Auf demokratischem Boden und innerhalb der Verwaltungseinrichtungen, die auf diesem Boden auswachsen können, kann kein Impuls entstehen, der richtunggebend sein darf für eine menschliche Betätigung, die frei aus der individuellen Begabung des Menschen fließen soll. Die Demokratie muß sich für unfähig zu einem solchen Impulse erklären gerade dann, wenn sie wahre Demokratie sein will. Will man aus dem bisherigen Staate eine wahre Demokratie herausgestalten, so muß man aus dieser alles dasjenige herausnehmen und es seiner vollen Selbstverwaltung überliefern, über das nur die individuelle Entwicklung des besonderen Menschen die rechten Impulse entwickeln kann, und das keine Regelung erfahren kann durch dasjenige, was in jedem Menschen einfach dadurch lebt, daß er ein mündiger Mensch geworden ist.

Die sozialen Verhältnisse, über die jeder mündig gewordene Mensch urteilsfähig ist, sind die Rechtsbeziehungen von Mensch zu Mensch. Es sind dies zugleich diejenigen Lebensverhältnisse, die ihren sozialen Charakter nur dadurch erhalten können, daß sie in demokratischen Einrichtungen sich als ein Gesamtwille aus dem wirklichen Zusammenwirken der gleichen menschlichen Einzelwillen ergeben. Bei allem, was auf dem Boden der individuellen menschlichen Fähigkeiten erwachsen soll, kann nicht ein Gesamtwille in den Einrichtungen zum Ausdruck kommen; sondern diese Einrichtungen müssen solche sein, in denen die Einzelwillen sich voll zur Geltung bringen können. Der einzelne Mensch muß gewissermaßen wie eine Naturgrundlage sich verhalten können. Man kann nicht über eine Landfläche hin aus Bedürfnissen heraus, die abgesehen von den einzelnen Teilen dieser Landfläche gefaßt sind, diese bewirtschaften; man muß aus dem Wesen der einzelnen Teile kennenlernen, was sie besonders hervorbringen können. So muß auf geistigem Gebiete die auf den individuellen Fähigkeiten beruhende Einzelinitiative sich sozial auswirken können; sie darf nicht bestimmt werden durch den Inhalt eines Gesamtwillens. Dieser Gesamtwille muß unsozial wirken, denn er entzieht der Gemeinschaft die Früchte der individuellen menschlichen Fähigkeiten.

Es gibt keinen anderen Weg, die Früchte dieser individuellen Fähigkeiten zur Entfaltung zu bringen, als ihre Selbstverwaltung. Innerhalb dieser Selbstverwaltung kann allein der Zustand eintreten, durch den nicht ein die Fruchtbarkeit der Einzelmenschen für das soziale Leben unterdrückender Gesamtwille entsteht, sondern durch den in das Gesamtleben die menschlichen Einzelleistungen zu dessen Wohle aufgenommen werden.

Innerhalb einer solchen Selbstverwaltung werden sich aus dem Geistesleben heraus die Gesichtspunkte ergeben, durch welche die rechten Menschen an die rechten Stellen gebracht werden und durch welche an die Stelle von Gesetz und Verordnung das unmittelbar lebendige Vertrauen gesetzt werden kann. Den an der Volkserziehung beteiligten Personen werden solche Gesetze und Verordnungen keine Erziehungsziele weisen; dafür werden sie zu Beobachtern des Lebens werden und diesem abzulauschen suchen, was sie heranzubilden haben. Es wird die Tendenz entstehen können, im praktischen Leben stehende Personen, die in irgendeinem Zweige des Wirtschafts- oder Rechtslebens durch Jahre Erfahrung gesammelt haben, in die geistige Organisation aufzunehmen. In dieser werden sie die Menschen finden, mit denen, im lebendigen Verkehre, sie das praktisch Erfahrene in erzieherisch Fruchtbares werden umgestalten können. Andererseits werden in der geistigen Verwaltung stehende Personen den Antrieb empfinden, aus dieser Verwaltung zeitweise hinüberzutreten in das praktische Leben, um in diesem das Errungene lebenswirklich zu verwerten.

Eine Gliederung des sozialen Organismus in der Art, daß in ihm ein sich selbst verwaltendes Geistesleben zur Entfaltung kommt, wird nicht die lebendige Einheit dieses Organismus zerstören, sondern, im Gegenteil, erst recht begründen. Gegliedert wird nur die Verwaltung; in dem Leben des Menschen wird die Einheit zur Entwicklung kommen können. Der Mensch wird nicht mehr nötig haben, in einem erstarrten Stand von dem Leben sich abzuschließen und einzukapseln. Ein Hinüber- und Herübergehen aus dem geistigen in die anderen Glieder des sozialen Organismus wird stattfinden können. Denn in dem Leben, das sich als Tradition und öffentliche Meinung in dem Geistesorganismus ausgestaltet hat, wird etwas weit Fruchtbareres liegen als in dem starren System, das sich herausbildet, wenn sich Menschen als Stand abgliedern. Die Gliederung des sozialen Organismus sollte in der Zukunft in dem Sachlichen liegen; und dieses Sachliche sollte durch seine

Selbstverwaltung die Kraft entwickeln, die auch dann wirkt, wenn es nicht den Menschen tyrannisch in seine Netze einspannt.

Es sollte nicht bezweifelt werden, daß ein soziales Wirtschafts- und Rechtsleben nur entstehen kann, wenn die Menschen sozial denken und empfinden können. Daß das bisherige mit dem Rechtsstaate verschmolzene Geistesleben dies nicht kann, sollte eine unbefangene Erfahrung der gegenwärtigen Zustände zeigen. Wer gegenwärtig aus dem vollen Leben heraus urteilt, wird schwer verstanden, denn er stößt auf die Seelenverfassung von Menschen, in denen nicht Saiten anklingen, die aus der Lebenserfahrung in Denk- und Empfindungsart gespannt sind, sondern auf solche, denen die Staatserziehung eine abstrakte, lebensfremde Art gegeben hat. Diejenigen Menschen, die sich für die am meisten praktischen halten, sind die am wenigsten praktischen. Sie haben sich in dem engen Lebensgebiete, in das sie sich eingesponnen haben, eine gewisse Routine erworben. Diese nennen sie ihren praktischen Sinn und sehen, aus dieser Seelenverfassung heraus, auf jeden mit Hochmut als einen unpraktischen Menschen, der in diese Routine sich nicht eingepfercht hat. In ihrem ganzen übrigen Denken, Empfinden und Wollen herrscht aber ein lebensfremdes, von abstrakten Richtungskräften getragenes Wesen. Ein solches Wesen wird großgezogen durch die im Staate verankerte Erziehung, in die nicht Lebenserfahrung einfließen kann, sondern nur das abstrakte Denken und Empfinden, die ohne spezielle Erfahrung auf irgendeinem Gebiete jedem mündig gewordenen Menschen durch die menschliche Natur eigen sein können, wenn sie einen Boden haben, auf dem nur sie wirksam sind. In dieser Tatsache liegt begründet, daß von vielen Seiten den sozialen Forderungen der Gegenwart ein solch geringes Verständnis entgegengebracht wird. Schon die Ausgangspunkte der sozialen Empfindungen zeigen sich den Forderungen des sozialen Organismus nicht gewachsen. Man denkt: viele Menschen fordern eine soziale Neugestaltung des Lebens. Man komme ihnen entgegen, meinen manche, und schaffe Gesetze und Verordnungen. Doch das soziale Neugestalten kann sich so nicht vollziehen. Die sozialen Forderungen der Gegenwart sind solche, die nicht in einer zeitweiligen Gewaltumwälzung ihre Erfüllung finden können. Die «soziale Frage» ist an die Oberfläche der geschichtlichen Entwicklung der Menschheit getreten, und sie wird von jetzt an immer da sein. Und sie wird eine Denk- und Empfindungsrichtung fordern, welche die volle Anpassung des Geisteswesens an das soziale Gesamtleben und die fortwährende Befruchtung dieses Geisteswesens aus den Impulsen des Gesamtlebens zur Voraussetzung haben werden. Man wird nicht sozialisieren können, damit dann sozialisiert sei, man wird immer von Neuem sozialisieren müssen; oder auch: man wird das Gesellschaftsleben im Zustande des Sozialisierens erhalten müssen.

Aus den im bisherigen Geisteswesen, insbesondere im Erziehungs- und Schulwesen, begründeten Richtungen ist das unsoziale, ja oft antisoziale Empfinden derjenigen entstanden, die gegenwärtig sich gerade als sozialistisch Denkende gebärden. Das lebensfremde Geistesleben hat eine verkehrte Anschauung über das Geistesleben selbst hervorgerufen. Weite Kreise denken heute, die wahren Impulse des Menschenlebens liegen in den Wirtschaftsformen; auch das Geistesleben sei bloß eine Art aus dem Wirtschaftsleben sich ergebender «Überbau», eine Ideologie, die aus der Art des Wirtschaftens aufsteigt. Zu einer solchen Anschauung bekennt sich mehr oder weniger unbewußt oder bewußt fast das gesamte, die gegenwärtigen Zeitforderungen tragende Proletariat. Dieses Proletariat hat sich in einem Zeitalter entwickelt, in dem das Geisteswesen darauf verzichtet hat, sich Richtung und Ziel aus sich selbst heraus zu geben, in dem die äußere, soziale Ausgestaltung dieses Geisteswesens zu einem Ergebnis des Staats- und Wirtschaftslebens geworden ist. Dieses Geistesleben hat sich in einen Zustand gebracht, aus dem es nur durch seine Selbstverwaltung herauskommen kann. Das

Proletariat, das durch Technik und Kapitalsystem ganz in das Wirtschaftsleben eingespannt ist, glaubt nun: eine bloße Umgestaltung des Wirtschaftslebens werde auch die notwendigen neuen Rechts- und Geistesformen «von selbst» erbringen. Dieses Proletariat hat erfahren müssen, daß das neuzeitliche Geistesleben zu einem Anhängsel des Staats- und Wirtschaftslebens geworden ist, und hat sich die Meinung gebildet: jedes Geistesleben sei ein solches Anhängsel. Es würde, wenn es diese Anschauung in einem sozialen Organismus verwirklicht sähe, zu seiner allerbittersten Enttäuschung wahrnehmen müssen, daß ein Geistesleben, das aus einer sozialen Gestaltung hervorgegangen ist, die nur auf wirtschaftlicher Grundlage ruht, zu noch kläglicheren Zuständen geführt hätte, als die gegenwärtigen sind. Das Proletariat wird sich durchringen müssen zu der Erkenntnis, daß die gegenwärtige Lage nicht gebessert werden kann durch die bloße Umgestaltung des Wirtschaftslebens, sondern durch die Loslösung des Geisteswesens und Rechtswesens von dem Wirtschaftsleben in dem dreigliedrigen gesunden sozialen Organismus. Erst dann wird die proletarische Bewegung auf dem rechten Boden stehen, wenn sie nicht mehr sagen wird: Das neuere Wirtschaftsleben hat ein Geistes- und Rechtsleben erzeugt, die unsozial wirken; man muß ein anderes Wirtschaftsleben herbeiführen, das dann auch ein anderes Geistes- und Rechtswesen aus sich hervorbringen wird; sondern wenn es sagen wird: Das neuere Kulturleben hat zu einem Wirtschaftssystem geführt, das nur umgewandelt werden kann, wenn das neue das Rechts- und Geistesleben von sich loslöst und ihrer Selbstverwaltung übergibt, um auf diese Art auch zu seiner Selbstverwaltung zu kommen. Denn dieses neuere Kulturleben hat zur Abhängigkeit alles Nicht-Wirtschaftlichen vom Wirtschaftlichen geführt: in der Aufhebung dieser Abhängigkeit, nicht in einer noch größeren Abhängigkeit, liegt die Gesundung. Die Einspannung des modernen Proletariats in das bloße Wirtschaftsleben hat zu dem Glauben geführt, daß in einer Umgestaltung des Wirtschaftslebens allein die Gesundung liegt. Der Tag, der das Proletariat von diesem Aberglauben befreien wird, der seine Instinkte erkennen lassen wird, daß das Geistes- und Rechtsleben nicht eine aus dem Wirtschaftswesen geborene Ideologie sein darf, sondern daß das Unheilvolle der neueren Zeit eben darin liegt, daß eine solche Ideologie geboren worden ist: dieser Tag wird die Morgenröte bringen, auf die so viele Menschen warten.

Ein Wirtschaftsleben, an dem der Staat nicht mitwirtschaftet, wird hervorgehen können aus den unbeeinflussten wirtschaftlichen Erfahrungen auf der einen Seite und aus den besonderen wirtschaftlichen Untergründen, auf denen das wirtschaftliche Leben von Personen und Personengruppen ruht. Wirtschaftliche Erfahrung kann nicht auf dem Boden sich ausleben, auf dem sich offenbaren soll, was in jedem mündig gewordenen Menschen liegt, sondern nur auf dem Boden des aus sich selbst sich gestaltenden Wirtschaftskörpers. Und die Geltung, die ein Mensch dadurch hat, daß er in einem besonderen Zweige des Wirtschaftslebens drinnensteht, kann sich nicht äußern in der Struktur des Staatslebens, in der sich verwirklichen soll, was für alle Menschen gleich gilt, sondern nur in der Wirkung, die von diesem Menschen ausgeht auf andere Zweige des Wirtschaftslebens. Die Menschen, die einem Wirtschaftszweig angehören, werden sich in sich zusammenschließen müssen; sie werden sich zusammengliedern müssen zu Assoziationen mit Menschen aus anderen Wirtschaftszweigen. Konsumtions- und Produktionsinteressen werden in dem lebendigen Verkehr solcher Assoziationen und Genossenschaften sich organisieren können. Im Wirtschaftskreislauf werden dadurch nur wirtschaftliche Impulse ihre Verwirklichung finden können.

Der Handarbeiter wird dem Geistesarbeiter so gegenüberstehen, daß zwischen ihnen nur wirtschaftliche Fragen werden in Betracht kommen, weil das Rechtsverhältnis auf dem abgesonderten Rechtsboden seine Regelung findet. Ein freier Gesellschafter wird der Handarbeiter dem geistigen Leiter seines Betriebes sein können, weil nur die aus der Wirtschaftsgrundlage heraus sich ergebende Aufteilung des gemeinsam Erarbeiteten wird in Betracht kommen können und nicht ein wirtschaftlicher Zwang, der durch die wirtschaftlich bessere Lage des Arbeitsleiters hervorgerufen wird. Die assoziative Gliederung des Wirtschaftskörpers wird den Handarbeiter in Zusammenhänge des Lebens bringen, welche in sein Vertragsverhältnis zum geistigen Arbeitsleiter ganz andere Gesichtspunkte bringen werden als seine gegenwärtige Stellung, die ihn nicht zum Teilnehmer des Produktionsergebnisses, sondern zum Kämpfer gegen die Interessen seines Unternehmers macht. Der Handarbeiter wird aus den Erkenntnissen, die er gewinnt aus seiner wirtschaftlichen Lage als Konsument, das gleiche Interesse, nicht das entgegengesetzte, gewinnen an seinem Produktionszweige wie sein geistiger Leiter. Das kann sich nicht ergeben in einem Wirtschaftsleben, dessen Impuls die Rentabilität des Kapitalbesitzes ist, sondern allein in einem solchen, das die Werte der Erzeugnisse aus den sich ausgleichenden Konsum- und Produktionsverhältnissen der sozialen Gesamtheit regeln kann. Eine solche soziale Gemeinschaft ist aber nur möglich, wenn die speziellen Berufs-, Konsum- und Produktionsinteressen ihren Ausdruck finden in Assoziationen, die aus den einzelnen Zweigen des Wirtschaftslebens selbst hervorgehen und die in der Gesamtgliederung des Wirtschaftskörpers sich miteinander verständigen. Aus den speziellen Interessen der einzelnen Wirtschaftszweige werden sich die Einzelassoziationen ergeben; in dem Zusammenschluß dieser Assoziationen und in dem Zentralverwaltungskörper, der sich aus den Wirtschaftsinteressen herausgliedern wird, werden die sozialen Impulse der Güterwertbildung liegen können. Man kann einen einzelnen Betrieb nicht sozialisieren, denn die Sozialisierung kann nur darin liegen, daß die Güterwertbildung, mit der ein einzelner Betrieb in dem Gesamtwirtschaftsleben drinnensteht, nicht unsozial wirkt.

Durch eine in dieser Richtung liegende wahre Sozialisierung wird dem Kapitalsystem völlig diejenige Grundlage entzogen, durch die es als Privatbesitz schädlich wirkt. (Die besondere Gestaltung des Kapitalwesens in dem gesunden dreigliederigen Organismus habe ich in meinem Buche «Die Kernpunkte der sozialen Frage» geschildert.) Es sollte doch klar sein, daß man das Kapital nicht «abschaffen» kann, insofern es in nichts anderem besteht als in den für die soziale Gemeinschaft arbeitenden Produktionsmitteln. Schädlich wirkt nicht das Kapital, sondern seine Verwaltung aus den Privatbesitzverhältnissen heraus, wenn diese Privatbesitzverhältnisse die soziale Struktur des Wirtschaftskörpers von sich abhängig machen können. Geht diese Struktur auf die gekennzeichnete Art aus dem wirtschaftlichen Assoziationswesen hervor, dann wird dem Kapital jede Möglichkeit entzogen, antisozial zu wirken. Eine solche soziale Struktur wird stets verhindern, daß der Kapitalbesitz sich loslöst von dem Verwalten der Produktionsmittel und zum Strebensimpuls derer wird, die nicht durch Anteilnahme an dem Wirtschaftsprozeß ihr Leben gestalten wollen, sondern ohne Anteilnahme aus diesem heraus. Man kann allerdings einwenden, daß für diejenigen, die am Wirtschaftsprozeß mitarbeiten, nichts herauskommen würde, wenn man die Erwerbungen der Nichtarbeitenden «aufteilen» würde. Das besticht, weil es richtig ist, und es verhüllt doch die Wahrheit, weil seine Richtigkeit für die Gestaltung des sozialen Organismus keine Bedeutung hat. Denn nicht darauf beruht die Schädlichkeit der nicht arbeitenden Rentenbesitzer, daß sie ein verhältnismäßig Weniges den Arbeitenden entziehen, sondern darauf, daß sie durch die Möglichkeit, arbeitsloses Einkommen zu erzielen, dem ganzen Wirtschaftskörper ein Gepräge geben, das antisozial wirkt. Derjenige ganze Wirtschaftskörper ist etwas anderes, in dem arbeitsloses Einkommen unmöglich ist, als der andere, in dem ein solches erzeugt werden kann, wie ein menschlicher Organismus etwas anderes ist, bei dem sich an keiner Stelle ein Geschwür bilden kann, als ein solcher, in dem sich das Ungesunde in einer Geschwürbildung an einer Stelle entlädt.

Ein gesunder sozialer Organismus macht aus den gekennzeichneten sozialen Assoziationsbildungen heraus allerdings Einrichtungen notwendig, vor denen die gegenwärtigen wirtschaftlichen Vorurteile noch zurückschrecken. In einem gesunden sozialen Organismus wird eine Summe von Produktionsmitteln dasjenige erschöpft haben, was sie kosten darf, wenn sie für den Betrieb fertiggestellt ist. Sie wird dann verwaltet werden können von dem Hersteller nur so lange, als er mit seinen individuellen Fähigkeiten wird dabei sein können. Dann wird sie überzugehen haben nicht durch Kauf oder Vererbung auf einen anderen, sondern durch kaufloses Übertragen an den, welcher wieder die individuellen Fähigkeiten für die Verwaltung hat. Einen Kaufwert wird sie nicht haben, folglich auch keinen Wert in den Händen eines nicht arbeitenden Erben. Kapital mit selbständiger wirtschaftlicher Kraft wird in der Herstellung von Produktionsmitteln arbeiten; es wird sich auflösen in dem Augenblick, in dem die Produktion der Produktionsmittel abgeschlossen ist. Das gegenwärtige Kapital besteht aber im wesentlichen gerade in «produzierten Produktionsmitteln».

Der sozial richtige Wert eines Gutes (einer Ware) kann sich nur im Vergleich mit anderen Gütern ergeben. Er muß gleich sein dem Wert aller anderen Güter, welche der Hersteller zur Befriedigung seiner Bedürfnisse braucht bis zu dem Zeitpunkte, in dem er ein gleiches Gut wieder hergestellt hat, unter Berücksichtigung derjenigen Bedürfnisse, die durch ihn bei anderen Menschen befriedigt werden müssen. (In die letzteren Bedürfnisse sind einzurechnen zum Beispiel die seiner Kinder, der Teil, den er zur Erhaltung erwerbsunfähiger Menschen zu leisten hat usw.) Daß ein solcher Güterwert zustande komme, muß durch die Einrichtungen eines gesunden Wirtschaftslebens vermittelt werden. Diese Einrichtungen können nur durch ein Netz von Korporationen geschaffen werden, welche aus den Erfahrungen der Konsumtion die Produktion regeln. Es kann selbstverständlich nicht von einer Beurteilung der Berechtigung von Bedürfnissen die Rede sein, sondern nur von einer durch die wirtschaftliche Erfahrung und die wirklichen wirtschaftlichen Verhältnisse gestützten Vermittelung zwischen Konsum und Produktion. Entstehende Bedürfnisse, die von der Gesamtheit eines Wirtschaftskreises nicht getragen werden können, werden keinen Gegenwert finden können in den Gütern, welche derjenige herstellt, der die Bedürfnisse hat.

Nur ein solcher Wirtschaftskreislauf wird in dieser Art seine Regelung finden können, der aus den sich gegenseitig stützenden auf Sacherkenntnis und Sachunterlagen beruhenden Maßnahmen der einzelnen Wirtschaftskorporationen heraus entsteht. Jedes Hineinwirken einer Demokratie müßte unterdrückend auf das Ausleben der Sacherkenntnis wirken. Ebenso aber muß auf alles, was aus dem Einflusse der Demokratie hervorgehen soll, das Interesse des Wirtschaftlichen zerstörend wirken.

In der Dreigliederung des sozialen Organismus in ein selbständiges Geistesglied, ein ebensolches Rechtsglied und Wirtschaftsglied liegt die Gesundung dieses Organismus. Die Gliederung wird ja nicht so sein, daß sie die Menschen in drei Stände trennt, sondern so, daß ein Mensch mit seinen gesamtmenschlichen Interessen an allen drei Gliedern teil hat. Es wird die Trennung nur eben so vollzogen sein, daß zum Beispiel im Rechtsorganismus oder im Geistesorganismus nichts zu beschließen sein wird, was aus den Interessen des Wirtschaftskreises entspringt. Im Einheitsstaate, in dem die drei Glieder des Lebens ineinander verfließen, wird eine wirtschaftliche Gruppe ihre Interessen zum Gesetz, zum öffentlichen Recht machen können. In dem dreigliedrigen Organismus wird dies nicht geschehen können, weil wirtschaftliche Interessen nur im Wirtschaftskreislauf sich ausleben können und keine Möglichkeit besteht, sie in das Recht hinüberfließen zu lassen.

Der Zusammenschluß der drei Glieder durch eine Gesamtkörperschaft, die aus den Delegierten der drei Zentralverwaltungen und Zentralvertretungen sich ergibt, wird die denkbar größte Gewähr dafür bieten, daß nicht das eine Gebiet durch das andere vergewaltigt werde. Denn diese Zentralverwaltungen und Zentralvertretungen werden zu rechnen haben mit dem, was sich in ihren Gebieten aufgrund sachlicher Maßnahmen ergibt. Sie werden nicht in die Lage kommen, zum Beispiel das Rechts- oder das Geistesleben von dem Wirtschaftsleben unberechtigt beeinflussen zu lassen, denn sie setzten sich dadurch in Widerspruch mit dem, was sachgemäß in jedem einzelnen Gebiete unabhängig von dem andern sich vollzieht. Ist eine Einflußnahme des einen Gebietes auf das andere nötig, so wird die sachliche Grundlage dazu nicht im Interessenkreise einer Gruppe, sondern nur in dem des ganzen Gebietes liegen können.

Niemand sollte den Glauben haben, daß durch irgendeine soziale Einrichtung das entstehen könne, was er sich vielleicht als einen «Idealzustand» vorstellt. Was erreicht werden kann, ist der lebensfähige gesunde soziale Organismus. Was darüber hinausgeht, müssen die Menschen durch anderes finden als durch die soziale Gestaltung. Die Aufgabe dieser Gestaltung kann nicht darin liegen, das «Glück» zu begründen, sondern die Lebensbedingungen des gesunden sozialen Organismus zu finden. In einem solchen aber müssen die Menschen das suchen können, was sie zu einem menschenwürdigen Dasein nötig finden. Auch der natürliche gesunde Organismus schafft von sich aus nicht, was die Seele an innerer Kultur entfalten muß; ein kranker natürlicher Organismus verhindert sie daran. Und ein gesunder sozialer Organismus kann nur die Voraussetzungen schaffen für dasjenige, was die Menschen in ihm durch ihre individuellen Fähigkeiten und Bedürfnisse entwickeln wollen.

Wer als Utopie oder Ideologie verketzert, was sich als Richtlinie für eine soziale Gestaltung ergibt, und alles der Entwicklung überlassen will, die durch sich selbst herbeiführt, was sein kann, der gleicht einem Menschen, der unpäßlich wird, weil er in einem

Zimmer mit dumpfer Luft sitzt, und der nicht ein Fenster öffnen will, sondern abwartet, bis sich die dumpfe Luft «von selbst» zu einer frischen «entwickelt».

Wer wirklich Demokratie will, der kann an deren wahre Begründung nicht anders denken, als daß er der Selbstverwaltung zuteilt, was diese Begründung durch Verschmelzung mit dem Rechtsstaat unmöglich macht: das Geistesleben und den Wirtschaftskreislauf.

Quellenangabe

Die Dreigliederung des sozialen Organismus, die Demokratie und der Sozialismus. – Aufsatz 1919, in «Aufsätze über die Dreigliederung des sozialen Organismus und zur Zeitlage 1915–1921». GA 24, Leinenausgabe

Weitere Werke von Rudolf Steiner zum Thema

Die Kernpunkte der sozialen Frage in den Lebensnotwendigkeiten der Gegenwart und Zukunft (1919). GA 23, Leinen- und Taschenbuchausgabe

Geisteswissenschaftliche Behandlung sozialer und pädagogischer Fragen. Siebzehn Vorträge 1919. GA 192, Leinen- und Taschenbuchausgabe

Nationalökonomischer Kurs. Vierzehn Vorträge für Studenten der Nationalökonomie, 1922. GA 340, Leinen- und Taschenbuchausgabe

Barometer des Fortschritts. Gesetze des sozialen Lebens (Soziologisches Grundgesetz, Soziales Hauptgesetz, die Kardinalfrage des Wirtschaftslebens). Sonderausgabe, hrsg. von W. Kugler und U. Rösch, Rudolf Steiner Verlag, Dornach 2006

ANHANG

Nachweis der Zitate

GA = Rudolf Steiner Gesamtausgabe

Seite 5 und 13 *Ewiges Werden im Denken*: in Wahrspruchworte, GA 40, 9. Aufl. 2005, S. 242

5 und 13 *Gäbe es nicht Erkenntnis ...*: in Mein Lebensgang, GA 28, 9. Aufl. 2000, S. 320

5 und 75 *Daß unser Schicksal, unser Karma ...*: in Lucifer-Gnosis, GA 34, 2. Aufl. 1989, S. 105

6 und 131 *Erst wenn wir den Weltinhalt ...*: in Die Philosophie der Freiheit, GA 4, 16. Aufl. 1995, S. 29

6 und 191 *Es kommt nicht darauf an:* in Die Kernpunkte der sozialen Frage, GA 23, 6. Aufl. 1976, S. 25

Legenden und Nachweis der Abbildungen

Abbildungen ohne Nachweis: Rudolf Steiner Archiv

Seite

37 Erste Manuskriptseite zu der 1904/05 in der Zeitschrift «Lucifer-Gnosis» erschienenen Aufsatzreihe «Wie erlangt man Erkenntnisse der höheren Welten». Erste Buchausgabe 1909

47 Vorbemerkung zum Aufsatz «Philosophie und Anthroposophie», 1918

55 Manuskript der Titelseite der 1886 im Verlag W. Spemann erschienenen Schrift «Grundlinien einer Erkenntnistheorie der Goetheschen Weltanschauung»

69 Rudolf Steiner: «Die Philosophie der Freiheit». Titelblatt der ersten Auflage von 1894

99 Rudolf Steiner, 1915

111 Ankündigung von Vorträgen in Zürich 1917

147 Manuskriptseite zu der 1904–1908 in der Zeitschrift «Lucifer-Gnosis» erschienenen Aufsatzreihe «Aus der Akasha-Chronik» (erste Buchausgabe 1939)

RUDOLF STEINER 1861–1925

1861–1879 Kindheit und Jugend in Österreich

Am 27. Februar 1861 wird Rudolf Josef Lorenz Steiner als erstes Kind der aus Niederösterreich stammenden Eheleute Franziska und Johann Steiner in Kraljevec (damals Ungarn, heute Kroatien) geboren.

Der Vater arbeitete als Telegraphist, dann als Stationsvorsteher bei der Österreichischen Südbahn, was immer wieder Wohnortwechsel zur Folge hatte: nach Mödling 1862, Pottschach 1863 und Neudörfl im Burgenland 1869. Die Schwester Leopoldine wird 1864, der Bruder Gustav 1866 geboren.

Fasziniert von der Technik, beschäftigte er sich schon als Schüler intensiv mit der Mathematik und Geometrie, galt als begabter Zeichner und entdeckte im Alter von sechzehn Jahren seine Leidenschaft für die Philosophie.

1879 Abitur mit Auszeichnung.

1879–1890 Student, Goethe-Herausgeber, Hauslehrer und Redakteur in Wien

Studium an der Technischen Hochschule 1879–1882. Hauptfächer: Mathematik, Physik, Botanik, Zoologie, Chemie, daneben Studium der Literatur, Geschichte, Philosophie u. a. bei Franz Brentano.

Auf Empfehlung des Literaturhistorikers und Goetheforschers Prof. Karl Julius Schröer Berufung als Herausgeber von Goethes Naturwissenschaftlichen Schriften in Kürschners «Deutsche National-Litteratur».

Abhandlung *Einzig mögliche Kritik der atomistischen Begriffe.* Steiner bezeichnet sie später als den «Grundnerv» seiner Forschungen.

Hauslehrer in der Wiener Kaufmannsfamilie Ladislaus Specht 1884–1890. Dort auch Begegnungen mit dem Hausarzt der Familie, dem berühmten Wiener Internisten Josef Breuer, der als Wegbereiter der Psychoanalyse gilt.

Der erste Band von *Goethes Naturwissenschaftlichen Schriften* erscheint. Die Bände II–IV erscheinen zwischen 1887 und 1897.

Freundschaft mit der Dichterin und späteren Frauenrechtlerin Rosa Mayreder («Kritik der Weiblichkeit») und Friedrich Eckstein (später Sekretär und Biograph Anton Bruckners). Briefwechsel mit dem Philosophen Eduard von Hartmann.

Neben der Arbeit an der Goethe-Ausgabe zahlreiche Artikel für verschiedene Lexika (u. a. in Pierers Konversations-Lexikon) im Auftrag von Prof. Kürschner.

Erste Buchveröffentlichung *Grundlinien einer Erkenntnistheorie der Goetheschen Weltanschauung* 1886.

Anfrage des Weimarer Archivdirektors Erich Schmidt wegen Mitarbeit an der Sophien-Ausgabe von Goethes Werken.

Abhandlung *Die Natur und unsere Ideale.*

Redakteur bei der Wiener «Deutschen Wochenschrift». Zahlreiche Artikel und Kommentare zu politischen Ereignissen in Österreich-Ungarn 1888.

Vortrag im Wiener Goethe-Verein *Goethe als Vater einer neuen Ästhetik* 1888.

1890–1897 Goethe-Herausgeber und Nietzsche-Forscher in Weimar

Mitarbeiter am Goethe- und Schiller-Archiv. Herausgabe einiger Abteilungen der Naturwissenschaftlichen Schriften Goethes im Rahmen der *Sophien-Ausgabe*, die zwischen 1891 und 1896 erscheinen.

Begegnungen mit Herman Grimm, Ernst Haeckel und Eduard von Hartmann, Freundschaft mit der Dichterin Gabriele Reuter, dem Liszt-Schüler Conrad Ansorge, dem Stirner-Biographen John Henry Mackay und dem Nietzsche-Herausgeber Fritz Koegel.

Für die «Cotta'sche Bibliothek der Weltliteratur» besorgt Rudolf Steiner eine zwölfbändige Ausgabe sämtlicher Werke Schopenhauers sowie eine Jean-Paul-Ausgabe in acht Bänden. In der Reihe «Berliner Klassiker Ausgaben» (mit «Einleitungen namhafter Literaturhistoriker») erscheinen die Werke Wielands und Uhlands, herausgegeben und eingeleitet von Rudolf Steiner.

Promotion zum Dr. phil. an der Universität Rostock bei Prof. Heinrich von Stein mit einer Arbeit über «Die Grundfrage der Erkenntnistheorie mit besonderer Rücksicht auf Fichtes Wissenschaftslehre. Prolegomena zur Verständigung des philosophierenden Bewußtseins mit sich selbst», sie erscheint 1892 unter dem Titel *Wahrheit und Wissenschaft. Vorspiel einer Philosophie der Freiheit,* Eduard von Hartmann gewidmet.

Im Herbst 1893 erscheint sein philosophisches Hauptwerk *Die Philosophie der Freiheit.*

Besuche und Arbeitsaufenthalte im Nietzsche-Archiv in Naumburg. Bekanntschaft mit Elisabeth Förster-Nietzsche, die Steiner als Mitherausgeber der Werke ihres Bruders gewinnen will. Begegnung mit dem kranken Friedrich Nietzsche. 1895 erscheint Steiners Nietzsche-Monographie *Friedrich Nietzsche, ein Kämpfer gegen seine Zeit.*

Eine zusammenfassende Darstellung seiner bisherigen Goethe-Studien gibt Rudolf Steiner in seinem Buch *Goethes Weltanschauung* 1897.

1897–1905 Redakteur, Lehrer, Vortragender und Publizist in Berlin

Herausgeber und Redakteur des «Magazin für Litteratur» und der «Dramaturgischen Blätter», dem offiziellen Organ des Deutschen Bühnenvereins 1897–1900. Dort und in anderen Zeitungen erscheinen zahlreiche Aufsätze zu literarischen und philosophischen Fragen sowie Theaterkritiken und Buchbesprechungen.

Vorträge in der «Freien Literarischen Gesellschaft», im «Giordano Bruno-Bund» und im Literatenkreis «Die Kommenden». Begegnungen mit Else Lasker-Schüler, Peter Hille, Stefan Zweig, Käthe Kollwitz, Erich Mühsam, Paul Scheerbart, Frank Wedekind sowie mit den «Friedrichshagenern». Freundschaft mit Ludwig Jacobowski und Otto Erich Hartleben.

Eheschließung mit Anna Eunike 1899; sie stirbt 1911.

Lehrtätigkeit an der von Wilhelm Liebknecht begründeten Arbeiterbildungsschule in Berlin, ab 1902 auch in Spandau. Unterrichtsfächer: Geschichte, Redeübungen, Literatur, Naturwissenschaft 1899–1904. Begegnung mit Kurt Eisner und Rosa Luxemburg.

Der erste Band *Welt- und Lebensanschauungen im neunzehnten Jahrhundert* erscheint; ein Jahr später folgt der zweite 1900/1901. Überarbeitet und erweitert erscheint dieses Werk 1914 unter dem Titel *Die Rätsel der Philosophie.*

Festrede anläßlich des 500jährigen Gutenberg-Jubiläums vor 7000 Setzern und Druckern in einem Berliner Zirkus.

Im Herbst 1900 Vorträge in der Theosophischen Bibliothek: über Nietzsche, Goethes «Märchen» und die Mystik und ihr Verhältnis zur Gegenwart.

Erste Begegnung mit Marie von Sivers 1900, die ab 1902 engste Mitarbeiterin Rudolf Steiners wird. Sie hatte zuvor eine Ausbildung in Rezitationskunst am Pariser Konservatorium und in dramatischer Kunst in Petersburg absolviert. Übersetzerin mehrerer Werke von Edouard Schuré.

Es erscheint *Die Mystik im Aufgange des neuzeitlichen Geisteslebens und ihr Verhältnis zu modernen Weltanschauungen.* – Auch der zweite, 1901/02 in der Theosophischen Bibliothek gehaltene Vortragszyklus erscheint überarbeitet in Buchform unter dem Titel *Das Christentum als mystische Tatsache.*

Rudolf Steiner wird Mitglied der 1875 von Helena Petrowna Blavatsky und Henry Steel Olcott begründeten *Theosophischen Gesellschaft* und ab Oktober 1902 Generalsekretär der Deutschen Sektion der Theosophischen Gesellschaft. Begegnung mit Annie Besant.

Lehrtätigkeit an der von den «Friedrichshagenern» Bruno Wille und Wilhelm Bölsche gegründeten Freien Hochschule 1902–1904.

1902–1912 Von der Theosophie zur Anthroposophie. Vortragsreisen im In- und Ausland

Zusammen mit Marie von Sivers Aufbau theosophischer Logen im In- und Ausland. Rege Vortragstätigkeit sowohl öffentlich als auch im Kreise der Mitglieder der Theosophischen Gesellschaft. Ab 1904 Einrichtung einer Esoterischen Schule.

Begründung, Herausgabe und Redaktion der Monatsschrift «Luzifer», später «Lucifer-Gnosis» (1903). Dort erscheinen grundlegende Aufsatzfolgen, darunter *Wie erlangt man Erkenntnisse der höheren Welten? / Aus der Akasha-Chronik / Theosophie und soziale Frage / Die Erziehung des Kindes / Die Stufen der höheren Erkenntnis.* – Sie erscheinen später auch in Buchform.

Freundschaft mit Christian Morgenstern und Edouard Schuré. Begegnung mit Wassily Kandinsky 1908.

Jeweils im Winterhalbjahr – ab 1903/04 – öffentliche Vortragsreihen im Berliner Architektenhaus, u. a. über: *Ursprung und Ziel des Menschen / Metamorphosen des Seelenlebens / Antworten der Geisteswissenschaft auf die großen Fragen des Daseins.*

Es erscheint das Grundlagenwerk *Theosophie. Einführung in übersinnliche Welterkenntnis und Menschenbestimmung* 1904.

Vorträge in Paris, Budapest, Holland, Skandinavien, Italien und in verschiedenen Städten Deutschlands und der Schweiz. Inszenierung von Dramen Edouard Schurés in München.

Veröffentlichung seiner Forschungsergebnisse zu kosmologischen und evolutionsgeschichtlichen Fragen in *Die Geheimwissenschaft im Umriß* 1910.

Uraufführungen seiner vier *Mysteriendramen* unter seiner Leitung in München 1910–1913.

Entwurf eines Gebäudes für Theateraufführungen und Vorträge. Die Realisierung dieses Projektes in München-Schwabing scheitert am Widerstand einiger Anlieger und der Behörden.

Es erscheinen *Die geistige Führung des Menschen und der Menschheit / Ein Weg zur Selbsterkenntnis des Menschen / Die Schwelle der geistigen Welt.* Das 1910 begonnene Werk *Anthroposophie* bleibt unvollendet. Intensive Studien zur Sinneslehre.

In Köln 1911 Begegnung mit dem russischen Schriftsteller Andrej Belyj («Petersburg»), die Belyjs Leben und Werk nachhaltig prägen sollte. In Prag Begegnung mit Franz Kafka, Max Brod und Hugo Bergmann.

Beginn der Entwicklung einer neuen Bewegungskunst «Eurythmie» 1911.

1912–1918 Gründung der Anthroposophischen Gesellschaft. Architekt, Künstler und Vortragender

Trennung von der Theosophischen Gesellschaft und Gründung der Anthroposopischen Gesellschaft 1912/13. Aufbau anthroposophischer Zweige im In- und Ausland.

Vorträge in verschiedenen Städten des In- und Auslandes über Reinkarnation und Karma / Evangelien / Leben zwischen Tod und neuer Geburt / Mysterien-Geschichte / Sinneslehre / Evolutionsgeschichte u. a.

Unter seiner Leitung und der Mitarbeit zahlreicher Künstler aus verschiedenen Ländern Errichtung des für Theater- und Eurythmieaufführungen sowie Vorträge von ihm entworfenen *Goetheanum* in Dornach/Schweiz 1913–1919, ein plastisch-organisch in Holz gestalteter Doppelkuppelbau. Künstlerische Arbeiten Steiners: Plastische Innen- und Außengestaltung (Entwürfe), Deckenmalereien (Entwürfe und teilweise Ausführung), Glasfenster (Entwürfe für die Motive), Holz-Skulptur (9 m hoch) «Der Menschheitsrepräsentant» (Entwürfe und teilweise Ausführung).

Eheschließung mit Marie von Sivers 1914.

Im Umkreis des *Goetheanum* entsteht auf dem Dornacher Hügel nach und nach ein einzigartiges Ensemble von Wohn- und Zweckbauten nach Entwürfen Rudolf Steiners: Glashaus, Heizhaus, Haus Duldeck, Transformatorenhaus, Haus van Blommestein; Anfang der zwanziger Jahre Haus Vreede (in Arlesheim), drei Eurythmiehäuser, Haus de Jaager (Atelier u. Wohnhaus), Eurythmeum (Anbau an ein bestehendes Wohnhaus), Verlagshaus, Haus Wegman (Arlesheim), Haus Schuurman. In Stuttgart die Eurythmieschule (im 2. Weltkrieg zerstört).

Zahlreiche Vorträge über Kunst, Architektur, Zeitgeschichte und Geisteswissenschaft im In- und Ausland.

Unter dem Titel *Von Seelenrätseln* erscheinen Steiners Forschungsergebnisse über die Dreigliederung des menschlichen Organismus (Nervensinnessystem, Rhythmisches System, Stoffwechsel-Gliedmaßensystem) und Ausführungen über das Verhältnis Anthropologie und Anthroposophie 1917.

1917–1923 Sozialreformer, Schulgründer und Publizist

Nach Gesprächen mit dem Politiker Otto Graf Lerchenfeld über die Situation Mitteleuropas entstehen zwei Memoranden, in denen Steiner Perspektiven für eine soziale Neugestaltung des öffentlichen Lebens entwickelt. Diese werden an einflußreiche politische Persönlichkeiten in Deutschland (Kühlmann, Prinz Max von Baden) und Österreich (Kaiser Karl) vermittelt 1917.

Eine in Zürich gehaltene Vortragsreihe über «Die soziale Frage» erscheint überarbeitet im April als Buch unter dem Titel *Die Kernpunkte der sozialen Frage in den Lebensnotwendigkeiten der Gegenwart und Zukunft* 1919. Leitgedanke ist die «Dreigliederung des sozialen Organismus», d. h. die Entflechtung des Einheitsstaates in ein freies Geistesleben, ein demokratisches Rechtsleben und ein assoziatives Wirtschaftsleben.

In Vorträgen und zahlreichen Besprechungen mit Vertretern der Arbeiterschaft wie auch mit Industriellen im Großraum Stuttgart engagiert sich Steiner für die Begründung von Betriebsräten.

Nach intensiven Vorbereitungen wird im Herbst 1919 in Stuttgart die Freie Waldorfschule als einheitliche Volks- und Höhere Schule eröffnet. Die Schirmherrschaft liegt in den Händen des Direktors der Waldorf-Astoria-Zigarettenfabrik, Emil Molt, ein Schulfreund von Herrmann Hesse. Die Leitung wird Rudolf Steiner übertragen, der diese bis zu seinem Tod 1925 innehat. – In pädagogischen Kursen werden die Lehrer geschult.

Am 24. Februar 1919 erste öffentliche Eurythmieaufführung unter der Leitung von Marie Steiner im Pfauentheater in Zürich.

1920–1925 Vortragender, Künstler und Impulsgeber

Zahlreiche öffentliche Vorträge in Deutschland und im Ausland sowie Vortragszyklen für Mitglieder der Anthroposophischen Gesellschaft, u. a. *Entsprechungen zwischen Mikrokosmos und Makrokosmos / Anthroposophie als Kosmosophie / Der Mensch als Zusammenklang des schaffenden, bildenden und gestaltenden Weltenwortes / Esoterische Betrachtungen karmischer Zusammenhänge.* Daneben wird Steiner immer häufiger gebeten, Vorträge und Kurse über fachspezifische Themen zu halten: über Pädagogik, Medizin, Theologie, Nationalökonomie, Landwirtschaft (= Begründung der Biologisch-Dynamischen Landwirtschaft), Physik, Schauspielkunst, Heilpädagogik u. a. – In Wien 1922 Ost-West-Kongreß, an dem Steiner Hauptvortragender ist.

Als Schulungsgrundlage für Maler schafft er eine Folge von Pastellskizzen und Aquarellbildern (*Naturstimmungen, Friedwartskizzen*). Zahlreiche graphische Entwürfe für Buchumschläge, Plakate, Programme, Briefbögen, Verpackungen von Heilmitteln und Kosmetika.

Zahlreiche Eurythmieaufführungen an verschiedenen Theatern in Deutschland und im Ausland, die Rudolf Steiner häufig mit einem kurzen Vortrag über die Grundaspekte dieser neuen Bewegungskunst einleitet.

Unter Mitwirkung von Rudolf Steiner im Herbst 1922 Gründung der «Bewegung für religiöse Erneuerung» (Die Christengemeinschaft).

Anthroposophische Forschungsinstitute, Kliniken und weitere Schulen entstehen. Gründung der *Weleda AG*, ein heute weltweit arbeitendes Unternehmen zur Herstellung von Heilmitteln und Kosmetika.

In den Zeitschriften «Dreigliederung des sozialen Organismus» und «Das Goetheanum» erscheinen regelmäßig Aufsätze Steiners.

In der Silvesternacht 1922/23 wird das Goetheanum durch Feuer zerstört. Die Arbeit – künstlerische Veranstaltungen und Vorträge – wird in der Schreinerei in unmittelbarer Nähe der Brandruine unvermindert fortgeführt. Für einen zweiten, in Beton gestalteten Goetheanum-Bau

(Fertigstellung 1928) kann Rudolf Steiner infolge seiner Erkrankung im Herbst 1924 nur noch ein Außenmodell schaffen.

Angesichts des Wachstums der anthroposophischen Bewegung im In- und Ausland kommt es Weihnachten 1923 in Dornach zu einer Neukonstituierung der Anthroposophischen Gesellschaft, deren Vorsitz Rudolf Steiner übernimmt, sowie zu einer Neugestaltung der Freien Hochschule für Geisteswissenschaft, ebenfalls unter seiner Leitung. Die Hochschule wird gegliedert in drei Klassen, in denen eine vertiefte esoterische Arbeit angestrebt wird, sowie in Fachsektionen für Medizin, Schöne Wissenschaften, Bildende Künste, Redende und musikalische Künste, für das Geistesstreben der Jugend, Mathematik und Astronomie, Naturwissenschaften, Pädagogik und Anthroposophie.

Im Herbst 1924 Beginn des Krankenlagers. Die immens angewachsene Vortrags- und Kurstätigkeit bricht jäh ab.

Während des Krankenlagers Fortsetzung der Niederschrift seiner Autobiographie *Mein Lebensgang* und in Zusammenarbeit mit der Ärztin Ita Wegman des posthum erschienenen Buches *Grundlegendes für eine Erweiterung der Heilkunst.*

Am 30. März 1925 stirbt Rudolf Steiner in Dornach bei Basel. Sein Grab befindet sich auf dem Goetheanumgelände in Dornach, wo auch Christian Morgensterns Urne beigesetzt ist.

RUDOLF STEINER GESAMTAUSGABE

Überblick über das literarische und künstlerische Werk

Erste Abteilung: Die Schriften

I. Werke

Goethes Naturwissenschaftliche Schriften, eingeleitet und kommentiert von Rudolf Steiner, 5 Bände, Nachdruck Dornach 1975 (GA 1a–e); separate Ausgabe der Einleitungen (GA 1),

Grundlinien einer Erkenntnistheorie der Goetheschen Weltanschauung (GA 2)

Wahrheit und Wissenschaft. Vorspiel einer «Philosophie der Freiheit» (GA 3)

Die Philosophie der Freiheit (GA 4)

Friedrich Nietzsche, ein Kämpfer gegen seine Zeit (GA 5)

Goethes Weltanschauung (GA 6)

Die Mystik im Aufgange des neuzeitlichen Geisteslebens und ihr Verhältnis zur modernen Weltanschauung (GA 7)

Das Christentum als mystische Tatsache und die Mysterien des Altertums (GA 8)

Theosophie. Einführung in übersinnliche Welterkenntnis und Menschenbestimmung (GA 9)

Wie erlangt man Erkenntnisse der höheren Welten? (GA 10)

Aus der Akasha-Chronik (GA 11)

Die Stufen der höheren Erkenntnis (GA 12)

Die Geheimwissenschaft im Umriß (GA 13)

Vier Mysteriendramen: Die Pforte der Einweihung – Die Prüfung der Seele – Der Hüter der Schwelle – Der Seelen Erwachen (GA 14)

Die geistige Führung des Menschen und der Menschheit (GA 15)

Anthroposophischer Seelenkalender (in GA 40)

Ein Weg zur Selbsterkenntnis des Menschen (GA 16)

Die Schwelle der geistigen Welt (GA 17)

Die Rätsel der Philosophie in ihrer Geschichte als Umriß dargestellt (GA 18)

Vom Menschenrätsel (GA 20)

Von Seelenrätseln (GA 21)

Goethes Geistesart in ihrer Offenbarung durch seinen «Faust» und durch das «Märchen von der Schlange und der Lilie» (GA 22)

Die Kernpunkte der Sozialen Frage in den Lebensnotwendigkeiten der Gegenwart und Zukunft (GA 23)

Aufsätze über die Dreigliederung des sozialen Organismus und zur Zeitlage 1915–1921 (GA 24)

Drei Schritte der Anthroposophie: Philosophie, Kosmologie, Religion (GA 25)

Anthroposophische Leitsätze (GA 26)

Grundlegendes für eine Erweiterung der Heilkunst nach geisteswissenschaftlichen Erkenntnissen. Von Dr. Rudolf Steiner und Dr. Ita Wegman (GA 27)

Mein Lebensgang (GA 28)

II. Gesammelte Aufsätze

Gesammelte Aufsätze zur Dramaturgie 1889–1900 (GA 29)

Methodische Grundlagen der Anthroposophie. Gesammelte Aufsätze zur Philosophie, Naturwissenschaft, Ästhetik und Seelenkunde 1884–1901 (GA 30)

Gesammelte Aufsätze zur Kultur- und Zeitgeschichte 1897–1901 (GA 31)

Gesammelte Aufsätze zur Literatur 1886–1902 (GA 32)

Biographien und biographische Skizzen 1894–1905 (GA 33)

Lucifer-Gnosis. Grundlegende Aufsätze zur Anthroposophie und Berichte aus den Zeitschriften «Luzifer» und «Lucifer-Gnosis» 1903–1908 (GA 34)

Philosophie und Anthroposophie. Gesammelte Aufsätze 1904–1918 (GA 35)

Der Goetheanumgedanke inmitten der Kulturkrisis der Gegenwart. Gesammelte Aufsätze aus der Wochenschrift «Das Goetheanum» 1921–1925 (GA 36)

III. Veröffentlichungen aus dem Nachlaß

Briefe – Wahrspruchworte – Bühnenbearbeitungen – Entwürfe zu den vier Mysteriendramen 1910–1913 – Anthroposophie. Ein Fragment aus dem Jahre 1910 – Gesammelte Skizzen und Fragmente – Aus Notizbüchern und -blättern (GA 38–47)

Zweite Abteilung: Das Vortragswerk

I. Öffentliche Vorträge

Die öffentlichen Berliner Vortragsreihen (Architektenhaus-Vorträge) 1903/04 bis 1917/18 (GA 51–67)

Öffentliche Vorträge, Vortragsreihen und Hochschulkurse an andern Orten Europas 1906–1924 (GA 68–84)

II. Vorträge vor Mitgliedern der Anthroposophischen Gesellschaft

Vorträge und Vortragszyklen allgemein-anthroposophischen Inhalts – Evangelien-Betrachtungen – Christologie – Geisteswissenschaftliche Menschenkunde – Kosmische und menschliche Geschichte – Die geistigen Hintergründe der sozialen Frage – Der Mensch in seinem Zusammenhang mit dem Kosmos – Karma-Betrachtungen (GA 91–244)

Vorträge und Schriften zur Geschichte der anthroposophischen Bewegung und der Anthroposophischen Gesellschaft (GA 251–263)

Veröffentlichungen zur Geschichte und aus den Inhalten der esoterischen Lehrtätigkeit (GA 264–270)

III. Vorträge und Kurse zu einzelnen Lebensgebieten

Vorträge über Kunst: Allgemein-Künstlerisches – Eurythmie – Sprachgestaltung und Dramatische Kunst – Musik – Bildende Künste – Kunstgeschichte (GA 271–292)

Vorträge über Erziehung (GA 293–311)

Vorträge über Medizin (GA 312–319)

Vorträge über Naturwissenschaft (GA 320–327)

Vorträge über das soziale Leben und die Dreigliederung des sozialen Organismus (GA 328–341)

Vorträge und Kurse über christlich-religiöses Wirken (GA 342–346)

Vorträge für die Arbeiter am Goetheanumbau (GA 347–354)

Dritte Abteilung: Das künstlerische Werk

Reproduktionen und Veröffentlichungen aus dem künstlerischen Nachlaß

Originalgetreue Wiedergaben von malerischen und graphischen Entwürfen und Skizzen Rudolf Steiners in Kunstmappen, als Einzelblätter oder in Buchform: Entwürfe für die Malerei des Ersten Goetheanum – Entwürfe für die Fenster des Ersten Goetheanum – Schulungsskizzen für Maler – Programmbilder für Eurythmie-Aufführungen – Eurythmieformen – Entwürfe zu den Eurythmiefiguren Wandtafelzeichnungen aus dem Vortragswerk u. a.

Die Bände der Rudolf Steiner Gesamtausgabe sind innerhalb einzelner Gruppen einheitlich ausgestattet. Jeder Band ist einzeln erhältlich. Ausführliche Verzeichnisse können beim Verlag angefordert werden:

Rudolf Steiner Verlag, Postfach 135, CH-4143 Donach 1
verlag@rudolf-steiner.com, www.rudolf-steiner.com